21世纪全国高职高专物流类规划教材

物流运筹学

秦玉权　主　编

管莉军　陈祥义
周　静　王瑞卿　副主编
贾俊龙

罗继秋　主　审

内容简介

本书结合高职院校学生的特点和物流专业的要求,将运筹学与物流有机结合起来,系统介绍了从物流投资决策分析、物流中心规划到物流运作的运输、储存保管、包装、装卸搬运、流通加工、配送等各个具体环节中可能涉及的运筹学的定量分析方法,并详细介绍了 WinQSB 软件的操作步骤和应用方法。在满足适度、够用的前提下,着重提高高职学生利用计算机和相关软件进行高级管理工作的能力。

本书可以作为高等职业院校物流管理和交通运输类等专业的物流运筹学教材,也可作为企业管理人员和工程技术人员学习运筹学的自学或参考读物。

图书在版编目(CIP)数据

物流运筹学/秦玉权主编. —北京:北京大学出版社,2008.6
(21 世纪全国高职高专物流类规划教材)
ISBN 978-7-301-13345-3

I. 物… II. 秦… III. 物流—物资管理—高等学校:技术学校—教材 IV. F252

中国版本图书馆 CIP 数据核字(2008)第 007691 号

书　　　名:物流运筹学
著作责任者:秦玉权　主编
责任编辑:梁勇
标准书号:ISBN 978-7-301-13345-3/F · 1836
出　版　者:北京大学出版社
地　　　址:北京市海淀区成府路 205 号 100871
电　　　话:邮购部 62752015　发行部 62750672　编辑部 62765126　出版部 62754962
网　　　址:http://www.pup.cn
电子信箱:xxjs@pup.pku.edu.cn
印　　刷　者:北京飞达印刷有限责任公司
发　行　者:北京大学出版社
经　销　者:新华书店
　　　　　787 毫米×980 毫米　16 开本　14 印张　305 千字
　　　　　2008 年 6 月第 1 版　2017 年 8 月第 4 次印刷
定　　　价:25.00 元

未经许可,不得以任何方式复制或抄袭本书之部分或全部内容。
版权所有,侵权必究
举报电话:010-62752024;电子信箱:fd@pup.pku.edu.cn

前　言

　　运筹学是一门研究如何有效地组织和管理人机系统的科学。运筹学在工商管理中的应用领域涉及生产计划、库存管理、运输问题、人事管理、市场营销、财务和会计、管理信息系统等方面，对于实际工作具有很强的指导意义和实用价值。许多本科院校管理类专业开设这门专业基础课。随着我国高职教育的迅速发展，越来越多的高职高专院校、成人院校的物流管理、交通运输、工程造价和其他管理类专业也开设了运筹学课程，运筹学的普及教育受到了高度重视。但是现有的运筹学教材大都过于强调理论、难度过高，难以适应高职学生的特点。不少高职院校的管理类专业苦于没有合适的教材，而不得不放弃了这门实用性很强的课程。针对这一情况，我们本着结合高职教育特点、切合高职教学实际的基本原则，编写了这一教材，以期满足各类高职高专院校运筹学课程教学的需要，达到培养学生必要的理论基础及分析问题、解决问题的能力。

　　本教材注重实用，以适度、够用为原则，结合经济管理专业实践，提出了解决大量实际问题的工作步骤。各章在介绍了物流活动的各个环节所涉及的定量化的管理技术与方法的基础上，还详细介绍了运筹学软件 WinQSB 使用方法与相关步骤。通过本书的学习，学生可以对管理中可能遇到的各类定量决策问题建立模型，并利用计算机软件求解。

　　全书由秦玉权主编统稿，管莉军、陈祥义、周静、王瑞卿、贾俊龙副主编。其中第一、三、六章由山东交通职业学院的秦玉权编写，第二章由济南铁道职业技术学院的管莉军、刘浩编写，第四章由山东交通职业学院的李海民编写，第五章由山东英才学院的周静编写，第七章由青岛远洋船员学院的贾俊龙编写，第八、十章由山东科技职业学院的王瑞卿编写，第九章由山东交通职业学院的陈祥义编写。本书由山东商业职业技术学院的罗继秋主审。

　　由于编者水平有限，书中疏漏错误难免，恳请广大读者批评指正并提出建议。编者的电子邮箱为：qyquan0531@163.com。

编　者
2008.5

目 录

第 1 章 导论 1
  1.1 物流及其作用 1
    1.1.1 物流 1
    1.1.2 物流在国民经济中的作用 2
  1.2 运筹学概述 4
  1.3 运筹学的研究方法 5
    1.3.1 定义和特点 5
    1.3.2 运筹学的工作步骤 6
    1.3.3 运筹学的模型 6
  1.4 运筹学在物流管理中的应用 7
    1.4.1 规划论 8
    1.4.2 排队论 10
    1.4.3 存储论 10
    1.4.4 决策分析理论 11
    1.4.5 对策论 12
    1.4.6 质量控制 13
  1.5 物流运筹学的前景 13

第 2 章 物流需求预测技术 15
  2.1 物流需求预测的概念 15
  2.2 物流需求预测的原则与类型 16
    2.2.1 物流需求预测的基本原则 16
    2.2.2 物流需求预测的类型 16
  2.3 定性预测 18
    2.3.1 市场调查预测法 18
    2.3.2 专家调查法——德尔菲法 18
    2.3.3 主观概率法 21
  2.4 时间序列预测 25
    2.4.1 平均数预测 26
    2.4.2 移动平均法预测 27

  2.4.3 指数平滑法预测 31
 2.5 回归分析预测 36
  2.5.1 一元线性回归 36
  2.5.2 多元线性回归 41
 2.6 上机练习 42
  2.6.1 时间序列预测 42
  2.6.2 一元线性回归预测 46

第 3 章 线性规划技术 52
 3.1 线性规划的一般模型 52
  3.1.1 线性规划问题举例 52
  3.1.2 线性规划的一般模型 54
 3.2 线性规划的图解法 54
 3.3 线性规划问题的标准形 57
  3.3.1 线性规划问题的标准形 57
  3.3.2 线性规划问题的标准化（非标准形过渡到标准形） 57
  3.3.3 线性规划问题的解 58
 3.4 单纯形法 59
 3.5 大 M 法和两阶段法 62
  3.5.1 大 M 法 62
  3.5.2 两阶段法 62
 3.6 上机练习 63

第 4 章 物流存储技术 77
 4.1 存储论概述 77
  4.1.1 存储论研究的对象 78
  4.1.2 存储论的基本概念 78
  4.1.3 常用的存储策略 79
  4.1.4 存储模型的类型 80
 4.2 经济批量模型 81
  4.2.1 经典经济批量模型 81
  4.2.2 非瞬时进货的经济批量模型 83
  4.2.3 允许缺货的经济批量模型 86
  4.2.4 定价有折扣的经济批量模型 90
 4.3 上机练习 93

第 5 章 运输与指派技术 100
 5.1 运输问题的数学模型 100

5.2 表上作业法 102
5.2.1 初始基本可行解的确定 103
5.2.2 初始方案的检验 108
5.2.3 解的改进——闭回路调整法 111
5.2.4 表上作业法在计算中的问题 112
5.3 不平衡的物资调运问题 112
5.3.1 供应量大于需求量 113
5.3.2 需求量大于供应量 115
5.4 指派问题 117
5.4.1 指派问题的数学模型 118
5.4.2 指派问题模型与产销平衡运输问题模型之间关系 119
5.4.3 用匈牙利法求解指派问题 119
5.4 上机练习 121
5.4.1 一般运输问题 121
5.4.2 指派问题 124

第6章 图与网络优化技术 130
6.1 运输路线选择 130
6.1.1 对流 131
6.1.2 迂回 131
6.1.3 交通路线不成圈 132
6.1.4 交通路线成圈 133
6.2 最短路 135
6.2.1 有向图的狄克斯屈拉算法 135
6.2.2 无向图的狄克斯屈拉算法 138
6.3 最大流与最小割 140
6.4 上机练习 142

第7章 货物配载优化技术 148
7.1 配载问题的含义 148
7.1.1 基本概念 148
7.1.2 配载的原则 149
7.1.3 注意事项 149
7.1.4 配载方法 150
7.2 货物配载问题 150
7.2.1 线性规划数学模型求解的配载方法 150
7.2.2 列表手工计算方法进行的配载技术 153

7.3 品种混装问题 156
第8章 物流中心规划技术 160
8.1 物流中心规模规划 160
8.1.1 物流中心及其功能设定 160
8.1.2 物流中心规划设计的原则 161
8.1.3 物流中心的规模设计 161
8.2 物流中心选址模型与方法 163
8.2.1 单一物流中心选址的模型与方法 163
8.2.2 多物流中心选址的模型与方法 167
8.3 物流中心设施布局规划 169
8.3.1 物流中心设施合理布局规划的目的 169
8.3.2 物流中心设施布局规划的原则 169
8.3.3 物流中心设施设计 170
8.3.4 物流中心软硬件设备系统的规划与设计 171
第9章 物流决策技术 172
9.1 物流决策的基本问题 172
9.1.1 基本概念 172
9.1.2 决策分析的基本原则 173
9.1.3 决策分析的基本分类 174
9.1.4 物流决策的步骤 175
9.2 确定型和非确定型决策 176
9.2.1 确定型决策 176
9.2.2 非确定型决策 177
9.3 风险型决策 180
9.3.1 期望值准则 180
9.3.2 决策树法 181
9.4 效用理论 184
9.4.1 效用的概念 184
9.4.2 效用曲线的绘制 185
9.4.3 效用曲线的类型 186
9.4.4 效用曲线的应用 187
9.5 上机练习 188
9.5.1 效益表分析 188
9.5.2 决策树 190

第10章 物流系统评价技术 196
10.1 物流系统的评价概述 196
10.1.1 物流系统评价的对象 196
10.1.2 物流系统的评价因素和标准 197
10.2 物流系统的评价指标体系 197
10.2.1 物流系统评价指标的制定原则 197
10.2.2 制订物流系统特征值（评价指标）的标准 198
10.2.3 常用的物流系统评价指标 198
10.2.4 物流子系统的评价指标 200
10.3 物流系统的评价指标的标准化处理 201
10.3.1 定量指标的标准化处理 201
10.3.2 定性模糊指标的量化处理 203
10.4 物流系统评价方法 204
10.4.1 物流系统经济分析法 204
10.4.2 专家评价法 210

参考文献 214

第 1 章　导　　论

本章提要
- 物流及其作用；
- 运筹学概述；
- 运筹学在物流管理中的应用；
- 运筹学的研究方法。

物流运筹学是运用数学模型、统计方法与代数等数量研究方法与技术为物流决策提供支持的一门新兴学科，它要求以系统的观念来看待和解决物流系统中日趋复杂化和动态化的决策问题。根据问题的要求，通过数学的分析和运算，对各种广义资源的运用、筹划以及相关决策等问题做出综合性的、合理的优化安排，以便更经济、更有效地发挥有限资源的效益。

1.1　物流及其作用

人类社会的生存与发展离不开生产资料和生活资料的有效通道。人类社会的发展历史是一部"路"的历史，从远古时代，人类就聚集、繁衍在交通便捷的地方。从古代的丝绸之路到今天的欧亚大陆桥，无不为东西方经济和文化的交流和繁荣作出过巨大的贡献。在人类形成"物流"这一概念之前，物流就已经成为促进人类社会稳定发展的必要条件。

1.1.1　物流

（1）定义。物流是将物体从供应地向需求地转移的过程，主要包括运输、储存保管、包装、装卸搬运、配送、流通加工等活动，它是生产和消费的桥梁，为使物流各项活动高效率地运转，就必须借助各种科学技术管理的支撑。

（2）物流的分类。一般可以分为采购物流、生产物流、销售物流、回收物流和废弃物流等。

其中，采购物流是指原材料、燃料等流入本企业时的物流；生产物流是指物品在本企业内部进行的流动；销售物流是指为了向顾客交货而进行的物流；回收物流是指退货、包装物的回收时物品返回本企业时的物流。这种分类方式是以企业自身为中心的。商品从生产者流向消费者的流动路线称为动脉物流；回收物流的流动方向与通常的方向相反，称为静脉物流。

（3）物流系统。物流系统是指在一定的时间和空间里，由所需位移的物资（包括安装设备、搬运装卸机械、运输工具、仓储设施和通讯联系等若干相互制约的动态要素）所组成的具有特定功能的有机整体。物流系统的目的是为了实现物资的空间效益和时间效益，在保证社会再生产顺利进行的前提下，实现各种物流环节的合理衔接，并取得最佳的经济效益。

1.1.2 物流在国民经济中的作用

在经济日益全球化的今天，物流作为一种先进的组织方式和管理技术，已经成为继生产和营销之外的"第三利润源泉"。现代物流在全球范围内已经成长为一个充满生机并具有巨大发展潜力的新兴产业，成为构筑企业竞争优势的基础和源泉。物流发展水平也正成为衡量一个国家综合国力、经济运行质量和社会组织管理效率的重要指标之一。

（1）物流的特点。物流服务相对于传统的运输方式来说，是一个革命性的突破。

第一，它是多种运输方式的集成，把传统运输方式下相互独立的海、陆、空的各个运输手段按照科学、合理的流程组织起来，从而使客户获得最佳的运输路线、最短的运输时间、最高的运输效率、最安全的运输保障和最低的运输成本，形成一种有效利用资源、保护环境的"绿色"服务体系。

第二，它打破了运输环节独立于生产环节之外的行业界限，通过供应链的概念建立起对企业供产销全过程的计划和控制，从整体上完成最优化的生产体系设计和运营，在利用现代信息技术的基础上，实现了货物流、资金流和信息流的有机统一，降低了社会生产总成本，使供应商、厂商、销售商、物流服务商及最终消费者达到皆赢的战略目的。

第三，它突破了运输服务的中心是运力的观点，强调了运输服务的宗旨是客户第一，客户的需求是运输服务的内容和方式，在生产趋向小批量、多样化和消费者需求趋向多元化、个性化的情况下，物流服务提供商需要发展专业化、个性化的服务项目。

第四，在各种运输要素中，物流更着眼于运输流程的管理和高科技信息情报。使传统运输的作业变为公开和透明的，有利于适应生产的节奏和产品销售的计划。

（2）物流在发达国家国民经济中的作用。随着现代科学技术的迅猛发展，全球经济一体化的趋势加强，各国都面临着前所未有的机遇和挑战。现代物流作为一种先进的组织方式和管理技术，被广泛认为是企业在降低物资消耗、提高劳动生产率以外的重要利润源泉，在国民经济和社会发展中发挥着重要作用。大量数据表明，发达国家或地区的物流产值在国民经济中处于一个十分重要的地位。20世纪90年代中期以来，英国物流搬运中心多次进行的全国性调查表明：物流费用占整个国民经济总支出的39%；在生产和流通领域，物流费用占总支出的63%，1996年英国物流产值占GDP的比重达到10.63%。从1996年《劳氏航运经济学家》这一权威杂志对世界主要地区的物流费用占GDP比重统计数字可以看出，物流支出在各国GDP中的比重占到11%以上，其中欧洲工业化国家，其社会物流总成本，虽因国家不同而略有出入，但一般相当于国民生产总值的12%左右，1996年美国的物流费用占GDP比重也达到了10.5%，日本占11.37%。

现代物流可以降低流通费用。随着物流管理的合理化，可以降低物流消耗。在70年代，美国物流成本平均相当于GDP的13.7%，1989年为11.1%，到1996年降到10.5%。根据全球物流费用的市场规模，物流产值占GDP的比重约为11%～15%，全球每天用于物流的费用高达3.43万亿美元。所以一些发达国家把降低流通费用，特别是物流费用作为利润开发的源泉，作为提高整个国民经济的重大措施。

(3) 物流在我国国民经济中的作用。在我国工商领域中，由于长期受计划经济的影响，采购、制造、运输、仓储、代理、配送、销售等环节彼此分割，造成一方面生产企业的原材料和产成品库存过大，占压资金过多，产品生产成本上升，另一方面运输、仓储等企业有效货源不足，现有设施能力未能充分利用，并且运输环节不衔接造成成本上升。

近十年来，随着市场经济的发展和物流产业的兴起，我国不少企业已经开始改变上述状况，通过建设现代化的立体仓库、开展供应商供货标准化、库存管理自动化等活动以此推动物料配送系统的改革，提高了效率，降低了仓库管理费用。从全国来看，物流的潜力非常巨大，据统计，1998年底，列入国家统计局统计的18.2万家独立核算工业企业产成品库存6094亿元人民币，占其全年产品销售收入的9.6%；如果加上应收账款12315亿元，两项资金占用为产品销售收入的29.1%，同年这18.2万家企业流动资产周转次数仅为1.41次。可见，开发物流对于我国企业在压缩资金占用和加快资金周转方面具有重大的现实意义。

另一方面，从运输成本看，我国运输成本占国民经济总成本的30%，而发达国家仅为10%。也就是说，仅从运输来看，我们还有"20%"这样一个空间可以去努力。只要我们能够将现有运输成本仅降低10%左右，我们的国民经济总体水平就能出现一次新的飞跃，一次真正的飞跃。因此大力推进现代物流产业，把彼此分割的环节连接起来，优化企业物资供应链，是国民经济发展的迫切需要。

总之，无论是从发达国家来看，还是从中国这样一个发展中国家来说，发展物流业都将对国民经济发挥积极和重要的作用。

现代物流业是涉及运输、仓储、货代、联运、制造、贸易、信息等相关行业的新兴综合性产业，物流活动的内容纷繁复杂，供应链上的各个企业要科学合理地安排物流活动的各项内容，为降低物流成本，提高运作效率，不可避免地要运用各种定量管理的科学技术和方法，运筹学就是这其中最为主要的一门学科。

1.2 运筹学概述

运筹学的英文通用名称为"Operation Research",简称 OR,原意为运作研究或作战研究。中国科学家把它译成"运筹学",巧妙地借用了《史记·高祖本纪》中"运筹帷幄之中,决胜千里之外"的典故,鲜明地揭示出其与决策之间的关系。

运筹学的思想由来已久,我国历史上在军事和科学技术方面对运筹思想的运用是世界闻名的。公元前 6 世纪春秋时期著名的《孙子兵法》中处处体现了军事运筹的思想;战国时期的"田忌赛马"故事是博弈论的典型范例;刘邦、项羽在楚汉相争过程中,依靠张良等谋士的计谋,演出了一幕幕体现运用运筹学思想取得战争胜利的例子。除军事方面,在我国古代农业、运输、工程技术等方面也有大量体现运筹学思想的实例,如北魏时期科学家贾思勰的《齐民要术》就是一部体现运筹学思想、合理策划农事的宝贵文献;古代的粮食和物资的调运,都市的规划建设,如"一举而三役济"的"丁渭造宫",水利方面如四川都江堰工程,无不体现了运筹思想的运用。

运筹学作为一门学科是近五十年来才逐步发展起来的,最早是由于军事上的需要而产生的。在第二次世界大战初期,英美两国的军事部门迫切需要研究如何将非常有限的人力和物力分配到各项军事活动中,以达到最好的作战效果。1935 年,英国为了对付德国空中力量越来越严重的威胁,英国防空科学调查委员会组织了一些科学家专门研究如何使用雷达来进行对空作战的问题,有效地遏制了德国空军的进攻。作战研究部主任 A. P. Rowe 把他们从事的工作称为 operational research,美国则称为 operations research(作战研究)。在第二次世界大战期间,运筹学成功地解决了许多重要作战问题,比较著名的有大西洋海战、不列颠空战等,显示了运筹学的巨大威力,使得运筹学在战后得以迅速发展。

第二次世界大战结束后,那些从事作战研究的人员纷纷转入工业生产部门和商业部门。由于组织内与日俱增的复杂性和专门化所产生的问题,使人们认识到这些问题本质上与战争中曾面临的问题极为相似,只是具有不同的现实环境而已。运筹学于是进入工商企业和其他部门,在 20 世纪 50 年代以后得到了广泛的应用。

20 世纪 50 年代后期,我国著名科学家钱学森、华罗庚、许国志等将运筹学引入中国,并结合我国的特点在国内推广应用。运筹学中著名的"打麦场的选址问题"和"中国邮递员问题"就是在那个时期提出的。华罗庚院士自 1965 年起与他的学生一道走出研究所,用十年的时间在全国推广"优选法"和"统筹法",对中国运筹学的研究和应用起到了巨大的推动作用。电子计算机的问世、高速化发展与广泛普及,使得各行业从业人员能够运用这些先进的方法理论解决大量的大规模问题,从而促进了运筹学的发展和应用范围日益扩大。时至今日,运筹学已经成为各行各业进行管理决策的一个基本工具。经过半个多世纪的发展,运筹学的内容日趋成熟,逐渐形成了其理论与方法的基本框架,可以简单地概括为两技术、五规划和五论。

（1）两技术。当遇到有多种备选方案或不确定的情况，可以用决策技术来选择最满意的战略；在很多时候，决策者都需要为工程制订计划，列出时间表，并对其进行管理，而工程往往是巨大的，包含很多工种、部门与员工等——这时网络计划技术可以帮助决策者完成工程时间表的制订与控制。

（2）五规划。在一定约束条件下寻求某种目标最大或最小的方法就是规划方法要解决的问题，包括线性规划、整数规划、非线性规划、目标规划与动态规划。一个典型的应用就是企业在一定资源限制下寻求利润最大或成本最小。

（3）五论。在决策过程中，首先要考虑的就是竞争对手的情况，这就需要应用对策论方法；企业必须维持一定的原料或产品的库存量以满足需求，同时为控制成本又必须压低库存，这就是库存论要解决的问题；而图论是用图形来描述问题，图形是由一些点以及一些点之间的连线表示，可用于解决运输设计、信息系统的设计以及工程时间表的设计；有时也需要解决各种服务系统在排队等待现象中的概率特性，这就需要排队论，而非常重要的产品、工程的可靠性问题就需要可靠性模型来解决；还有决策论。

以上就是运筹学的基本方法与技术。但是，在实际管理工作中，预测技术与模拟技术也是很重要的。预测是一项用来预测商业未来的技术。模拟是一项用来模拟系统运转的技术，这项技术使用计算机程序模拟运转过程，得出模拟结果。

1.3 运筹学的研究方法

1.3.1 定义和特点

莫斯（P. M. Morse）和金博尔（G. B. Kimball）对运筹学下的定义是："为决策机构在对其控制下业务活动进行决策时，提供以数量化为基础的科学方法。"它首先强调的是科学方法，其含义不单是某种研究方法的分散和偶然的应用，而是可用于整个一类问题上，并能传授和有组织的活动。它强调以量化为基础，必然要用数学，但任何决策都包含定量和定性两方面，而定性方面又不能简单地用数学表示，如政治、社会等因素，只有综合多种因素的决策才是全面的。运筹学工作者的职责是为决策者提供可以量化的分析，指出那些定性的因素。另一种定义是："运筹学是一门应用科学，它广泛应用现有的科学技术知识和数学方法，解决实际中提出的专门问题，为决策者选择最优决策提供定量依据。"这个定义表明运筹学具有多学科交叉的特点，如综合运用数学、统计学、经济学、管理学、心理学等学科中的一些方法。运筹学是强调最优决策，"最优"是过分理想了，在实际生活中往往用次优、满意等概念代替最优。

为了有效地应用运筹学，英国运筹学学会前会长托姆林森提出以下六条原则。

（1）合伙原则：是指运筹学工作者要和各方面人，尤其是同实际部门工作者合作。

（2）催化原则：在多学科共同解决某问题时，要引导人们改变一些常规的看法。

（3）互相渗透原则：要求多部门彼此渗透地考虑问题，而不是只局限于本部门。

（4）独立原则：在研究问题时，不应受某人或某部门的特殊政策所左右，应独立从事工作。

（5）宽容原则：解决问题的思路要宽，方法要多，而不是局限于某种特定的方法。

（6）平衡原则：要考虑各种矛盾的平衡，关系的平衡。

1.3.2 运筹学的工作步骤

运筹学在解决实际问题过程中形成了自己的工作步骤。

（1）提出和形成问题：要弄清问题的目标，可能的约束，问题的可控变量以及有关参数，搜集有关资料。

（2）建立模型：把问题中可控变量、参数和目标与约束之间的关系用一定的模型表示出来。

（3）求解：用各种手段(主要是数学方法，也可用其他方法)将模型求解。解可以是最优解、次优解、满意解。复杂模型的求解需用计算机，解的精度要求可由决策者提出。

（4）解的检验：首先检查求解步骤和程序有无错误，然后检查解是否反映现实问题。

（5）解的控制：通过控制解的变化过程决定对解是否要作一定的改变。

（6）解的实施：是指将解应用到实际中必须考虑到实施的问题。如向实际部门讲清楚解的用法，在实施中可能产生的问题和修改。

以上过程应反复进行。

1.3.3 运筹学的模型

运筹学在解决问题时，按研究对象不同可构造各种不同的模型。模型是研究者对客观现实经过思维抽象后用文字、图表、符号、关系式以及实体模样描述所认识到的客观对象。模型的有关参数和关系式较容易改变，这样有助于分析和研究问题。利用模型可以进行一定预测、灵敏度分析等。

模型有三种基本形式：形象模型，模拟模型，符号或数学模型。目前用得最多的是符号或数学模型。构造模型是一种创造性劳动，成功的模型往往是科学和艺术的结晶，构模的方法和思路有以下五种。

（1）直接分析法。按研究者对问题内在机理的认识直接构造出模型，运筹学中已有不少现存的模型，如线性规划模型、投入产出模型、排队模型、存贮模型、决策和对策模型等。这些模型都有很好的求解方法及求解的软件。但用这些现存的模型研究问题时，要注意不能生搬硬套。

（2）类比法。有些问题可以用不同方法构造出模型；而这些模型的结构性质是类同的，这就可以互相类比。如物理学中的机械系统、气体动力学系统、水力学系统、热力学系统及电路系统之间就有不少彼此类同的现象。甚至有些经济、社会系统也可以用物理系统来类比。在分析有些经济、社会问题时，不同国家之间有时也可以找出某些类比的现象。

（3）数据分析法。对有些问题的机理尚未了解清楚，若能搜集到与此问题密切有关的大量数据，或通过某些试验获得大量数据，这就可以用统计分析法建模。

（4）试验分析法。当有些问题的机理不清，又不能作大量试验来获得数据，这时只能通过做局部试验的数据加上分析来构造模型。

（5）想定（构想）法（Scenario）。当有些问题的机理不清，又缺少数据，又不能作试验来获得数据时，例如一些社会、经济、军事问题，人们只能在已有的知识、经验和某些研究的基础上，对于将来可能发生的情况给出逻辑上合理的设想和描述，然后用已有的方法构造模型，并不断修正完善，直至比较满意为止。

模型的一般数学形式可用下列表达式描述。

目标的评价准则：$\quad U = f(x_i, y_i, \xi_k)$

约束条件：$\quad g(x_i, y_i, \xi_k) \geqslant 0$

其中：x_i 为可控变量；y_i 为已知参数；ξ_k 为随机因素。

目标的评价准则一般要求达到最佳（最大或最小）、适中、满意等。准则可以是单一的，也可是多个的。约束条件可以没有，也可有多个。当 g 是等式时，即为平衡条件。

当模型中无随机因素时，称它为确定性模型，否则为随机模型。随机模型的评价准则可用期望值，也可用方差，还可用某种概率分布来表示。

当可控变量只取离散值时，称为离散模型，否则称为连续模型。

也可按使用的数学工具将模型分为：代数方程模型、微分方程模型、概率统计模型、逻辑模型等。

若用求解方法来命名，有直接最优化模型、数字模拟模型、启发式模型。

也有按用途来命名的，如分配模型、运输模型、更新模型、排队模型、存贮模型等。

还可以用研究对象来命名，如能源模型、教育模型、军事对策模型、宏观经济模型等。

1.4 运筹学在物流管理中的应用

物流起源于第二次世界大战期间的军事后勤，它与科学管理共同采用的一项主要工具就是运筹学方法，运筹学应用的典型案例大都是物流作业或管理。

运筹学与物流系统的关系如下。

从两者产生的时间来看，都是在二战时期为军事所重视并利用发展起来的，同时产生必然有他们的联系性。

从功能上来说,运筹学是用来解决最优资源配置,而物流系统的主要功能(目标)也正是追求一种快速、及时、节约、库存合理的物流服务,这一点正好不谋而合。

为此,两者从一开始到现在都密切地联系在一起,并互相渗透和交叉发展。虽然后来一段时间,物流发展相对滞后于运筹学,但随着全球经济的不断发展,物流系统中运筹学的运用不断扩大,运筹学的作用不断凸显。

运筹学的主要分支有规划论、排队论和存储论和图论等,它们在物流管理中都得到广泛的应用。

1.4.1 规划论

规划论主要研究计划管理工作中有关安排和估计的问题。一般可以归纳为在满足既定的要求下,按某一衡量指标来寻求最优方案的问题。如果目标函数和约束条件的数学表达式都是线性的,则称为"线性规划";否则称为"非线性规划"。如果所考虑的规划问题可按时间划为几个阶段求解,则称为"动态规划"。

应用规划论的典型的例子如"运输问题",即将已给定数量和单位运价的某种物资从供应站运送到消费站,要求在供销平衡的同时,定出流量与流向,使总运输成本最小。我国曾运用线性规划进行水泥、粮食和钢材的合理调运,取得了较好的经济效益。运用规划论方法还可以解决"合理选址"问题、"车辆调度"问题、"货物配装"问题、"物流资源(人员或设备)指派"问题、"投资分配"问题等。

【例 1.1】 线性规划应用

一艘货船分前、中、后三个舱位,它们的容积分别是 4000、5400 和 1500 立方米,最大允许载重量分别为 2000、3000 和 1500 吨。现有三种货物待运,相关数据见表 1-1。

表 1-1

商品	数量(件)	每件体积(m^3/件)	每件重量(吨/件)	运价(元/件)
A	600	10	8	1000
B	1000	5	6	700
C	800	7	5	600

为了航运安全,要求前、中、后舱在实际载重量上大体保持各舱最大允许载重量的比例关系。具体要求:在前、后舱分别与中舱之间载重量比例上,偏差不超过 15%,前后舱之间不超过 10%。问该货轮应装载 A、B、C 各多少件,运费收入为最大?

【例 1.2】 物资调运规划应用

某公司有三个加工厂 A_1,A_2,A_3 生产某产品,每日的产量分别为 7t,4t,9t,该公司把这些产品分别运往四个销售点 B_1,B_2,B_3,B_4,各销售点的每日销量分别为 3t,6t,5t,6t,从各工厂到各销售点的单位运价见表 1-2。问该公司如何调运产品,才能在满足各销售点需要量的前提下，使总费用最少？

表 1-2

产品 \ 销售点	B_1	B_2	B_3	B_4
A_1	3	11	3	10
A_2	7	9	2	8
A_3	1	4	10	5

【例 1.3】 指派问题

有赵、钱、孙、李四个司机被分配完成 A、B、C、D 四项运输任务，四人完成各项任务所花费的时间不同，具体效率矩阵见表 1-3，问应如何安排才能使完成全部任务的花费的总时间最少？

表 1-3

单位：小时

人员 \ 任务	A	B	C	D
赵	2	15	13	4
钱	10	4	14	15
孙	9	14	16	13
李	7	8	11	9

【例 1.4】 货物配装

载重为 8t 的汽车，运输 4 种机电产品，其重量分别是 3t，3t，4t，5t，试问应如何装配才能充分利用汽车的运载能力？

【例 1.5】 选址问题

假定有六个矿井，产量分别为 5 千吨、6 千吨、7 千吨、2 千吨、4 千吨和 3 千吨，运输路线见图 1-1，要经过加工后才能转运到其他地方。这些矿井之间道路不含回路，欲选择一个矿井，在此矿井上建立一个加工厂，使各矿井到加工厂的运输总费用最低。

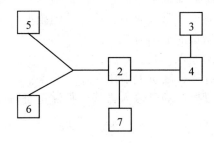

图 1-1 运输路线

1.4.2 排队论

排队论主要研究具有随机性的拥挤现象，它起源于有关自动电话的研究。由于叫号次数的多少和通话时间的长短都是不确定的，对于多条电话线路，叫通的机会和线路空闲的机会都是随机的，因此服务质量和设备利用率之间存在矛盾。所有这类问题度可以形象地描述为顾客来到服务台前要求接待服务。如果服务台已被其他顾客占用，那么就要等待，就要排队。另一方面，服务台也时而空闲，时而忙碌。排队论的主要内容之一，就是研究等待时间、排队长度等的概率分布。根据服务台是一台或是多台的情况，排队问题又分为单线或多线的排队问题。

排队论在物流过程中具有广泛地应用，例如机场跑道设计和机场设施数量问题，如何才能既保证飞机起降的使用要求，又不浪费机场资源；又如码头的泊位设计和装卸设备的购置问题，如何达到既能满足船舶到港的装卸要求，而又不浪费港口资源；再如仓库保管员的聘用数量问题，售票处的窗口的开设数量问题，物流机械维修人员的聘用数量问题，如何达到既能保证仓储保管业务、售票业务和物流机械的正常运转，又不造成人力浪费，这些问题都可以运用排队论方法加以解决。

【例 1.6】 排队论

码头上现在同时有 3 艘货船需要卸货，但是只能一船一船地卸货，并且每艘船卸货所需的时间各不相同，分别为 8、12、10 小时，那么按照怎样的顺序卸货能使三艘货船等候的总时间（等候时间包括卸船时间）最少呢？

1.4.3 存储论

存储论又称库存论。在经营管理中，为了促进系统的有效运转，往往需要对零部件、器材以及其他物资保障条件维持合理的储备。存储论就是研究在什么时间、以多大数量、从什么来源保证这些储备，并使得为保存合理的库存量和补充采购所需的总费用最小的理论。存储论是研究物资储备的控制策略的理论。存储物资是为了协调供应（生产）和需求（消费）之间关系的一种措施。例如工厂与商店就必须考虑原材料和商品的库存量，库存太少可能造成停产或脱销，库存太多则造成积压，这些都直接影响企业的效益，因此库存管理是现代企业生产管理中的一个重要环节。库存论的模型与以下几个要素有关。

（1）需求方式，即库存物资的输出方式。

（2）补充方式，即物资的输入方式。

（3）有关生产、库存、订货、缺货的费用。

（4）存贮策略，这里可以控制的是输入方式，控制订货时间和订货数量，形成库存控制的策略。

【例 1.7】 存储论

某装配车间每月需要 490 件零件，该零件由厂内生产，生产速度为每月 900 件，每批生产准备费为 100 元，每个零件每月的存储费为 0.5 元。问：生产批量为多少时物流成本最低？

1.4.4 决策分析理论

现实世界有限的资源和人们无限的需求这一矛盾导致了竞争，由于竞争才使决策成为必要，是竞争催生了决策理论。战争是人类竞争的最激烈的表现形式，因而对于决策的研究也最早、最多地出现于对战争活动的研究中，从中国古代的《孙子兵法》和田忌赛马的故事中都可以看到我们祖先对决策的研究。

决策分析理论包括决策论、决策树技术、博弈论、确定性和不确定性决策模型等。决策论研究如何使决策最优。决策树技术是把决策的不同方案和每种方案可能产生的几种自然状态表征为树状分枝结构，再逐枝求出不同方案的损益值，从中选出收益最大的方案。博弈论研究在博弈或竞争的双方或多方中，是否存在及如何找到一方制胜另一方的最优方案。模型论是指研究在决策前，如何把研究对象表征、抽象为相应模型（包括确定性和不确定性），并运用模型进行模拟实验，从而分析得出最优决策。

决策学派的代表人西蒙系统地研究了决策的理论，提出决策是统带管理的一项中心活动，它存在于管理活动的任何一个环节、贯穿于管理的全过程的重要思想，并因此而成为管理学方面唯一获得诺贝尔经济学奖的人。

西蒙认为做出正确的决策包括四个流程：

（1）找出决策的根据，即收集情报；

（2）找到可能的行动方案；

（3）在诸行动方案中进行抉择，即根据当时的情况和对未来发展的预测，从各个备选方案中选定一个方案；

（4）对已选择的方案及其实施进行可行性和效益性评价。

决策过程的最后一步，对于保证所选定方案的顺利实施而言，又是关键的一步；另外，西蒙还认为决策分为程序化决策和非程序化决策；不同类型的决策需要不同的决策技术，决策技术又分为传统技术和现代技术，主要包括线性规划、决策树、计划评审法和关键线路法、模拟、对策论、概率论、排队论等；决策的准则是从可选方案中选择一种"令人满意"的行动方案而不可能是"最优"方案。

【例 1.8】 决策论

"三十六计"中有一个"空城计"，运用这一决策案例最成功的是三国时候的诸葛亮。探马来报司马懿率兵来攻西城，已距西城只有五里之遥，而此时西城却兵力空虚，赵云已领兵先回西川，马谡、王平被派去街亭，只有一些老弱病残，怎么才能战胜司马懿的大兵？我们看看诸葛亮的正确决策是如何做出的。

第一，决策所根据的情报很准确：一是对手司马懿大兵距西城已只有五里，自己却只有一些老弱病残；二是司马懿生性多疑。

第二，可能的行动方案还是有的：一是战而后胜，用这些老弱病残去跟司马懿的大兵去斗，取胜的可能可以认为是没有；二是不战而胜，示之以城中有埋伏的假相，司马懿因为多疑，或许可以被蒙而不敢进城与战。

第三，从上述方案中选定一个方案。选择的方法是哪一个方案取胜的可能性（概率）更大，显然不战而胜的概率更大。所以选定选择第二个方案。

1.4.5 对策论

最初是运用数学方法研究有利害冲突的双方在竞争性的活动中是否存在自己战胜对方的最优策略，以及如何找出这些策略等问题。在这些问题中，把双方的损耗用数量来描述，并找出双方最优策略。对策论的发展，考虑有多方参加的竞争活动，在这些活动中，竞争策略要通过参加者多次的决策才能确定。

常言道"商场如战场"，在市场经济条件下，物流业也充满了竞争。对策论是一种定量分析方法，可以帮助我们寻找最佳的竞争策略，以便战胜对手或者减少损失。例如在一个城市内有两个配送中心经营相同的业务，为了争夺市场份额，双方都有多个策略可供选择，可以运用对策论进行分析，寻找最佳策略。例如，面对一次次的铁路大提速，公路运输公司要与铁路系统争夺客源，有多种策略可供选择，也可用对策论研究竞争方案，等等。

除了在上述物流领域的应用之外，运筹学还在以下几个方面得到了广泛应用。

（1）营销管理。主要体现在广告预算和媒介的选择、竞争性定价、新产品开发、销售计划的制定等方面。

（2）财务管理。这里涉及预算、贷款，成本分析、定价、投资、证券管理、现金管理、等。用得较多的方法是：统计分析、数学规划、决策分析。此外还有盈亏点分析法、价值分析法等。

（3）人事管理。这里涉及六个方面，首先是人员的获得和需求估计；第二是人才的开发，即进行教育和训练；第三是人员的分配；第四是各类人员的合理利用问题；第五是人才的评价，其中有如何测定一个人对组织、社会的贡献；第六是工资和津贴的确定等。

（4）设备维修、更新和可靠性、项目选择和评价。

（5）工程的优化设计。这在建筑、电子、光学、机械和化工等方面都有应用。

（6）计算机和信息系统。可将运筹学用于计算机的内存分配，研究不同排队规则对磁盘和磁鼓工作性能的影响。有人利用整数规划寻找满足一组需求文件的寻找次序，利用图论、数学规划等方法研究计算机信息系统的自动设计。

（7）城市管理。这里有各种紧急服务系统的设计和运用，如救火站、救护车、警车等分布点的设立、危机处理车辆的配置和负责范围、出事故后警车应走的路线等。此外有城市垃圾的清扫、搬运和处理，城市供水和污水处理系统的规划……等等。运输问题，这涉及空运、水运、公路运输、铁路运输、管道运输、厂内运输；空运问题涉及飞行航班和飞行机组人员服务时间安排等；水运有船舶航运计划、港口装卸设备的配置和船到港后的运行安排；公路运输除了汽车调度计划外，还有公路网的设计和分析，市内公共汽车路线的选择和行车时刻表的安排，出租汽车的调度和停车场的设立；铁路运输方面的应用就更多了。

【例 1.9】 对策论

甲乙两个物流公司为争夺市场份额，进行削价竞争。都采取高价策略时，双方各盈利 100；都采取低价策略时，双方各盈利 70；一方采取低价另一方采取高价策略时，盈利分别是 150 和 30。甲乙双方应该采取何种策略？

1.4.6　质量控制

运用数理统计方法研究确定质量的浮动，及时调整并保证在可行的范围里波动。

物流系统中也常应用质量控制技术。例如物流服务公司为提高服务质量，在一定条件下，控制装卸一辆货车的时间波动范围。又如，物流作业要使用计量设备、自动分拣设备、自动导向车等，其计量误差和控制误差也可以在一定范围内波动，可用质量控制方法建立控制范围。对这些设备进行定期检查测试，发现测试误差超出规定范围，就要及时调整。再如，配送中心按照顾客的要求在自动流水线加工的产品，都有一定的规格和质量要求，对产品要进行抽样检查控制等。

1.5　物流运筹学的前景

今天，各类物流组织及其赖以生存的世界都在以一种令人眩目的速度变化，变得越来越复杂，无数的选择、无尽的时间压力和无止境的边际利润追求使得我们在做出决策时变得更加困难和为难。与此同时，新的企业管理手段及其软件为我们提供了巨量的数据，而要把这些数据转化成对于组织未来的洞察力和行动计划则成为一件具有决定性意义却又似乎难以完成的任务。但是，正是所有这些数据的存在以及计算能力越来越强大并且越来越廉价的趋势，为决策者们提供了一个重要的机遇——运筹学终于能够摆脱数据缺乏与计算能力有限的束缚来为管理实践服务。

改革开放以来，运筹学的应用更为普遍，特别是在流通领域应用更为广泛。例如运用线性规划进行全国范围的粮食、钢材、水泥的合理调运等；许多企业的作业调配、工序安排、场地选择等，也使用了运筹学方法，取得了显著的效果。与此同时，还创造了简单易行的"图上作业法"和"表上作业法"。现在，物流领域正在大力开发和应用物流信息系统，许多企业把运筹学融合在管理信息系统中,增加了辅助决策功能,取得了明显的经济效益,提高了企业的管理水平,受到企业决策层和主管部门的重视。

从物流和运筹学的关系不难看出,两者将不断渗透和交叉,物流系统中运筹的作用也将不断凸显,物流实现"5S"和克服物流系统中的制约关系(如高质量服务与成本的制约等)就必须考虑如何才能更有效地提供高效高质量节约的物流服务,就必须要运用到运筹学来解决原材料到半成品到成品到顾客的过程中所涉及的运筹方面(规划问题、排队问题、库存、质量控制、对策问题等)。

因此,运筹在物流系统中的前景将被看好,将可能被细化到物流服务中的一个分支(部门)。为此,应在传统运筹学的基础上,合理灵活运用。把运筹不断运用到物流实践中去,并不断通过物流实践的检验合理改进运筹的运用,使之不断完善。

物流运筹学还在不断发展中,新的思想、观点和方法不断地出现。本书作为一本教材,所提供的一些运筹学思想和方法在物流中的应用都是基本的、作为从事物流专业的读者学习运筹学必须掌握的知识。

【小结】

本章首先介绍了物流及其作用,然后介绍了运筹学的发展历史,研究方法,物流与运筹的关系;对运筹学的方法包括规划论、排队论、存储论、决策论、对策论和质量控制理论等在物流中的应用做了分析介绍,重点介绍了规划论在物流活动的各个环节应用。

【习题】

1. 什么是物流?它的特点和作用有哪些?
2. 什么是运筹学?运筹学的主要内容是什么?运筹学解决问题步骤有哪些?
3. 简述运筹学建模的思路。
4. 运筹学与物流系统之间有何关系?
5. 举例说明运筹学的原理和思想在物流系统中的应用。

第 2 章　物流需求预测技术

本章提要
- 物流需求预测的概念；
- 物流需求预测的原则与类型；
- 定性预测方法；
- 时间序列预测法；
- 回归分析预测法。

2.1　物流需求预测的概念

预测是指对未来不确定事件的预见和推测。事件的范围十分广泛，有自然事件、科学事件、社会事件、经济事件等，所以有天文、地理、科学、技术、政治、军事、经济、文化等方面的事件预测。未来事件有确定型与不确定型之分，确定型事件是指该事件发展结果只会有一种状态；不确定型事件是指该事件发展过程和结果可能出现多种状态。

现代物流发展呈现出系统化、网络化、信息化的趋势，现代物流的发展和物流系统的复杂性都给物流规划和决策带来了一定的困难，需要有科学的决策手段作为支持，而预测作为决策的一个重要依据，在物流规划和管理决策中起着极其重要的作用。无论是正在运行的物流系统还是拟建的物流系统，其物流量的确定、库存量的预测、市场需求的预测分析等都直接关系到整个系统设计方案的规划、生产计划的制订、原材料的采购、人员配置的合理性。

所谓物流需求，是指各类企、事业单位和个体消费者在社会经济活动过程中，伴随产生的运输、仓储、装卸搬运、配送等物流活动的需要情况。影响物流需求变化的主要因素有产业结构的变化、消费者需求的多样化与个性化、流通结构的变化等。

物流需求预测，就是利用历史资料和市场信息，对未来的物流需求状况进行科学的分析、估算和推断，物流需求预测的意义在于指导和调节物流管理活动，以便采取适当的策略和措施来谋求最大利益。

2.2 物流需求预测的原则与类型

2.2.1 物流需求预测的基本原则

在进行物流需求预测时，预测方法的选择和预测模型的建立都是以预测的原则为依据的。在实际预测过程中往往是根据预测对象的特点，选择相应的预测原则而构造预测模型。当然，预测原则的使用是有一定条件的，因此对预测原则的掌握是预测模型建立的基础。

（1）惯性原则。任何事物的发展都与其过去的运动有着一定的联系。过去的运动不仅影响到现在，还会影响到未来，这表明，任何事物的发展都带有一定的延续性，即惯性，惯性越大表明过去对未来的影响越大。惯性原则的存在，不仅为预测方法提供了思路，也为预测的可行性提供了一定理论依据。

（2）类推原则。所谓预测的类推原则，即许多事物的发展规律有着相似之处，往往可以用一个事物的变化规律来类推另外一个事物的变化规律。应用这一原则可使预测工作大为简化。在预测中常常采用经验曲线，这就是以类推原则作为理论依据的。

（3）相关原则。相关原则是研究事物发展复杂性的一个必不可少的原则。任何事物的发展变化都不是孤立的，都是与其他事物发展变化相互联系、相互影响而确定其运动轨迹的。相关性有多种表达形式，其中最为广泛的是因果关系，即任何事物的发展变化都是有原因的，其变化状况是其原因的结果。相关回归分析法建立预测模型就是以这一原则为前提的。

（4）概率推断原则。由于各种因素的干扰，常常使事物各个方面的变化呈现出随机形式。随机变化的不确定性往往给预测工作带来很大的困难，这时就需要应用随机方法对一些不确定性问题进行研究，并探讨预测方法。这种依据概率进行推断的原则称为概率推断原则。

（5）定性、定量分析相结合原则。预测中必须将定性分析和定量分析相结合。定量分析，所建立的数学模型的准确程度必须依据定性分析来确定，而定性分析的成果必须通过定量的分析才能实现具体化。

2.2.2 物流需求预测的类型

物流需求预测从不同角度可以划分为很多的种类，常用的几种预测分类标准有：按预测时间的长短进行分类，按预测的空间范围进行分类和按预测采用的方法进行分类。对预测进行分类可以指导预测工作更有效地进行。

（1）按预测的时间长短分类，可以分为短期预测、中期预测和长期预测。

短期预测，一般是以周、旬为预测的时间单位，根据事物变化的观察期资料，结合事物当前和未来变化的实际情况，对事物未来一个季度内的发展变化情况做出估计。短期预测的结果可以用来编制物流企业的月份或季度的各种营销计划。短期预测结果一般必须做到及时、准确，对预测目标的各种变化要有敏感的反应，使被预测系统各参与者和管理者能够及时了解市场的发展变化，以便适当安排各项活动及有效组织经营。

中期预测一般是指 3~5 年之内的预测。中期预测的结果可以为物流企业编制 3~5 年的经济发展计划提供重要的依据。同时，中期预测还经常用于长期影响市场的各种因素的预测，如对影响市场的经济、技术、政治、社会等重要因素的预测，用来分析研究市场未来的发展趋势和市场发展变化的规律等。

长期预测一般是指 5 年以上的预测，是为制定国民经济和社会发展的长期规划而专门进行的市场预测。长期预测主要针对市场经济现象的发展变化趋势，为国民经济和社会按客观规律健康的发展，为统筹安排国民经济长期的生产、分配、交换、消费提供重要的依据。物流园区一方面体现了现代物流社会化的趋势，具有宏观经济现象的特点；另一方面也考虑了企业或其联合体的经营行为，具有微观经济现象的特点。因此在进行可行性研究时，要对其货流的长期变化规律加以掌握，需要进行长期预测。

（2）按预测的空间范围分类，可分为宏观预测、中观预测和微观预测。

宏观预测是统观整体市场需求的发展变化及趋势，其内容涉及国民经济全局的预测，其空间范围往往是全国性的预测。宏观预测，以安排国民经济综合平衡各种合理的比例关系，合理配置各种资源等为主要目的，为国民经济宏观决策提供必要的和可靠的依据。

中观预测是涉及国民经济各行业的预测，从空间范围一看，是以省、自治区、直辖市或经济区为总体的预测。如预测国民经济中某一行业可向市场提供的产品总量、某类产品数量或某种商品的数量，与其需求量对比分析，研究供给与需求之间是否相适应；预测某省、自治区、直辖市的购买力总量的发展变化情况等。这些都可看作是中观预测，它主要是用以满足地区或行业组织生产与营销决策的需要。

物流园区货流的预测分析就属于中观预测，因为这些货流来源及流向涉及的范围广，不仅仅局限于某个城市，而且还会扩展到城市周边的经济辐射带甚至更广阔的区域。因此，从空间范围来看，物流园区货流的预测属于中观预测。

微观预测一般是指企业所进行的市场预测，从空间范围上看，是市场或企业产品所涉及地区市场的预测。微观预测的范围较小，过程及内容可以比较具体细致，为企业提供更具体的信息。物流企业对业务量、营业收入等的预测即属于微观预测。

（3）按预测的方法分类。按预测所采用的方法不同分类，可分为定性预测和定量预测。

定性预测是预测者根据自己掌握的实际情况、实践经验、专业水平，对经济发展前景的性质、方向和程度做出判断。定性预测需要的数据少，可以不考虑无法定量的因素，也不需要太深奥的理论知识和太烦琐的计算，因此简便易行，得到广泛的应用。

定量预测的特点是以大量的历史观察值为主要依据，建立适当的数学模型为预测模型，推断或估计预测目标的未来值。

定量预测分类的方法很多，在物流需求预测中常用的分类方法是时间序列预测法（包括算术平均法、加权平均法、移动平均法、指数平滑法等）和回归分析预测法（包括一元回归分析、多元回归分析等）两大类。本章在定量预测中着重介绍较常用的移动平均法、指数平滑法和一元线性回归分析法。

2.3 定性预测

定性预测主要靠预测人员经验和判断能力，易受主观因素的影响，为了提高定性预测的准确程度，应注意以下几个问题：

(1) 应加强经济调查，掌握各种情况，使目标分析预测更加接近实际；

(2) 进行有数据有情况的分析判断，使定性分析数量化，提高说服力；

(3) 应将定性预测和定量预测相结合，提高预测质量。

2.3.1 市场调查预测法

市场调查预测法，是指预测者深入实际进行市场调查研究，取得必要的经济信息，根据自己的经验和专业水平，对市场发展变化前景做出分析判断。这属于定性的范畴，简便易行。根据调查的渠道和环节不同，分为以下调查法。

(1) 经营管理人员意见调查法。由经理召集熟悉情况的各业务主管部门人员开会，将与会人员对市场的预测加以归纳、整理、分析、判断，制订企业的预测方案。这一方法的优点是上下结合，发挥各部门的作用；缺点是对市场行情了解不深入，受主观因素影响大。

(2) 销售人员意见调查法。向销售人员进行调查，征询他们对产销情况、市场动态以及他们对自己负责的销售区、商店、柜台未来销售量的估计，加以汇总整理，对市场前景做出综合判断。需要进行上情下达、下情上达、材料上报、审核整理等工作。这一方法的优点是销售人员接近市场，熟悉市场情况，预测又经多次审核和修正，比较接近实际；缺点是容易发生保守、浮夸、欺上瞒下的现象，预测结果不代表全局，有一定的局限性。

(3) 商品展销订货会调查法。通过商品展销、订货会直接向用户发放调查表，了解用户意见和需求量，经汇总整理后，综合判断商品销售的发展前景。这一方法的优点是信息出自买方，可信度大。缺点是表格收回数量可能不多、个别用户的意见不具有广泛性。

(4) 消费者购买意向调查法。这种方法采用随机抽样或典型调查方式，通过发表、访问进行调查，将消费者的购买意向加以分析汇总，推断未来需求量。根据收集的资料，最后按一定的公式算出需求量。其优缺点与商品展销订货会调查法基本相同。

2.3.2 专家调查法——德尔菲法

专家调查法是经济预测组织者通过向专家作调查，收集专家对预测意见的方法。

德尔菲法是 20 世纪 40 年代末期由美国兰德公司研究员赫尔默和达尔奇设计的。德尔菲法早期主要应用于科学技术预测方面，从 60 年代中期以来，逐渐被广泛应用于预测商业和整个国民经济的发展方面。特别是在缺乏详细的充分的统计资料、无法采用其他更精确的预测方法时，这种方法具有独特优势。一般常用它和其他方法相互配合进行长期预测。

德尔菲法是由预测机构或人员采用通讯的方式和各个专家单独联系，征询对预测问题的答案，并把各专家的答案进行汇总整理，再反馈给专家征询意见。如此反复多次，最后由预测组织者综合专家意见，做出预测结论。

1. 德尔菲法的主要过程

（1）确定预测题目。预测题目是预测所要研究和解决的课题，即预测的中心和目的。

（2）成立专家小组。专家是指对预测课题有深入了解，熟悉情况，有这方面的专长又有分析和预测能力的人。选择专家的条件：第一，要在本专业领域有丰富的实际工作经验，或者有较深的理论修养，或者对预测课题有关的领域很熟悉；第二，对该项预测有兴趣，愿意参加并能胜任。

选定专家以后，要由预测机构指定专人负责与之通讯，建立单独联系。专家小组的人数一般 20~50 人为宜。人数太少，不能集思广益，汇总的综合指标没有意义，因为相对指标和平均指标都要有大量数据才能计算。人数太多又不易掌握和联络，并增加预测费用。

（3）制订调查表。调查表是把调查项目有次序排列的一种表格形式。调查项目是要求专家回答的各种问题。调查项目要紧紧围绕预测的题目，应该少而精，含义要具体明确，使回答人都能正确理解。同时可编制填表说明，并提供背景材料。

调查表一般包括以下内容。

① 预测某事件实现的时间。表中罗列各个事件的实现时间及其实现的不同的概率（如：10%，15%，90%）。专家只须根据自己的判断，分别填上不同的实现时间。

② 预测事件的相对结构比重。表中应罗列预测事件的结构成分及其可能的结构比率数。专家只须对应打"√"。

③ 选择性预测。表中应罗列预测事件的各种可能选择的方案或意见，专家只须对应打"√"。

④ 排序性预测。这是对一系列事件希望做出优先排序的预测，表中应罗列这一系列事件，专家只须分别填写其序号。

（4）进行逐轮征询

第一轮，把调查表发给各个专家，要求他们对调查表中提出的问题一一做出回答。在规定时间内将专家意见收回。

第二轮，把第一轮收到的意见进行综合整理，反馈给每个专家，要求他们澄清自己的观点，提出更加明确的意见，要求专家回答。

第三轮，把第二轮收到的意见进行整理，再反馈给每个专家。这就是"交换意见"。这些意见是经过整理了的，不是具体说明谁的意见是什么，而是只说有几种什么意见，让专家重新考虑自己的意见。以后再这样一轮一轮地继续下去。这种反复征询意见的轮数，在我国一般用三轮到四轮，外国一般用四轮至五轮。每一轮都把上轮的回答用统计方法进行综合整理。计算出所有回答的平均数和离差，在下一轮中告诉各个专家。平均数一般用中位数，离差一般用全距或四分位数间距。例如，调查问题是：对某种新技术大约多少年可能出现？选择 11 个专家调查，回答是：10、11、12、14、14、15、18、19、20、22、23。则中位数为 15（年），全距为 23－10=13（年）。上四分位数的位置为 $\frac{11+1}{4}=3$，数值为 12；下四分位数的位置为 $\frac{3\times(11+1)}{4}=9$，数值为 20。四分位数间距为 20－12 =8（年）。经过每次反馈后，每个参加预测的专家都可以修改自己原来的推测，也可坚持他原来的推测。

上、下四分位数算法：设 $x_1 \leqslant x_2 \leqslant \cdots \leqslant x_n$ 为依据情况排列的几个专家的预测值，则

$$上四分位数的项数 = \frac{N+1}{4}$$

$$下四分位数的项数 = \frac{3(N+1)}{4}$$

（5）做出预测结论。在反馈多次，取得了大体上一致的意见，或对立的意见已经非常明显以后，就停止提问题，把资料整理出来，做出预测结论。

2. 德尔菲法的特点

（1）匿名性，各个专家互不见面，使专家打消思想顾虑，各自独立做出预测。

（2）反馈性，专家可以从预测组织者那里得知各种反馈回的意见，使各专家能掌握全局情况的基础上，开拓思路，完善和修正自己的判断，提出独立的创新见解。

（3）集中性，专家意见经过多轮反馈，意见渐趋一致，用统计的方法加以集中整理，可以得出预测结果。

3. 专家调查法的评价

专家调查法的优点是：

（1）它充分发挥专家的集体智慧，避免主观片面性，从而提高预测质量，为决策提供可靠的信息；

（2）它有利于专家独立思考，各抒己见，充分发挥自己的见解；

（3）它通过反馈，了解各种不同的意见，相互启发，修正个人的意见；

（4）它以专家的理论水平和经验为判断基础，从而适用于缺少信息数据时的预测，具有较高的可靠性；

（5）简便易行，预测快速、省时、高效。

缺点是：

（1）责任分散，适用于总目标的预测，对于不同分类预测项目预测，其可靠程度较低。

（2）中途有专家退出时，会产生不良影响。

（3）经验判断有局限性。

2.3.3 主观概率法

概率是表示某一随机事件发生可能大小的估计量。它具有两个特性：第一，全部事件中每一个事件的概率之和等于 1；第二，对某一特定的事件确定的概率必定大于等于 0 而小于等于 1。概率为 0 表明它不可能出现，概率为 1 表明这种事件一定会发生。

概率有主观概率和客观概率两种。客观概率是指某实验重复多次时，某事件相对发生的次数。它具有可检验性。主观概率是指人们根据自己的经验和知识对某一事件可能发生程度的一个主观估计数。它不具有可检验性。在经济预测活动中，许多经济事件不能重复实验，特别是在事件发生之前就要估计它出现的概率时，这就需要用主观概率来做估计，在预测中常用的主观概率法有主观概率加权平均法和累计概率中位数法两种。

1. 主观概率加权平均法

该方法是以主观概率为权数，对各种预测意见进行加权平均，求得预测结果的方法。其步骤为：第一步，确定主观概率，根据过去的实际资料和对过去推测的准确程度来确定各种可能情况的主观概率；第二步，计算综合预测值。

以某公司的经管人员和销售人员对下一年第一季度销售量的预测为例。表 2-1 为公司三位销售人员对下一年第一季度销售量的估计。

表 2-1 销售员的估计销售量

销售员	估计销售量（万件）		主观概率
甲	最　高	1000	0.16
	最可能	700	0.68
	最　低	600	0.16
乙	最　高	1200	0.16
	最可能	1000	0.68
	最　低	800	0.16
丙	最　高	900	0.16
	最可能	700	0.68
	最　低	500	0.16

首先，以主观概率为权数，计算每人的最高销售、最低销售和最可能销售的加权平均数，作为个人期望值。

甲的估计销售量为：

$$1000\times0.16+700\times0.68+600\times0.16=732 \text{（万件）}。$$

乙的估计销售量为：

$$1200\times0.16+1000\times0.68+800\times0.16=1000 \text{（万件）}。$$

丙的估计销售量为：

$$900\times0.16+700\times0.68+500\times0.16=700 \text{（万件）}。$$

然后求出三个销售员预测的销售量的平均数为：
$$\frac{732+1000+700}{3}=810.667（万件）。$$

如果两个经理也分别作了估计预测，甲经理预测销售量为 1000 万件，乙经理预测销售量为 900 万件。现在把经理的意见加以综合。可得两个经理预测销售量的平均数为：
$$\frac{1000+900}{2}=950（万件）。$$

然后将经理人员和销售人员预测的意见再加以综合，做出最后的预测。

计算时用加权平均数，分清主次轻重。选择权数时要考虑经验丰富程度，对经理的预测量用较大的权数，对销售人员的预测量用较小的权数。假定前者权数为 2，后者权数为 1。则可得的综合销售量预测数为：
$$\frac{950\times2+811\times1}{3}=903.667（万件）。$$

2. 累计概率中位数法

这种方法是根据累计概率，确定不同预测意见的中位数，对预测值进行点估计和区间估计的预测方法。其步骤如下。

第一步，确定主观概率及其累计概率。

现以某物流企业的营业额为例。根据过去若干年的统计资料（见表 2-2），预测 2007 年 7 月份的物流营业额，预测误差不得超过 6 万元。

表 2-2　某企业营业额统计表

单位：万元

月份 \ 营业额 \ 年	2004	2005	2006	2007
1	66	70	166	208
2	56	68	166	208
3	58	66	192	212
4	60	68	176	204
5	58	70	166	203
6	60	70	188	218
7	68	92	194	
8	62	80	193	
9	60	80	202	
10	58	88	204	
11	60	98	202	
12	62	126	198	

根据每个调查人员对未来营业额增长趋势有关看法的主观概率。列出不同营业额可能发生的不同概率，概率要在 0 与 1 之间分出多个层次，如 0.010，0.125，0.250，…，0.990 等。并由调查人员填写可能实现的营业额。一般用累计概率，见表 2-3。

表 2-3 主观概率调查表

单位：万元

累计概率	0.010 （1）	0.125 （2）	0.250 （3）	0.375 （4）	0.500 （5）	0.625 （6）	0.750 （7）	0.875 （8）	0.990 （9）
营业额									

表中第（1）栏累计概率为 0.01 的营业额是可能的最小数值，表示小于该数值的可能性只有 1%。第（9）栏累计概率为 0.99 的营业额是可能的最大数值，说明营业额小于该数值，而大于该数值的可能性只有 1%。第（5）栏累计概率为 0.5 的营业额，是最大、最小的中间值，说明营业额大于和小于该数值的机会都是 50%。

第二步，汇总整理。

按事先准备好的汇总表将各个调查人员填好的调查表汇总，见表 2-4。

表 2-4 主观概率调查表

单位：万元

预测 人员	0.010 （1）	0.125 （2）	0.250 （3）	0.375 （4）	0.500 （5）	0.625 （6）	0.750 （7）	0.875 （8）	0.990 （9）
1	190	193	194	198	200	202	204	205	208
2	178	189	192	194	198	200	204	205	225
3	184	189	192	193	202	204	206	208	220
4	194	195	196	197	198	199	200	201	202
5	198	199	200	202	205	208	210	212	216
6	168	179	180	184	190	192	194	196	198
7	194	198	200	206	208	212	216	219	224
8	180	185	186	189	192	195	198	200	205
7	194	198	200	206	208	212	216	219	224
8	180	185	186	189	192	195	198	200	205
9	188	189	190	191	192	193	194	195	196
10	200	202	202	205	207	209	212	213	220
平均数	187.4	191.8	193.2	195.9	199.2	201.4	203.8	205.4	211.4

计算出各列平均数，由表 2-4 可以做出如下判断。

① 该企业 2007 年 7 月份的营业额最低可达 187.4 万元。小于这个数的可能性很小，只有 1%。

② 该企业 2007 年 7 月份的营业额最高可达 211.4 万元。超过这个数的可能性也只有 1%。

③ 可以用 199.2 万元作为 2007 年 7 月份该物流企业营业额的预测值,这是最大值与最小值之间的中间值。其累计概率为 50%,是营业额期望值的估计数。

④ 本例要求预测误差为 6 万元,则预测区间为:(199.2－6)～(199.2＋6),即营业额的预测值在 193.2 万元~205.2 万元之间。

⑤ 预测营业额在 193.2 万元到 205.2 万元,在第(3)栏到第(8)栏的范围之内,其发生概率为 0.875－0.25=0.625。也就是说,营业额在 193.2 至 205.2 万元之间的可能性为 62.5%。扩大预测误差的范围,可以提高实现的可能性。例如,要求误差在±12 万元以内,则预测区间为 187.2~211.2 万元,在第(1)栏到第(9)栏的范围之内,相应概率为 0.99－0.01=0.98,即营业额在 187.2 至 211.2 万元之间的可能性达到 98%,可靠程度相当高。

第三步,对预测值进行检验和校正。校正时要对调查人员提出的预测值及主观概率的根据进行深入了解,并且根据过去已作过的预测和实际发生数的偏差进行研究。寻求对新预测值的改进。设假定该企业曾经对 2006 年各月的营业额作过同样的主观概率预测,求得各个月的预测值,并已将 2006 年各月的营业额预测数和实际数资料汇总如表 2-5。

表 2-5 2006 年某物流企业营业额

单位:万元

时间(月)(1)	预测数(2)	实际数(3)	实际数/预测数(4)
1	170	166	0.976470588
2	168	166	0.988095238
3	190	192	1.010526316
4	176	176	1
5	167	166	0.994011976
6	186	188	1.010752688
7	195	194	0.994871795
8	197	198	1.005070142
9	201	202	1.004975124
10	205	204	0.995121951
11	204	202	0.990196078
12	201	198	0.985074627
平均预测比率			0.996264377

第(4)栏计算了 2006 年每个月实际数对预测数的比率。这种比率可以用来判断 2007 年各月预测数的偏差程度。由于偏差有不同的情况,有时偏高、有时偏低,偏差的程度也不同,就必须计算平均偏差,反映偏差的一般水平。

实际数与预测数比率的平均数为 0.996264377，这表明对营业额的预测是稍微偏高了一点。因此，可以用 0.996264377 作为修正系数去修正 2007 年 7 月份的预测值。在第二步中得出 2007 年 7 月份的预测值为 199.2 万元，则修正后的预测值=199.2×0.996=198.4032 万元。

2.4 时间序列预测

时间序列又称时间数列，是指观察或记录到的一组按时间顺序排列的数据。例如，某段时间内，某类产品产量的统计数据；某企业产品销售量、利润、成本的历史统计数据；某地区物流量的历史统计数据。数据的时间序列，展示了研究对象在一定时期内的变化过程，因此可以从中分析和寻找其变化特征、趋势和发展规律的预测信息。时间序列预测方法的基本思路是：分析时间序列的变化特征；选择适当的模型形式和模型参数来建立预测模型；利用模型进行趋势外推预测；最后对模型预测值进行评价和修正，得到预测结果。

时间序列预测方法的前提是假设预测对象的变化仅与时间有关。根据它的变化特征，以惯性原理推测其未来状态。事实上，预测对象与外部因素有着密切而复杂的联系，时间序列中的每一个数据都反映了当时许多因素综合作用的结果，整个时间序列则反映了外部因素综合作用下预测对象的变化过程。因此，预测对象仅与时间有关的假设是对外部因素复杂作用的简化，从而使预测的研究更为直接和简便。

1. 时间序列预测法的基本特点

（1）假定事物的过去趋势会延伸到未来；
（2）预测所依据的数据具有不规则性；
（3）撇开了市场发展之间的因果关系。

2. 时间序列的变动形态

（1）趋势变化：趋势变化指现象随时间变化朝着一定方向呈现出持续稳定上升、下降或平稳的趋势。
（2）季节变化：指现象受季节性影响，按某一固定周期呈现波动变化。
（3）循环变化：指现象按不固定的周期呈现波动变化。
（4）随机变化：指现象受偶然因素的影响而呈现出不规则波动。
时间序列一般是以上几种变化形式的叠加或组合。

3. 时间序列预测方法

分为确定型方法和随机型方法两种。随机型时间序列预测方法是研究由随机过程产生的时间序列的预测问题。确定型时间序列分析法的原理是用一个确定的时间函数 $y=f(t)$ 来拟合时间序列，用不同的函数形式来描述不同的变化，可分为平均数预测法、移动平均法、平滑预测法等。随机型时间序列分析法是通过不同时刻变量的相关关系，提示其相关结构，利用这种相关结构来对时间序列进行预测，随机型时间序列分析法本章不作介绍。

2.4.1 平均数预测

平均数预测是最简单的定量预测方法，它只在时间序列主要表现为随机变动时采用。平均数预测法的运算过程简单，常在近期、短期预测中使用。

常用的平均数预测法有简单算术平均数法和加权算术平均数法。

1. 简单算术平均数法

简单平均数法是用一定观察期内预测目标的时间序列的各期数据的简单平均数作为预测期的预测值的预测方法。

$$\hat{y} = \bar{y} = \frac{y_1 + y_2 + y_3 + \dots + y_n}{n} = \frac{\sum_{t=1}^{n} y_t}{n}$$

式中：$\hat{y}$——预测值；

y_t——第 t 周期的实际值；

t——时间下标变量，表示周期序号。

【例 2.1】 某超市前六个月某种饮料的需求量如表 2-6 所示，预测下个月的需求量。

表 2-6 最近六个月饮料的需求量

月份	1	2	3	4	5	6
需求量(罐)	1050	1080	1030	1070	1050	1060

解：观察实际数据序列，其变动特征主要为随机变动。因此，可采用算术平均数方法预测下个月的需求量，即：

$$\bar{y} = \frac{y_1 + y_2 + \dots + y_6}{6} = \frac{1050 + 1080 + 1030 + 1070 + 1050 + 1060}{6} = 1057（台）。$$

算术平均数 1057 台反映了最近 6 个月饮料需求量的平均水平。如果判断影响饮料需求量的外界因素无重大变化，则 1057 台即可做为下个月的预测需求量。

在采用算术平均数方法进行预测时，可用极差和标准偏差研究数据的变动情况。

（1）极差。设极差为 R，其计算公式为：

$$R = x_{\max} - x_{\min}$$

极差 R 表示数据的最大变动幅度。本例中，$x_{\max}=1080$，$x_{\min}=1030$，因此 $R=50$（台），即需求量的最大变动幅度为 50 台。

（2）标准偏差。设标准偏差为 S，其计算公式为：

$$S=\sqrt{\frac{1}{n}\sum_{t=1}^{n}(y_t-\overline{y})^2}$$

式中 S 表示数据的离散程度，由公可知，S 越小，数据的离散程度越小。

本例标准偏差为：

$$S=\sqrt{\frac{1}{n}\sum_{t=1}^{n}(y_t-\overline{y})^2}=\sqrt{\frac{1}{6}\sum_{t=1}^{6}(y_t-\overline{y})^2}=\sqrt{\frac{1534}{6}}=16（台）。$$

简单平均数法中，极差越小、方差越小，简单平均数作为预测值的代表性越好。

2. 加权算术平均数法

加权算术平均数法是简单算术平均数法的改进。它根据观察期各个时间序列数据的重要程度，分别对各个数据进行加权，以加权平均数作为下期的预测值。

对于离预测期越近的数据，可以赋予越大的权重。

加权算术平均数法的预测模型是：

$$\hat{y}=\overline{y}=\frac{w_1y_1+w_2y_2+w_3y_3+\ldots+w_ny_n}{w_1+w_2+w_3+\ldots+w_n}=\frac{\sum_{t=1}^{n}w_ty_t}{\sum_{t=1}^{n}w_t}$$

式中：$\hat{y}$——预测值；

y_t——第 t 周期的观察值；

w_t——第 t 周期观察值的权数。

【例 2.2】 用例 2.1 中的数据，并设各时期需求量的权数依次为 0.1，0.1，0.15，0.15，0.25，0.25。用加权平均数法预测下个月的需求量。

解：$\hat{y}=\dfrac{\sum_{t=1}^{n}w_ty_t}{\sum_{t=1}^{n}w_t}=\dfrac{0.1\times1050+0.1\times1080+\cdots+0.25\times1060}{0.1+0.1+0.15+0.15+0.25+0.25}=1056$（台）。

2.4.2 移动平均法预测

移动平均法是一种简单平滑预测技术，它是在算术平均数的基础上发展起来的一种预测方法。它的基本思想是：根据时间序列资料逐项推移，依次计算包含一定项数的时间序列平均值,以反映长期趋势的方法。因此,当时间序列的数值由于受周期变动和随机波动的影响起伏较大,不易显示出事件的发展趋势时,使用移动平均预测法可以消除这些因素的影响,从而显示出事件的发展方向和趋势。

移动平均法在短期预测中较准确,长期预测中效果较差。

移动平均法可以分为一次移动平均法和二次移动平均法。

1. 一次移动平均法

平均数可以消除随机变动对时间序列的影响,但算术平均数往往看不出时间序列的发展过程和数据演变趋势。实际数据点的自然分布能真实反映时间序列的发展过程,但常常掺杂了多种变动因素,难以分辨出时间序列的发展规律。移动平均法在算术平均法的基础上进行了改进,它的基本算法是:每次取一定数量周期的数据进行平均,按时间次序逐次推进。每推进一个周期时,舍去前一个周期的数据,增加一个新周期的数据,再进行平均。

一次移动平均数的计算公式如下:

$$\hat{y}_{t+1} = M_t^{(1)} = \frac{y_t + y_{t-1} + y_{t-2} + \ldots + y_{t-(n-1)}}{n}$$

式中:t——周期序号;

$M_t^{(1)}$——第 t 周期的一次移动平均数;

y_t——第 t 周期的实际值;

n——计算移动平均数所选定的数据个数,称时距;

$\hat{y}_{t+1}$——第 $t+1$ 周期的预测值;

以第 t 周期的一次移动平均数作为第 $t+1$ 周期的预测值,即 $\hat{y}_{t+1} = M_t^{(1)}$。

【例 2.3】 已知某类产品最近 12 个月的销售量如表 2-7 所示。

表 2-7 最近 12 个月的销售量及一次移动平均数

时间序号(t)	1	2	3	4	5	6	7	8	9	10	11	12
销售量(y_t)	10	15	8	20	10	16	18	20	22	24	20	26
$M_t^{(1)}$($n=3$)				11.0	14.3	12.7	15.3	14.7	18.0	20.0	22.0	22.0	23.3
$M_t^{(1)}$($n=5$)						12.6	13.8	14.4	16.8	17.2	20.0	20.8	22.4

分别取 $n=3$,$n=5$,计算一次移动平均数,结果见表 2.7。

解:取 $n=3$,一次移动平均数计算过程如下:

$$M_3^{(1)} = \frac{y_3 + y_2 + y_{3-3+1}}{3} = \frac{y_3 + y_2 + y_1}{3} = \frac{8+15+10}{3} = 11.0。$$

$$M_4^{(1)} = \frac{y_4 + y_3 + y_{4-3+1}}{3} = \frac{y_4 + y_3 + y_2}{3} = \frac{20+8+15}{3} = 14.3。$$

其余类推。

由上述计算可看出，$M_4^{(1)}$ 比 $M_3^{(1)}$ 增加了一个新数据 y_4，同时去掉了一个旧数据 y_1。为了研究移动平均法的特点，将实际数据序列和 $n=3$，$n=5$ 的移动平均序列均绘于图 2.1 中。

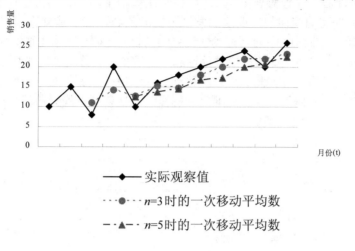

图 2.1　时间序列数据分布图

从图 2.1 可看出：

（1）移动平均法可以削弱随机变动的影响，具有平滑数据的作用。移动平均数序列比实际数据序列平滑，能在一定程度上描述时间序列的变化趋势。

（2）合理地选择模型参数 n 值，是用好移动平均法的关键。n 越大，平滑作用越强，对新数据的反应越不灵敏；n 越小，则效果相反。

（3）在实际序列的线性增长部分，移动平均数的变化总是落后于实际数据的变化，存在着滞后偏差。n 越大时，滞后偏差也越大。

因此在计算时必须选择合理的移动跨期，通常根据实际序列的特征和经验选择 n 值，一般取值范围可在 3～20 间。

如果实际时间序列没有明显的周期变动和倾向变动，即可用最近时间的一次移动平均数作为下一周期的预测值。在例 2.3 中若不考虑线性趋势的影响，则可求得第 13 个月的产品销售量的预测值：

取 $n=3$，$\hat{y}_{13} = \dfrac{y_{12}+y_{11}+y_{10}}{3} = \dfrac{26+20+24}{3} = 23.3$。

从实际数据序列的变动情况看，$\hat{y}_{13}$ 的数值偏低，这是因为滞后偏差引起的。改进的方法是采用二次移动平均等方法。

2. 二次移动平均法

如果时间序列有明显线性变化趋势,则采用一次移动平均法进行预测时滞后偏差将使预测值偏低,不能合理进行趋势外推。因此需在一次移动平均基础上再进行二次移动平均,利用移动平均滞后偏差的规律找出曲线的发展方向和趋势,然后建立直线趋势预测模型。

二次移动平均法用于时间序列具有线性趋势的场合,是对一次移动平均数再次进行移动平均。它不是利用二次移动平均数直接进行预测,而是在二次移动平均的基础上建立线性预测模型,然后再利用模型进行预测。用二次移动平均法进行预测,与一次移动平均法相比,其优点是大大减少了滞后偏差,使预测准确性提高。二次移动平均只适用于短期预测。

二次移动平均法的预测模型如下:

$$M_t^{(1)} = \frac{y_t + y_{t-1} + y_{t-2} + \ldots + y_{t-(n-1)}}{n}$$

$$M_t^{(2)} = \frac{M_t^{(1)} + M_{t-1}^{(1)} + M_{t-2}^{(1)} + \ldots + M_{t-(n-1)}^{(1)}}{n}$$

$$\hat{y}_{t+T} = a_t + b_t T$$

$$a_t = 2M_t^{(1)} - M_t^{(2)}$$

$$b_t = \frac{2}{n-1}(M_t^{(1)} - M_t^{(2)})$$

式中:t——当前周期数;

T——由当前周期数 t 到预测期的时期数;

n——计算移动平均数所选定的数据个数;

y_t——第 t 周期的实际值;

$M_t^{(1)}$——第 t 周期的一次移动平均数;

$M_t^{(2)}$——第 t 周期的二次移动平均数;

$\hat{y}_{t+T}$——第 $t+T$ 周期的预测值;

a_t——线性模型的截距;

b_t——线性模型的斜率,即单位周期的变化量。

【例2.4】 用例2.3的数据,若取 $n=3$,其二次移动平均数的计算结果如表2-8所示。试建立预测模型,并求第13、14周期的预测值。

表2-8 二次移动平均数的计算结果

时间序号(t)	1	2	3	4	5	6	7	8	9	10	11	12
销售量(y_t)	10	15	8	20	10	16	18	20	22	24	20	26
$M_t^{(1)}$($n=3$)			11.0	14.3	12.7	15.3	14.7	18.0	20.0	22.0	22.0	23.3
$M_t^{(2)}$($n=3$)					12.7	14.1	14.2	16.0	17.6	20.0	21.3	22.4

实际序列和一次、二次移动平均数序列的图形如图 2.2 所示。

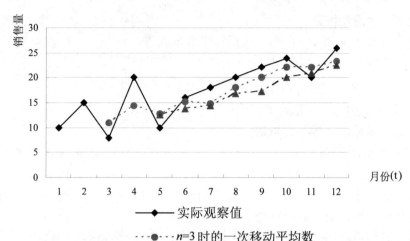

图 2.2 例 2.4 图例

从图 2.2 可以看出，一次平均数序列总是落后于实际数据序列，出现了滞后偏差，二次移动平均数序列也与一次平均数序列形成了滞后偏差。二次移动平均法正是利用这种滞后偏差的演变规律建立线性预测模型的。

根据目前的周期序号 $t=12$，将第 12 周期的一次、二次移动平均数代入公式，得：

$$a_{12} = 2M_{12}^{(1)} - M_{12}^{(2)} = 2 \times 23.3 - 22.4 = 24.2$$

$$b_{12} = M_{12}^{(1)} - M_{12}^{(2)} = 23.3 - 22.4 = 0.9$$

则线性预测模型为：$\hat{y}_{15+T} = a_t + b_t * T = 24.2 + 0.9 \times T$。

第 13 周期与第 12 周期的间隔数为 1，即 $T=1$，因此 $\hat{y}_{13} = \hat{y}_{12+1} = 24.2 + 0.9 \times 1 = 25.1$；

第 14 周期与第 12 周期的间隔数为 2，即 $T=2$，因此 $\hat{y}_{14} = \hat{y}_{12+2} = 24.2 + 0.9 \times 2 = 26$。

二次移动平均法的模型是直线方程，可以预测最近几个周期的值。如果实际数据序列具有曲线变化趋势时，就需要利用三次移动平均数，在这种情况下，常采用指数平滑法。

2.4.3 指数平滑法预测

指数平滑法来自移动平均法，是移动平均法的延伸。指数平滑法对时间数据给予加权平滑，从而获得其变化规律与趋势。根据平滑次数不同可以分为一次指数平滑法、二次指数平滑法、三次指数平滑法。指数平滑法的基本思想是：预测值是以前观测值的加权和，且对不同的数据给予不同的权数，新数据给予较大的权数，旧数据给予较小的权数。

1. 一次指数平滑法

（1）一次指数平滑法模型

设时间序列为 $y_1, y_2, \cdots, y_t, \cdots$，则一次指数平滑公式为：

$$S_t^{(1)} = \alpha y_t + (1-\alpha)S_{t-1}^{(1)}$$
$$= \alpha y_t + \alpha(1-\alpha)y_{t-1} + \alpha(1-\alpha)^2 y_{t-2} + \ldots + \alpha(1-\alpha)^{t-1} y_{t-(t-1)}$$

式中：$S_t^{(1)}$——第 t 周期的一次指数平滑值；

α——加权系数，又称平滑系数，$0 < \alpha < 1$。

公式中，实际数据序列 $y_t, y_{t-1}, y_{t-2}, \cdots$ 加权系数分别为 $\alpha, \alpha(1-\alpha), \alpha(1-\alpha)^2, \cdots$ 例如取 $\alpha = 0.3$，则 $\alpha(1-\alpha) = 0.21$，$\alpha(1-\alpha)^2 = 0.147$，$\alpha(1-\alpha)^3 = 0.103 \cdots$。因此 $S_t^{(1)}$ 实际上是 $y_1, y_2, \cdots, y_t, \cdots$ 的加权平均，加权系数分别为 $\alpha, \alpha(1-\alpha), \alpha(1-\alpha)^2, \cdots$，按几何级数衰减；越近的数据权数越大，越远的数据权数越小，权数之和等于 1。

加权系数符合指数规律，又具有平滑数据的功能，所以称为指数平滑。用上述平滑值进行预测，就是一次指数平滑法。其预测模型为：

$$\hat{y}_{t+1} = S_t^{(1)} = \alpha y_t + (1-\alpha)\hat{y}_t$$

即以第 t 周期的一次指数平滑值作为第 $t+1$ 期的预测值。

当时间序列数据大于 50 时，初始值 $S_0^{(1)}$ 对 $S_t^{(1)}$ 计算结果影响极小，可以设定为 y_1；当时间序列数据小于 50 时，初始值 $S_0^{(1)}$ 对 $S_t^{(1)}$ 计算结果影响较大，应取前几项的平均值。

【例 2.5】用一次指数平滑法预测例题 3 中第 13 周期的销售量。

为了分析加权系数 α 不同取值的特点，分别取 $\alpha=0.1$，$\alpha=0.3$，$\alpha=0.5$ 计算一次指数平滑值，并设初始值 $S_0^{(1)}$ 为最早的三个数据的平均值，即：

$$S_0^{(1)} = \frac{y_1 + y_2 + y_3}{3} = 11.0$$

以 $\alpha=0.5$ 计算一次指数平滑值为例，有：

$$S_1^{(1)} = \alpha y_1 + (1-\alpha)S_0^{(1)} = 0.5 \times 10 + 0.5 \times 11 = 10.5$$
$$S_2^{(1)} = \alpha y_2 + (1-\alpha)S_1^{(1)} = 0.5 \times 15 + 0.5 \times 10.5 = 12.8$$

同样方法求得 $\alpha=0.1$，$\alpha=0.3$，$\alpha=0.5$ 时的一次指数平滑值数列，计算结果如表 2-9 所示。

表 2-9　一次指数平滑值计算表

时　序	1	2	3	4	5	6	7	8	9	10	11	12
销售量（y_t）	10	15	8	20	10	16	18	20	22	24	20	26
$S_t^{(1)}(\alpha=0.1)$	10.9	11.3	11.0	11.9	11.7	12.1	12.7	13.4	14.3	15.3	15.8	16.8
$S_t^{(1)}(\alpha=0.3)$	10.7	12.0	10.8	13.6	12.5	13.6	14.3	16.0	17.8	19.7	19.8	21.7
$S_t^{(1)}(\alpha=0.5)$	10.5	12.8	10.4	15.2	12.6	14.3	16.2	18.1	20.1	22.0	21.0	23.5

将表 2-9 中数据绘制在图 2.3 中。

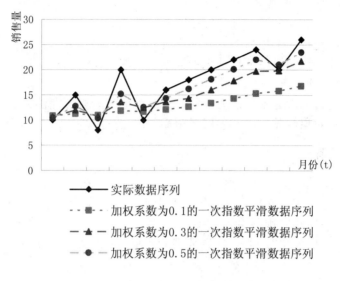

图 2.3 例 2.5 的一次指数平滑值

从图 2.3 可以看出指数平滑法具有以下特点。

① 指数平滑法对实际序列具有平滑作用，加权系数（平滑系数）α 越小，平滑作用越强，但对实际数据的变动反应较迟缓。

② 在实际序列的线性变动部分，指数平滑值序列出现一定的滞后偏差的程度随着加权系统（平滑系数）α 的增大而减少。

例题 5 中若不考虑滞后偏差，则可将第 12 周期的一次指数平滑值做为第 13 周期的预测值。即：

若 α 取 0.1，$\hat{y}_{13} = S_{12}^{(1)} = 16.8$；若 α 取 0.3，$\hat{y}_{13} = S_{12}^{(1)} = 21.7$；若 α 取 0.5，$\hat{y}_{13} = S_{12}^{(1)} = 23.5$。

（2）α 的取值

实际应用中，α 的值需要通过比较才能确定。从理论上讲，α 的值取 0～1 之间的任何值都可以，选择的原则应是使预测误差最小。根据经验，有以下几条准则可供参考。

① 长期趋势稳定。如果时间序列虽有不规则变动，但长期趋势接近一稳定常数，α 的值可以取得较小，一般在 0.02～0.05 之间为宜，以使各期的观测值在指数平滑计算中有较接近的权数。

② 趋势变动大。如果时间序列具有较迅速和较明显的趋势变动，α 的值可以取得大一些，一般在 0.3～0.5 之间为宜，以使近期观察值在指数平滑值的计算中有较大的作用，从而使近期的变动趋势在预测值中充分反映出来。

③ 趋势变动小。如果时间序列的变化很小，α 的值可以取得小一些，一般在 0.1～0.4

之间为宜,以使早期观察值在指数平滑值的计算中也能充分发挥作用。

(3) 指数平滑法的主要优点

① 对不同时间的数据非等权处理较符合实际情况;

② 使用中仅需选择一个模型参数 α 即可进行预测,简便易行;

③ 具有适应性,预测模型能自动识别数据模式的变化而加以调整。

(4) 指数平滑法的缺点

① 对数据的转折点缺乏鉴别能力,但这一点可通过调查预测法或专家预测法弥补;

② 长期预测的效果较差,因此多用于短期预测。

2. 二次指数平滑法

当时间序列数据的变动出现直线趋势时,用一次指数平滑法进行预测将存在明显的滞后偏差。修正的方法是在一次指数平滑的基础上再进行二次指数平滑,利用滞后偏差的规律找出发展趋势,然后建立预测模型。

设一次指数平滑值为 $S_t^{(1)}$,则二次指数平滑值 $S_t^{(2)}$ 的计算公式为:

$$S_t^{(2)} = \alpha S_t^{(1)} + (1-\alpha) S_{t-1}^{(2)}$$

式中:$S_t^{(1)}$——第 t 周期的一次指数平滑值;

$S_t^{(2)}$——第 t 周期的二次指数平滑值;

$S_{t-1}^{(2)}$——第 t-1 周期的二次指数平滑值。

若时间序列 y_1, y_2, $\cdots$, y_t $\cdots$,从某时期开始具有直线趋势,且认为未来时期也按此直线趋势变化,则可用下面的直线趋势模型来进行预测:

$$\hat{y}_{t+T} = a_t + b_t T$$
$$a_t = 2S_t^{(1)} - S_t^{(2)}$$
$$b_t = \frac{\alpha}{1-\alpha}(S_t^{(1)} - S_t^{(2)})$$

式中:t——当前周期数;

T——由当前周期数 t 到预测期的时期数;

$\hat{y}_{t+T}$——第 $t+T$ 周期的预测值;

a_t——线性模型的截距;

b_t——线性模型的斜率,即单位周期的变化量。

【例 2.6】 用二次指数平滑法(取 α=0.5)预测例 2.3 中第 13 周期的销售量。二次指数平滑的初始值依然取前三个数据的平均值,即 $S_0^{(2)} = \dfrac{y_1 + y_2 + y_3}{3} = 11.0$,将计算结果填入表 2-10。

表 2-10 二次指数平滑值计算表

时 序	1	2	3	4	5	6	7	8	9	10	11	12
销售量（y_t）	10	15	8	20	10	16	18	20	22	24	20	26
$S_t^{(1)}$（α=0.5）	10.5	12.8	10.4	15.2	12.6	14.3	16.2	18.1	20.1	22.0	21.0	23.5
$S_t^{(2)}$（α=0.5）	10.8	11.8	11.1	13.1	12.9	13.6	14.9	16.5	18.3	20.2	20.6	22.0

根据表中数据，有：

$$a_{12} = 2S_{12}^{(1)} - S_{12}^{(2)} = 2 \times 23.5 - 22.0 = 25.0$$

$$b_t = \frac{\alpha}{1-\alpha}(S_t^{(1)} - S_t^{(2)}) = 23.5 - 22.0 = 1.5$$

$$\hat{y}_{13} = a_{12} + b_{12} \times 1 = 26.4$$

3. 三次指数平滑法

当时间序列为非线性增长时，一次指数平滑与二次指数平滑都将失去有效性；此时需要使用三次指数平滑法。

三次指数平滑法建立的模型是抛物线模型。

三次指数平滑的计算公式是：

$$S_t^{(1)} = \alpha y_t + (1-\alpha)S_{t-1}^{(1)}$$

$$S_t^{(2)} = \alpha S_t^{(1)} + (1-\alpha)S_{t-1}^{(2)}$$

$$S_t^{(3)} = \alpha S_t^{(2)} + (1-\alpha)S_{t-1}^{(3)}$$

三次指数平滑法的数学预测模型：

$$\hat{y}_{t+T} = a_t + b_t T + c_t T^2$$

$$a_t = 3S_t^{(1)} - 3S_t^{(2)} + S_t^{(3)}$$

$$b_t = \frac{\alpha}{2(1-\alpha)}[(6-5\alpha)S_t^{(1)} - 2(5-4\alpha)S_t^{(2)} + (4-3\alpha)S_t^{(3)}]$$

$$c_t = \frac{\alpha^2}{2(1-\alpha)^2}(S_t^{(1)} - 2S_t^{(2)} + S_t^{(3)})$$

式中：$S_t^{(1)}$——第 t 周期的一次指数平滑值；

$S_t^{(2)}$——第 t 周期的二次指数平滑值；

$S_t^{(3)}$——第 t 周期的三次指数平滑值；

a_t, b_t, c_t——三次指数平滑预测模型参数。

2.5 回归分析预测

回归分析预测法是从各种经济现象之间的相互关系出发，通过对与预测对象有联系的现象的变动趋势的分析，推算预测对象未来状态数量表现的一种预测法。所谓回归分析就是研究某个随机变量（因变量）与其他一个或几个变量（自变量）之间的数量变动关系，由回归分析求出的关系式通常称为回归模型。回归分析具有比较严密的理论基础和成熟的计算分析方法。在回归预测中，预测对象称为因变量，相关的影响因素称为自变量。

1. 回归分析的基本步骤

（1）判断变量之间是否存在相关关系；
（2）第二步：确定因变量与自变量；
（3）第三步：建立回归预测模型；
（4）第四步：对回归预测模型进行评价；
（5）第五步：利用回归模型进行预测，分析评价预测值。

2. 回归模型的分类

（1）根据自变量个数的多少，可分为一元回归模型和多元回归模型；
（2）根据模型是否是线性，可分为线性回归模型和非线性回归模型。
本节主要介绍一元线性回归分析预测法。

2.5.1 一元线性回归

一元线性回归预测是回归预测的基础。若预测对象只受一个主要因素的影响，并且它们之间存在着明显的线性相关关系时，通常采用一元线性回归预测法。基本步骤如下。

1. 建立一元性线回归模型

设变量 x 与变量 y 之间有相关关系，且 x 当确定后，y 有某种不确定性，如果在散点图上可看出 x 与 y 之间有线性相关关系，其相关方程为：

$$\hat{y} = a + bx$$

采用最小二乘法得到 a 和 b 的计算公式为：

$$b = \frac{n\sum x_i y_i - \sum x_i \sum y_i}{n\sum x_i^2 - (\sum x_i)^2} = \frac{\sum x_i y_i - \bar{x}\sum y_i}{\sum x_i^2 - \bar{x}\sum x_i}$$

$$a = \bar{y} - b\bar{x}$$

其中：
$$\overline{x} = \frac{\sum_{i=1}^{n} x_i}{n}, \overline{y} = \frac{\sum_{i=1}^{n} y_i}{n}$$

式中：x_i 和 y_i 为历史数据；

a 称为截距，b 称为回归直线的斜率；

$\hat{y}$ 是预测值。

求直线回归方程 $\hat{y} = a + bx$，实际上是用回归直线拟合散点图中的各观测值。常用的方法是最小二乘法，即：使该直线与各点的垂直距离的平方和最小，推导过程略。

2. 预测模型的显著性检验

判定一个线性回归方程的拟合程度的优劣称为模型的显著性检验，即判断所建立的一元线性回归模型是否符合实际，所选的变量之间是否具有显著的线性相关关系。因此在运用回归方程预测前必须对回归方程和回归系数进行显著性检验。检验方法有相关系数检验、t 检验、F 检验。对一元线性回归模型进行显著性检验时，可任选一种。

（1）相关系数检验：在一元线性回归分析中通常用相关系数检验因变量与自变量之间的相关性。相关系数是描述两个变量之间线性关系密切程度的数量指标，其计算公式为：

$$r = \frac{\sum (x_i - \overline{x})(y_i - \overline{y})}{\sqrt{\sum (x_i - \overline{x})^2 \sum (y_i - \overline{y})^2}} = \frac{\sum x_i y_i - \frac{1}{n} \sum x_i \sum y_i}{\sqrt{\sum x_i^2 - \frac{1}{n}(\sum x_i)^2} \sqrt{\sum y_i^2 - \frac{1}{n}(\sum y_i)^2}}$$

另一个来源于方差分析的相关系数的计算公式是：

$$r = \sqrt{1 - \frac{\sum_{i=1}^{n}(y_i - \hat{y}_i)^2}{\sum_{i=1}^{n}(y_i - \overline{y}_i)^2}}$$

相关系数等于回归平方和在总平方和中所占的比率，即回归方程所能解释的因变量变异性的百分比。

相关系数 r 的取值范围是 $[-1,1]$。若 $|r|=1$ 则说明完全相关；$r=0$ 说明不相关；r 的值在（0,1）之间则正相关，在（-1,0）之间则为负相关。$|r|$ 越接近 1，x_i 与 y_i 线性相关度越好。

（2）t 检验

t 检验是利用统计学中的 t 统计量来检验回归系数的显著性。回归系数 b 的 t 统计量：

$$t_b = \frac{b}{S_b}$$

$$S_b = \sqrt{\frac{\sum (y_i - \hat{y}_i)^2}{(n-2)\sum (x_i - \overline{x})^2}}$$

t_b 与 r 的关系：

$$t_b = \frac{r}{\sqrt{1-r^2}}\sqrt{n-2}$$

t_b 服从参数为（$n-2$）的 t 分布。根据给定的显著水平 α（通常取 $\alpha=0.05$）和自由度 $df = n-2$，查 t 分布，得临界值 $t_{\alpha/2}(n-2)$。

若 $|t_b| > t_{\alpha/2}(n-2)$，表示 x_i 与 y_i 之间相关显著；

若 $|t_b| < t_{\alpha/2}(n-2)$，表示 x_i 与 y_i 之间的相关程度不显著。

（3）F 检验

F 检验主要是利用统计学中的 F 统计量，检验整个回归方程的回归显著性的可靠性。

F 统计量公式为：

$$F = \frac{\sum(\hat{y}_i - \bar{y})^2 / 1}{\sum(y_i - \hat{y}_i)^2 / (n-2)}$$

F 服从参数为（1，$n-2$）的 F 分布，即 F（1，$n-2$），然后在给出的显著水平下，如 $\alpha=0.05$，按自由度 $df=1, df=n-2$ 查 F 分布表，得临界值 $F_\alpha(1,n-2)$。

若 $F > F_\alpha(1,n-2)$，说明回归效果显著；

若 $F < F_\alpha(1,n-2)$，说明回归效果不显著。

3. 利用回归方程进行预测

（1）点预测

将自变量的预测值 x_i 代入回归模型，即得到因变量的预测值 $\hat{y}_i$，$\hat{y}_i$ 为一个数据点。

（2）区间预测

预测值与实际值之间存在不确定偏差，因而需要确定预测值的有效区间，即置信区间。首先计算估计标准误差：

$$S(y) = \sqrt{\frac{\sum(y_i - \hat{y}_i)^2}{n-2}}$$

则一元线性回归预测的置信区间为：

$$\left[\hat{y} - t_{\frac{\alpha}{2}}(n-2) \times S(y) \times \sqrt{1 + \frac{1}{n} + \frac{(x_0 - \bar{x})^2}{\sum(x_i - \bar{x})^2}},\ \hat{y} + t_{\frac{\alpha}{2}}(n-2) \times S(y) \times \sqrt{1 + \frac{1}{n} + \frac{(x_0 - \bar{x})^2}{\sum(x_i - \bar{x})^2}}\right]$$

其中：x_0——给定的自变量的值；

$t_{\alpha/2}(n-2)$——根据给定的显著水平 α（通常取 $\alpha=0.05$）和自由度 $df = n-2$，查 t 分布所得到的临界值。

【例 2.7】 物流企业的业务收入同广告费用支出之间具有相关性，某物流企业 1998 年至 2006 年的业务收入和广告费用支出的资料如表 2-11 所示，该企业计划 2007 年的广告费用支出为 6 万元，要求在 95%的概率下预测其业务收入。

表 2-11 某物流企业业务收入与广告费用支出表

年份	广告费用支出（x_i）/万元	业务收入（y_i）/百万元	x_i^2	y_i^2	$x_i y_i$
1998	1.5	4.8	2.25	23.04	7.20
1999	1.8	5.7	3.24	32.49	10.26
2000	2.4	7.0	5.76	49.00	16.80
2001	3.0	8.3	9.00	68.89	24.90
2002	3.5	10.9	12.25	118.81	38.15
2003	3.9	12.4	15.21	153.76	48.36
2004	4.4	13.1	19.36	171.61	57.64
2005	4.8	13.6	23.04	184.96	65.28
2006	5.0	15.3	25.00	234.09	76.50
合计	30.3	91.1	115.11	1036.65	345.09

根据表 2-11 计算。
（1）建立一元回归模型：

$$b = \frac{n\sum x_i y_i - \sum x_i \sum y_i}{n\sum x_i^2 - (\sum x_i)^2} = \frac{9 \times 345.09 - 30.3 \times 91.1}{9 \times 115.11 - 30.3^2} = 2.9303$$

$$a = \bar{y} - b\bar{x} = \frac{91.1}{9} - 2.9303 \times \frac{30.3}{9} = 0.2579$$

建立线性方程：$\hat{y} = a + bx = 0.2579 + 2.9303x$

（2）模型显著性检验：

① 相关系数检验：

$$r = \frac{\sum xy - \frac{1}{n}\sum x \sum y}{\sqrt{\sum x^2 - \frac{1}{n}(\sum x)^2}\sqrt{\sum y^2 - \frac{1}{n}(\sum y)^2}}$$

$$= \frac{345.09 - \frac{1}{9} \times 30.3 \times 91.1}{\sqrt{115.11 - \frac{1}{9} \times 30.3^2}\sqrt{1036.65 - \frac{1}{9} \times 91.1^2}}$$

$$= 0.9911$$

查表得：$r_\alpha(n-2) = r_{0.05}(9-2) = r_{0.05}(7) = 0.666$

由于 $r > r_{0.05}(7)$，说明广告费用支出与业务收入存在很强的正相关关系。

② t 检验：t 检验的分析计算表 2-12 所示。

表 2-12 t 检验的分析计算表

年份	x_i	y_i	$\hat{y}_i$	$x_i - \bar{x}$	$y_i - \hat{y}$	$(x_i - \bar{x})^2$	$(y_i - \hat{y})^2$
1998	1.5	4.8	4.65	-1.87	0.15	3.50	0.02
1999	1.8	5.7	5.53	-1.57	0.17	2.46	0.03
2000	2.4	7.0	7.29	-0.97	-0.29	0.94	0.08
2001	3.0	8.3	9.05	-0.37	-0.75	0.14	0.56
2002	3.5	10.9	10.51	0.13	0.39	0.02	0.15
2003	3.9	12.4	11.68	0.53	0.72	0.28	0.52
2004	4.4	13.1	13.15	1.03	-0.05	1.06	0.00
2005	4.8	13.6	14.32	1.43	-0.72	2.04	0.52
2006	5.0	15.3	14.91	1.63	0.39	2.66	0.15
合计						13.1	2.03

根据表 2-12 中的数据以及 t 统计量的计算公式，得：

$$S_b = \sqrt{\frac{\sum(y_i - \hat{y}_i)^2}{(n-2)\sum(x_i - \bar{x})^2}} = \sqrt{\frac{2.03}{(9-2) \times 13.1}} = 0.1488$$

$$t = \frac{b}{S_b} = \frac{2.9303}{0.1488} = 19.692$$

取 $\alpha=0.05$，查表得：$t_{\frac{\alpha}{2}}(n-2) = t_{0.025}(7) = 2.365$。

因为 $t = 19.692 > t_{0.025}(7)$，所以线性相关成立。

（3）求预测值

① 点预测：

将 $x_0 = 6$ 代入线性方程，得：

$$\hat{y} = a + bx = 0.2579 + 2.9303x = 0.2579 + 2.9303 \times 6 = 17.84 \text{（百万元）}；$$

② 区间预测：

计算确定置信区间：

$$S(y) = \sqrt{\frac{\sum(y_i - \hat{y}_i)^2}{n-2}} = \sqrt{\frac{2.03}{9-2}} = 0.54$$

将 $x_0 = 6$ 代入下列式中，得：

$$\hat{y} - t_{\frac{\alpha}{2}}(n-2) \times S(y) \times \sqrt{1 + \frac{1}{n} + \frac{(x_0 - \bar{x})^2}{\sum(x_i - \bar{x})^2}} = 17.84 - 2.365 \times 0.54 \times 1.28 = 16.21$$

$$\hat{y} + t_{\frac{\alpha}{2}}(n-2) \times S(y) \times \sqrt{1 + \frac{1}{n} + \frac{(x_0 - \bar{x})^2}{\sum(x_i - \bar{x})^2}} = 17.84 + 2.365 \times 0.54 \times 1.28 = 19.47$$

所以置信区间为[16.21,19.47],即若以 95%的把握程度预测,当广告费用支出达到 6 万元时,企业的业务收入在 16.21~19.47 百万元间。

2.5.2 多元线性回归

一元线性回归模型预测法研究的是某一因变量和一个自变量之间的关系问题,而现实中的许多现象,也存在着多因素相关的问题,这种研究某一个因变量和多个自变量之间的相互关系的理论和方法就是多元回归预测法。

多元线性回归分析预测法是对自变量和因变量的 n 组统计数据(x_{1i}, x_{2i}, …, x_{mi}, y_i)($i=1$, 2, …, n),在明确因变量 y 与各个自变量间存在线性相关关系的基础上,给出适宜的回归方程,并据此做出关于因变量 y 的发展变化趋势的预测。因此,多元线性回归分析预测法的关键是找到适宜的回归方程。

多元回归分析的步骤如下。

1. 建立线性方程

类似于一元线性回归分析,多元线性回归方程可表示为:

$$\hat{y}_i = b_0 + b_1 x_{i1} + b_2 x_{i2} + \cdots + b_m x_{im}$$

式中:$b_0, b_1, b_2, \cdots b_m$ 为多元线性回归方程的回归参数;

令:$\hat{Y} = \begin{bmatrix} \hat{y}_1 \\ \hat{y}_2 \\ \vdots \\ \hat{y}_n \end{bmatrix}$, $X = \begin{bmatrix} 1 & x_{11} & x_{12} & \cdots & x_{1m} \\ 1 & x_{21} & x_{22} & \cdots & x_{2m} \\ \vdots & \vdots & \vdots & & \vdots \\ 1 & x_{n1} & x_{n2} & \cdots & x_{nm} \end{bmatrix}$, $B = \begin{bmatrix} b_0 \\ b_1 \\ \vdots \\ b_m \end{bmatrix}$

则:$\hat{Y} = XB$。

仍用最小二乘法估计参数向量 B,

$$B = \begin{bmatrix} b_0 \\ b_1 \\ \vdots \\ b_m \end{bmatrix} = (X^T X)^{-1} X^T Y$$

2. 多元线性回归模型的检验

多元线性回归方程建立后,为进一步分析回归模型所反映的变量关系是否符合实际,引入的影响因素是否有效,一般必须对建立的方程进行检验。

用复相关系数检验进检验,复相关系数是对多个自变量的相关程度的综合度量。其计算公式为:

$$R = \sqrt{1 - \frac{\sum_{i=1}^{n}(y_i - \hat{y}_i)^2}{\sum_{i=1}^{n}(y_i - \overline{y}_i)^2}}$$

复相关系数 R 的意义与一元线性回归中的相关系数一样，取值范围也在[-1, 1]间。一般 R≥0.7，属于强度相关；当 R≤0.3 属于弱相关；0.3≤R≤0.7，属于中度相关。

也可用 t 检验、F 检验对多元线性回归模型进行检验。

3. 利用回归方程进行预测

（1）点预测

将自变量的预测值 $x_{1i}, x_{2i}, \cdots, x_{mi}$ 代入回归模型，即得到的因变量的预测值 $\hat{y}_i$，$\hat{y}_i$ 为一个数据点。

（2）区间预测

计算估计标准误差：

$$S(y) = \sqrt{\frac{\sum_{i=1}^{n}(y_i - \hat{y}_i)^2}{n - m - 1}}$$

与一元回归预测类似，在显著水平 α 下，$\hat{y}_i$ 的 $1-\alpha$ 置信区间为：

$$\left[\hat{y}_i - t_{\frac{\alpha}{2}}(n-m-1) \times S(y) \times \sqrt{1 + X_0(X^TX)^{-1}X_0^T}, \right.$$
$$\left. \hat{y}_i + t_{\frac{\alpha}{2}}(n-m-1) \times S(y) \times \sqrt{1 + X_0(X^TX)^{-1}X_0^T} \right]$$

建立多元回归模型需要用到复杂的统计方法，现在可以使用计算机软件包来根据统计数据建立合适的多元方程进行预测，方便得多。

2.6 上机练习

2.6.1 时间序列预测

下面以例 2.3 中的数据为例，说明运用 WinQSB 软件进行时间序列预测。

步骤 1. 安装 WinQSB 软件；

步骤 2. 双击 "Forecasting and Linear Regression"，打开预测窗口，点击 "▦" 新建文件按纽，显示 "Problem Specification" 窗口，如图 2.4 所示。

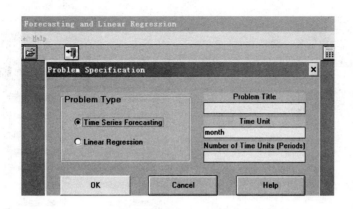

图 2.4 问题类型窗口

右侧各栏含义：
（1）Problem Title——输入问题名称，如"1"；
（2）Time Unit——时间单元，如日、周、月、年等；
（3）Number of Time Units(Periods)——时间序列数据的个数，例 2.3 中共 12 个观察值，因此在该栏中输入"12"；点击"OK"按纽，显示输入历史数据窗口，如图 2.5 所示。

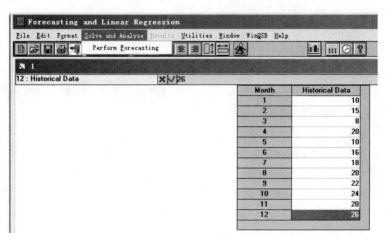

图 2.5 历史数据窗口

在"Historical Data"栏依次输入历史数据。

步骤 3．预测。

点击"Solve and Analyze"下的"Perform Forecasting"，弹出"Forecasting Setup"窗口，如图 2.6 所示。

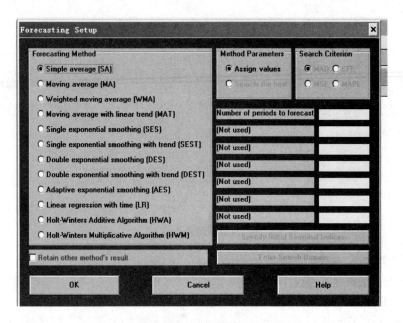

图 2.6 预测方法窗口

左侧各项提供了各种预测方法的选择。
- Simple Average：简单平均预测法；
- Moving Average：移动平均预测法；
- Weighted Moving Average：加权移动平均预测法；
- Moving Average with Linear Trend：线性趋势移动平均预测法，即利用二次移动平均建立线性方程进行预测；
- Single Exponential Smoothing：一次指数平滑法；
- Single Exponential Smoothing with Linear Trend：线性趋势一次指数平滑法；
- Double Exponential Smoothing：二次指数平滑法；
- Double Exponential Smoothing with Linear Trend：呈线性趋势的二次指数平滑法，即利用二次指数平滑值建立线性方程进行预测。

下面以移动平均法、一次指数平滑法说明其操作方法。

（1）移动平均法

点击"Moving average[MA]"选项，在左侧"Number of periods to forecast"栏内输入预测周期的个数，如果只要求第 13 周期的预测值，则在该栏输入"1"；在"Number of periods in average"栏中输入时距，本题选择时距为 3，因此在该栏中输入"3"。点击"OK"。显示"Forecast Result for 1"窗口，如图 2.7 所示，从表中可看出第 13 周期的预测值为 23.3。表中各栏单词缩写可通过 Help 工具中的 Glossary（单词表）查询其含义。

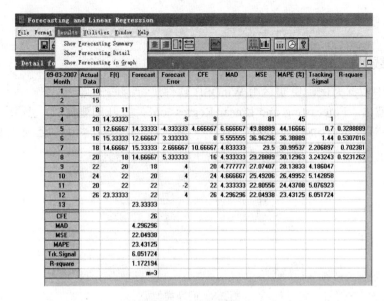

图 2.7 预测结果窗口

点击"Result"下有三个选项,可供选择预测结果的不同显示方式:

① Show Forecasting Summary:显示预测概况;

② Show Forecasting Detail:显示预测详细信息;

③ Show Forecasting in Graph:以图表方式显示预测结果。

点击"保存",可将预测结果保存为*.txt 文本文件。

关闭预测结果窗口,返回历史数据窗口。

(2)一次指数平滑法

点击"Solve and Analyze"下的"Perform Forecasting",弹出"Forecasting Setup"窗口,点击"Single exponential smoothing"选项,此时"Method Parameters"栏有下面两个选项。

① Assign values:按指定参数标准进行预测;

② Search the best:寻找最佳预测。选这一选项时,右侧"Search Criterion"栏有四个选项可供选择:MAD——按绝对误差平均值最小进行预测;CFE——按累计预测误差最小进行预测;MSE——按方差平均值最小进行预测;MAPE——按绝对偏差百分比平均值最小进行预测。

点选"Assign values"选项,在"Number of periods to forecast"栏内输入预测周期的个数,如果只求第 13 周期的预测值,则在该栏输入"1";在"Smoothing constant alpha"栏中设置平滑系数 α 的取值,如取 $\alpha=0.5$,则输入 0.5;"Initial constant alpha"栏输入一次指数平滑的初始值,本例取前三个数据的平均值为 11,因此输入"11"。

点击"OK",显示"Forecast Result for 1"窗口,可看出第 13 周期的预测值为 23.5。

点击"保存",可将预测结果保存为*.txt文本文件。

2.6.2 一元线性回归预测

以例 2.7 中数据为例,说明运用 WinQSB 软件进行回归预测。

步骤 1. 双击"Fofecasting and Linear Regression",打开预测窗口,点击"▣"新建文件按纽,显示"Problem Specification"窗口,点选"Linear Regression"选项,如图 2.8 所示。

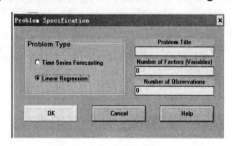

图 2.8 问题类型

右侧各栏含义:

(1) Problem Title——输入问题名称,如"11";

(2) Number of Factors(Variables)——变量个数,例 2.7 中有 2 个变量,因些在该栏中输入"2";

(3) Number of Obervations——观察值的个数,例 2.7 中共 9 个观察值,因此在该栏中输入"9";点击"OK"按钮,显示数据输入窗口,如图 2.9 所示。

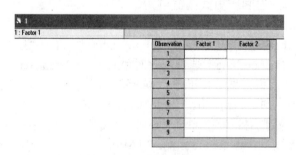

图 2.9 线性规划的数据输入窗口

在"Factor 1"列输入 x_i(分别为 1.5,1.8,2.4,3,3.5,3.9,4.4,4.8,5),在"Factor 2"列输入 y_i(分别为 4.8,5.7,7,8.3,10.9,12.4,13.1,13.6,15.3)。

步骤 2. 点击"Solve and Analyze"菜单下的"Perform Linear Regression",如图 2.10 所示。

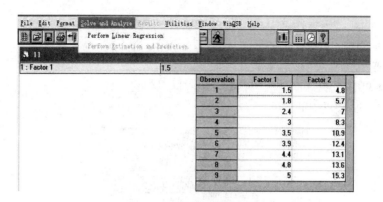

图 2.10　执行线性回规窗口

弹出"Linear Regression"窗口，如图 2.11 所示。

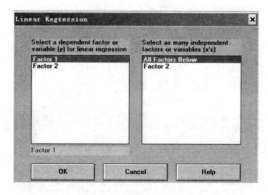

图 2.11　线性回归窗口

左栏是选择因变量，题中 Factor 2 列数据为因变量 y_i，因此点选"Factor 2"；右栏为选择自变量，题中 Factor 1 列数据为因变量 x_i，因此点选"Factor 1"，点击"OK"，显示回归计算结果，如图 2.12 所示。

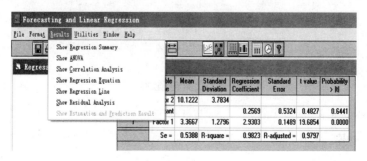

图 2.12　回归结果窗口

点击"Results",显示各菜单项,各菜单项含义及结果如下:
① Show Regression Summary——显示回归概况;
② Show ANOVA——显示变量分析;
③ Show Correlation Analysis——显示相关性分析;
④ Show Regression Equaton——显示回归方程,如图2.13所示;

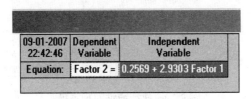

图2.13　显示回归方程窗口

⑤ Show Residual Analysis——显示剩余残差分析。

步骤3.预测确定预测值及置信区间

(1) 关闭步骤2中的各显示结果窗口,返回至历史数据(如图2.10所示)窗口。

(2) 点击"Solve and Analyze"菜单下的"Perform Estimation and Prediction",弹出"Estimation and Prediction"窗口,如图2.14所示。

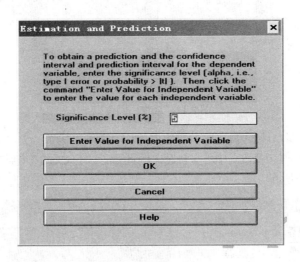

图2.14　估计与预测窗口

其中,Significance Level(%)栏——显著性水平,默认值 $\alpha=0.05$。

(3) 点击"Enter Value for Independent Variable",弹出"Value for Independent Variable"窗口,如图2.15所示。

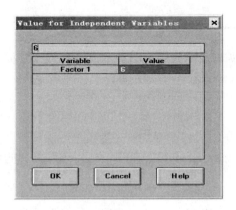

图 2.15　自变量设置

在空白栏处输入 x_0 值，例题 7 中 $x_0=6$，因此输入 6，点击“OK”，返回至“Estimation and Prediction”窗口，点击“OK”，显示预测结果“Prediction Result”窗口，如图 2.16 所示。

Prediction Result for 11

09-02-2007	Variable/Item	Prediction and Values
1	Prediction for Factor 2	17.8386
2	Standard Deviation of Prediction	0.4312
3	Prediction Interval	[16.2068, 19.4704]
4	Confidence Interval of Prediction Mean	[16.8190, 18.8582]
5	Significance Level (alpha)	5.0000%
6	Degree of Freedom	7
7	t Critical Value	2.3647
8	Factor 1	6.0000

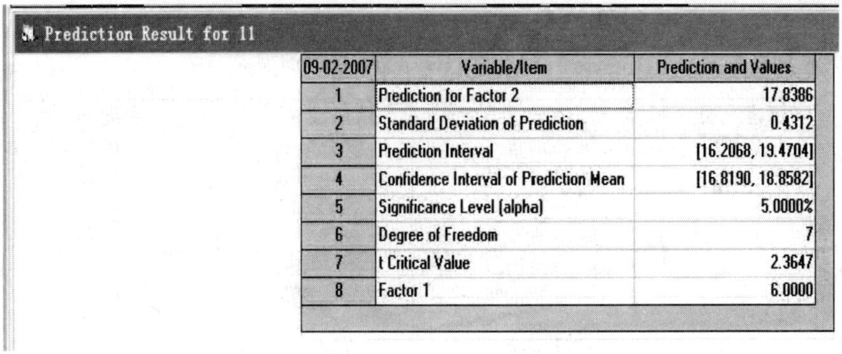

图 2.16　预测结果窗口

各栏含义：

① Prediction for Factor 2——预测值 $\hat{y}=17.8386$；

② Standard Deviation of Prediction——预测的标准偏差；

③ Prediction Interval——置信区间；

④ Confidence Interval of Prediction Mean——预测平均置信区间；

⑤ Signifecance Level(alpha)——显著水平；

⑥ Degree of Freedom——自由度；

⑦ t Critical Value——查 t 分布所得到的临界值；

⑧ Factor 1——自变量取值。

【小结】

本章首先介绍了物流需求预测的概念、基本原则和预测分类,然后在定性预测方法讨论了市场调查预测法、专家调查法——德尔菲法、主观概率法;在定量预测方法中讨论了时间序列预测法(主要包括平均数预测法、一次移动平均法、二次移动平均法、一次指数平滑法、二次指数平滑法和三次指数平滑法)以及回归分析法(包括一元回归分析法和多元回归分析法);其中重点介绍了移动平均法、指数平滑法和一元线性回归分析法;最后介绍 WinQSB 软件包中 "Forecasting and Linear Regression" 工具的使用。

【习题】

1. 已知某百货公司三个销售人员对明年销售的预测意见与主观概率如表 2-13 所示,又知计划人员预测销售的期望值为 1000 万元,统计人员的预测销售的期望值为 900 万元,计划统计人员的预测能力分别是销售人员的 1.2 倍和 1.4 倍,试用主观概率加权平均法求:(1)每位销售人员的预测销售期望值;(2)三位销售人员的平均预测期望值;(3)该公司明年的预测销售额。

表 2-13　销售人员预测期望值预测表

销售人员	估　计	销售额(万元)	主要概率
甲	最高销售	1120	0.25
	最可能销售	965	0.50
	最低销售	640	0.25
	期望值		0.30
乙	最高销售	1080	0.20
	最可能销售	972	0.50
	最低销售	660	0.30
	期望值		0.35
丙	最高销售	1200	0.25
	最可能销售	980	0.60
	最低销售	600	0.15
	期望值		0.35

2. 某物流中心自 1998 年建立以来,各年度的货运发送量(万吨)如表 2-15 所示,试用一次移动平均法和二次移动平均法,预测 2008、2009 年度的的货运量(取时距为 3)。

表 2-15　各年度货运量(万吨)

年度	1998	1999	2000	2001	2002	2003	2004	2005	2006	2007
货运量(万吨)	161	172	166	175	181	178	192	195	200	204

3. 某地在其港口建设物流园区规划设计中,以 2010 年吞吐量为设计标准。已知该地

区 1995—2006 年的 GDP 和港口吞吐量，如表 2-16 所示，并已预测该地区 2010 年的 GDP 将达到 7422.5 亿元。请用指数平滑法和回归分析法，对该地区 2010 年的港口吞吐量进行预测，并比较两种方法的预测结果。

表 2-16 GDP 和港口吞吐量历史数据表

年份	GDP（亿元）	吞吐量（万吨）
1995	1062.7	5400.4
1996	1200.1	5994.6
1997	1473.0	6622.0
1998	2010.8	6887.5
1999	2461.8	7240.0
2000	2793.4	7971.0
2001	3157.7	9481.2
2002	3582.5	8960.5
2003	3881.7	10653.0
2004	4171.7	12268.0
2005	4669.1	13665.0
2006	5033.1	14823.0

4. 某生产企业为研究工人的平均工龄和平均文化程度与劳动生产率之间的关系，随机抽取了 7 个班组，得到如表 2-17 所示的资料。要求预测平均文化程度为 12 年，平均工龄为 13 年时的劳动生产率（概率为 95%，利用复相关系数检验）。

表 2-17 平均文化程度、平均工龄与劳动生产率之间的关系

序号	平均文化程度/年	平均工龄/年	劳动生产率
1	11.4	12.1	205
2	10.2	11.2	206
3	11.3	11.6	213
4	10.8	12.2	256
5	11.8	12.8	259
6	11.4	11.9	272
7	10.1	14.2	275

第 3 章 线性规划技术

本章提要
- 线性规划的一般模型的建立；
- 图解法求解线性规划；
- 线性规划问题的标准型及标准化；
- 单纯形法、大 M 法和两阶段法。

在生产管理和经营活动中经常会遇到一类问题，即如何合理地利用有限的人力、物力、财力等资源，以便得到最好的经济效果。线性规划（Linear Programming，简记 LP）是解决这类问题的常用方法。线性规划是数学规划与运筹学的一个分支，是运筹学中最重要的一种数量方法。主要用于研究解决有限资源的最佳分配问题，即如何对有限的资源做出最佳方式的调配和最有利的使用，以便最充分地发挥资源的效能去获取最佳经济效益。为叙述简便，以后"线性规划"一词用其通用略语 LP 代替。

3.1 线性规划的一般模型

3.1.1 线性规划问题举例

【例 3.1】 某化工厂根据一项合同要为用户生产一种用甲、乙两种原料混合配制而成的特殊产品。甲、乙两种原料都含有 A、B、C 三种化学成分，其含量（%）是：甲为 12,2,3；乙为 3,3,15。按合同规定，产品中三种化学成分的含量（%）不得低于 4,2,5，甲、乙原料成本为每千克 3 元和 2 元。厂方希望总成本达到最小，则应如何配制该产品？

解： 设每千克该产品用 x_1 千克甲原料和 x_2 千克乙原料配制而成，每千克产品成本为 Z 元。

则该问题的数学模型为：

目标函数：

$$\min Z = 3x_1 + 2x_2$$

约束条件：

$$x_1 + x_2 = 1 \qquad \text{配料平衡条件}$$

$$12x_1 + 3x_2 = 4$$
$$2x_1 + 3x_2 \leq 2 \quad \text{成分约束条件}$$
$$3x_1 + 15x_2 \leq 5$$
$$x_1, x_2 \geq 0 \quad \text{变量约束条件}$$

【例 3.2】 一艘货船分前、中、后三个舱位，它们的容积分别是 4000、5400 和 1500 立方米，最大允许载重量分别为 2000、3000 和 1500 吨。现有三种货物待运，相关数据如下：

商品	数量（件）	每件体积（m³/件）	每件重量（吨/件）	运价（元/件）
A	600	10	8	1000
B	1000	5	6	700
C	800	7	5	600

问该货轮应装载 A、B、C 各多少件，运费收入为最大？

解：用 $i=1,2,3$ 分别代表商品 A,B,C，用 $j=1,2,3$ 分别代表前、中、后舱，设 x_{ij} 为第 i 种商品装于 j 舱位的的数量（件），则问题的线性规划模型为：

目标函数：
$$\max Z = 1000(x_{11}+x_{12}+x_{13}) + 700(x_{21}+x_{22}+x_{23}) + (x_{31}+x_{32}+x_{33})$$

约束条件：
$$8x_{11} + 6x_{21} + 5x_{31} \leq 2000$$
$$8x_{12} + 6x_{22} + 5x_{32} \leq 3000 \quad \text{舱位载重限制}$$
$$8x_{13} + 6x_{23} + 5x_{33} \leq 1500$$

$$10x_{11} + 5x_{21} + 7x_{31} \leq 4000$$
$$10x_{12} + 5x_{22} + 7x_{32} \leq 5400 \quad \text{舱位体积限制}$$
$$10x_{13} + 5x_{23} + 7x_{33} \leq 1500$$

$$x_{11} + x_{21} + x_{31} \leq 600$$
$$x_{12} + x_{22} + x_{32} \leq 1000 \quad \text{商品数量限制}$$
$$x_{13} + x_{23} + x_{33} \leq 800$$

思考：补充了下列条件后的模型有何变化？

为了航运安全，要求前、中、后舱在实际载重量上大体保持各舱最大允许载重量的比例关系。具体要求：在前、后舱分别与中舱之间载重量比例上，偏差不超过 15%，前后舱之间不超过 10%。

$$\left.\begin{aligned}\frac{2}{3}(1-0.15) \leqslant \frac{8x_{11}+6x_{21}+5x_{31}}{8x_{12}+6x_{22}+5x_{32}} \leqslant \frac{2}{3}(1+0.15)\\ \frac{1}{2}(1-0.15) \leqslant \frac{8x_{13}+6x_{23}+5x_{33}}{8x_{12}+6x_{22}+5x_{32}} \leqslant \frac{1}{2}(1+0.15)\\ \frac{4}{3}(1-0.10) \leqslant \frac{8x_{11}+6x_{21}+5x_{31}}{8x_{13}+6x_{23}+5x_{33}} \leqslant \frac{4}{3}(1+0.10)\end{aligned}\right\} 平衡条件$$

3.1.2 线性规划的一般模型

从以上两例可以看出，它们都是属于一类优化问题。它们的共同特征：

（1）每一个问题都用一组决策变量（$x_1, x_2, \ldots, x_n$）表示某一待定方案；这组决策变量的值就代表一个具体方案。一般这些变量取值是非负的。

（2）存在一定的约束条件，这些约束条件可以用一组线性等式或线性不等式来表示。

（3）都有一个要求达到的目标，它可用决策变量的线性函数（称为目标函数）来表示，按所考虑问题的不同，要求目标函数实现最大化或最小化。

满足以上三个条件的数学模型称为线性规划的数学模型。其一般形式为：
目标函数：

$$\max(\min) Z = c_1 x_1 + c_2 x_2 + \ldots + c_n x_n \tag{3.1}$$

$$s.t. \begin{cases} a_{11}x_1 + a_{12}x_2 + \ldots + a_{1n}x_n \leqslant (=, \geqslant) b_1 \\ a_{21}x_1 + a_{22}x_2 + \ldots + a_{2n}x_n \leqslant (=, \geqslant) b_2 \\ \ldots\ldots\ldots\ldots\ldots\ldots\ldots\ldots\ldots\ldots\ldots\ldots\ldots \\ a_{n1}x_1 + a_{n2}x_2 + \ldots + a_{nn}x_n \leqslant (=, \geqslant) b_n \\ x_1, x_2, \ldots, x_n \geqslant 0 \end{cases} \tag{3.2}$$

$$\tag{3.3}$$

在线性规划的数学模型中，方程（3.1）称为目标函数；（3.2）、（3.3）称为约束条件；（3.3）也称为变量的非负约束条件。

其中：max 是英文 maximize 最大化的缩写；min 是英文 minimize 最小化的缩写；s.t. 是英文 subject to (受约束于)的缩写。

3.2 线性规划的图解法

线性规划的图解法，就是借助几何图形来求解线性规划问题的一种方法。图解法简单直观,还有助于了解线性规划问题求解的基本原理。

【例 3.3】 某工厂拥有 A、B、C 三种类型的设备,生产甲、乙两种产品。每件产品在生产中需占用的设备台时数,每件产品可获得的利润及三种设备可利用的台时数如表 3-1 所示。

表 3-1　各产品的利润及占用台时

产品 设备	甲	乙	设备能力（h）
设备 A	3	2	65
设备 B	2	1	40
设备 C	0	3	75
利润（千元/件）	2	3	

解: 设变量 x_i 为第 i 种（甲、乙）产品的生产件数（$i=1,2$）。根据前面分析,可以建立如下的线性规划模型:

$$\text{目标函数 } \max Z = 2x_1 + 3x_2$$

$$\text{满足约束条件 } s.t. \begin{cases} 3x_1 + 2x_2 \leqslant 65 & (A) \\ 2x_1 + x_2 \leqslant 40 & (B) \\ 3x_2 \leqslant 75 & (C) \\ x_1, \quad x_2 \geqslant 0 & (D, E) \end{cases}$$

图解法的步骤在以决策变量 x_1, x_2 为坐标向量的平面直角坐标系上对每个约束（包括非负约束）条件作出直线,并通过判断确定不等式所决定的半平面。非负条件 x_1、$x_2 \geqslant 0$ 是指第一象限。每个约束条件都代表一个半平面。各约束半平面交出来的区域即可行集或可行域,如图 3.1 阴影所示。

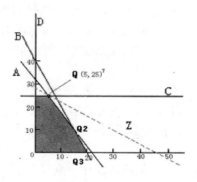

图 3.1　可行域

如约束条件 $3x_1+2x_2 \leqslant 65$ 是代表以直线 $3x_1+2x_2=65$ 为边界的左下方的半平面,$2x_1+x_2 \leqslant 40$ 是代表以直线 $2x_1+x_2=40$ 为边界的左下方的半平面,$3x_2 \leqslant 75$ 是代表以直线 $x_2=25$ 为

边界的下方的半平面,若同时满足 $x_1, x_2 \geq 0$ 的约束条件的点,必然落在由这五条直线围成的区域内(图3.1中的阴影部分)。阴影区域中的每一个点(包括边界点)都是这个线性规划问题的解(称可行解),因而此区域是例3.3的线性规划问题的解集合,称为可行域。

目标函数:$Z=2x_1+3x_2$,在这坐标平面上,它可表示以 Z 为参数、$-2/3$ 为斜率的一族平行线 $x_2=-2/3x_1+1/3Z$。

位于同一直线上的点,具有相同的目标函数值,因而称为"等值线"。当 Z 值由小变大时,直线 $x_2=-2/3x_1+1/3Z$ 沿其法线方向向右上方移动,当移动到 Q 点时,使 Z 值在可行域边界上实现最大化,这就得到了最优解 Q,Q 点的坐标为(5,25)于是可计算出 $Z=85$。

这说明该厂的最优生产计划方案是:生产产品甲5件,生产产品乙25件,可得到最大利润为85千元。

上例中求解得到问题的最优解是唯一的,但对一般线性规划问题,求解结果还可能出现以下几种情况。

(1)无穷多最优解(多重解)。若将例中的目标函数变为求 $\max Z=4x_1+2x_2$,则表示目标函数中以参数 Z 的这族平行直线与约束条件 $2x_1+x_2 \leq 40$ 的边界线平行,当 Z 值由小变大时,将与线段 Q_2Q_3 重合(见图3.1)。线段 Q_2Q_3 上任意一点都使 Z 取得相同的最大值,这个线性规划问题有无穷多最优解(多重解)。

(2)无界解。对下述线性规划问题

$$\max Z = x_1 + x_2$$
$$-2x_1 + x_2 \leq 16$$
$$x_1 - x_2 \leq 2$$
$$x_1, x_2 \geq 0$$

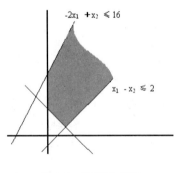

图3.2 图解法求解

用图解法求解结果见图3.2。从图中可以看到,该问题可行域无界,目标函数值可增大到无穷大。这种情况称为无界解或无最优解,简称无解。实际问题出现这种情况时,一般可断定数学模型中遗漏了某些必要的约束。

(3)无可行解。如果在例3.3的数学模型中增加一个约束条件 $2x_1+3x_2 \geq 90$,该问题的可行域为空集,即无可行解,当然也不存在最优解了。这种情况也称为无解。实际问题出现这种情况,往往说明资源条件满足不了人们的要求。

从图解法中直观地见到,当线性规划问题的可行域非空时,它是有界或无界凸多边形。若线性规划问题存在最优解,它一定在可行域的某个顶点得到;若在两个顶点同时得到最优解,则它们连线上的任意一点都是最优解,即有无穷多最优解。

图解法虽然直观、简便,但仅适用于二维LP问题(即问题只有2个决策变量),当变量数为三个以上时,它就无能为力了,因此必须寻找其他解决办法。单纯形法就是一种普遍适用的代数解法。在介绍单纯形法之前,先介绍线性规划问题的标准形。

3.3 线性规划问题的标准形

3.3.1 线性规划问题的标准形

线性规划问题的标准形要求所有约束必须为等式约束,变量为非负变量,目标函数没有硬性规定,求最大和最小都可以。

形如:$\max Z = c_1x_1 + c_2x_2 + \cdots + c_nx_n$,

$$s.t. \begin{cases} a_{11}x_1 + a_{12}x_2 + \cdots + a_{1n}x_n = b_1 \\ a_{21}x_1 + a_{22}x_2 + \cdots + a_{2n}x_n = b_2 \\ \cdots\cdots\cdots\cdots\cdots\cdots\cdots\cdots\cdots\cdots\cdots \\ a_{n1}x_1 + a_{n2}x_2 + \cdots + a_{nn}x_n = b_n \\ x_1, x_2, \cdots, x_n \geq 0; \quad b_1, b_2, \cdots, b_n \geq 0 \end{cases}$$

线性规划的标准形具有以下四个特征:
(1) 决策变量全部大于或等于零;
(2) 约束条件全为线性等式;
(3) 限定系数全部是非负值;
(4) 目标函数值求最大(或最小)。

3.3.2 线性规划问题的标准化(非标准形过渡到标准形)

如果线性规划问题不是标准形式,则可通过一系列的数学变形将其转化为标准形。
(1) 当约束条件为不等式时,转化为等式。当"≤"时,在不等式的左端加上一个非负的松弛变量,可化为等式;当"≥"时,在不等式的左端减去一个非负的剩余变量,可化为等式。
(2) 当决策变量 x_i 不满足非负条件时,则增加两个新的非负决策变量 $x_i' \leq 0$, $x_i'' \leq 0$,令 $x_i = x_i' - x_i''$。
(3) 若限定系数 b_i 不满足非负时,两端同时乘以(-1)得 $-b_i \leq 0$

【例 3.4】 将下列线性规划问题转化为标准形:
$$\min Z = -x_1 + 2x_2 - 3x_3,$$

$$s.t.\begin{cases} x_1 + x_2 + x_3 \leqslant 7 \\ x_1 - x_2 + x_3 \geqslant 2 \\ -3x_1 + x_2 + 2x_3 = 5 \\ x_1, x_2 \geqslant 0, \ x_3 无约束 \end{cases}$$

解：

① 令 $x_3 = x_4 - x_5$，其中 $x_4, x_5 \geqslant 0$。

② 在第一个不等式的左端加入松弛变量 x_6。

③ 在第二个不等式的左端减去剩余变量 x_7，即可得该问题的标准形

$$\min Z = -x_1 + 2x_2 - 3(x_4 - x_5) + 0x_6 + 0x_7$$

$$s.t.\begin{cases} x_1 + x_2 + (x_4 - x_5) + x_6 = 7 \\ x_1 - x_2 + (x_4 - x_5) - x_7 = 2 \\ -3x_1 + x_2 + 2(x_4 - x_5) = 5 \\ x_1, x_2, x_4, x_5, x_6, x_7 \geqslant 0 \end{cases}$$

3.3.3 线性规划问题的解

1. 解的基本概念

对于标准形线性规划问题：

$$\max(\min)Z = CX$$

$$s.t\begin{cases} AX = b & ① \\ X \leqslant 0 & ② \end{cases}$$

可行解： 满足约束条件①，②的解，称为线性规划问题的可行解。

最优解： 使目标函数达到最大或最小的可行解称为最优解。

基、基变量、非基变量： A 为约束方程组的 $m \times n$ 维系数矩阵，秩为 m，B 是矩阵 A 中 $m \times m$ 阶非奇异子矩阵，称 B 是线性规划问题的一个基，可设为

$$B = \begin{pmatrix} a_{11} & a_{12} & \cdots & a_{1m} \\ a_{21} & a_{22} & \cdots & a_{2m} \\ \cdots & \cdots & \cdots & \cdots \\ a_{m1} & a_{m2} & \cdots & a_{mm} \end{pmatrix} = (p_1, p_2, \ldots, p_m)$$

称 $p_i(i=1, 2, \ldots, m)$ 为基向量，与基向量 p_i 对应的变量 x_i 称为基变量，否则称非基变量。

基本解： 对于基 B，令非基变量为零，求得满足①的解，称为基 H 对应的基本解。

基本可行解： 满足式②的基本解为基本可行解，基本可行解对应的基为基本可行基。

以上提到的解之间的关系可用图 3.3 表示。

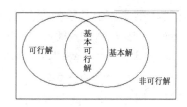

图 3.3　各种解之间的关系

2. 解的性质

（1）线性规划问题的可行域是一个凸集（集合内任何两点间的连线仍在集合内）。

（2）X 为线性规划问题的基本可行解的充要条件：X 为可行域 $D=\{X\mid AX=b, X\leqslant 0\}$ 的顶点。

（3）若可行域非空且有界，则线性规划问题一定存在最优解，且最优解在可行域的某个顶点上得到。

（4）若两个基本可行解 x^*，x^{**} 都是最优解，则这两个解的凸组合 $x=\lambda x^*+(1-\lambda)x^{**}$（$0\leqslant\lambda\leqslant 1$）也是最优解，且最优解有无穷多个。

综上所述，求解线性规划问题的基本思路是：**要求最优解只要在可行域的顶点中寻找即可，而顶点对应的就是基本可行解，故只需在有限个基本可行解中寻找最优解**。

要得到一个基本可行解，关键是找一个基，即 m 个线性无关的系数矩阵的列向量。得到一个基本可行解后，还要判断它是否最优解，若是最优解，则停止寻找；否则必须把这个基本可行解转换为另一个基本可行解，但要保证新的可行解的目标函数值比原来的更优。这一寻找最优解的迭代方法就是单纯形法。

3.4　单纯形法

单纯形法是求解线性规划问题的最优解的方法之一，被广泛应用于各种线性规划求解。为了说明单纯形法的应用，下面通过一个例子来阐述其具体步骤。

【例 3.5】 求解下列线性规划问题：
$$\max Z=5x_1+4x_2,$$
$$s.t.\begin{cases}3x_1+5x_2\leqslant 15,\\ 2x_1+x_2\leqslant 5,\\ 2x_1+2x_2\leqslant 11,\\ x_1, x_2\geqslant 0。\end{cases}$$

解：（1）将线性规划问题化为标准形。引入松弛变量 x_3, x_4, x_5 后，将其化为标准形：

$$\max Z = 5x_1 + 4x_2 + 0x_3 + 0x_4 + 0x_5$$

$$s.t. \begin{cases} 3x_1 + 5x_2 + x_3 = 15, \\ 2x_1 + x_2 + x_4 = 5, \\ 2x_1 + 2x_2 + x_5 = 11, \\ x_i \geq 0, (i=1,2,3,4,5) \end{cases}$$

在该标准形中，约束方程的系数矩阵

$$A = (p_1, p_2, p_3, p_4, p_5) = \begin{pmatrix} 3 & 5 & 1 & 0 & 0 \\ 2 & 1 & 0 & 1 & 0 \\ 2 & 2 & 0 & 0 & 1 \end{pmatrix}$$

而 x_3, x_4, x_5 的系数列向量 p_3, p_4, p_5 构成一个三阶单位矩阵，可作为初始可行基，对应的变量 x_3, x_4, x_5 为基变量，x_1, x_2 为非基变量。令非基变量 $x_1 = x_2 = 0$，得到一个基本可行解 $X_0 = (0, 0, 15, 5, 11)^T$。

（2）列出初始单纯形表（见表 3-2）。

表 3-2

	c_j		5	4	0	0	0	
C_B	X_B	b	x_1	x_2	x_3	x_4	x_5	θ_i
0	x_3	15	3	5	1	0	0	5
0	x_4	5	[2]	1	0	1	0	5/2
0	x_5	11	2	2	0	0	1	11/2
	z_j		0	0	0	0	0	0
	δ_j		5	4	0	0	0	

符号与数字说明：

① c_j 行填入目标函数的系数。

② X_B 列填入基变量，这里是 x_3, x_4, x_5，C_B 列填入基变量在目标函数中的系数，b 列填入约束方程等号右端的常数。

③ x_j（j=1，2，3，4，5）下对应约束方程当前的系数 a_{ij}。

④ z_j 的计算方法，$z_j = \sum_{i=1}^{3} C_B^T a_{ij}$，与 θ_i 相交处填入目标函数 Z 的当前值。

⑤ δ_j 行为检验数行，对应各变量 x_j 的检验数 $\delta_j = c_j - z_j$，所有 $\delta_j \leq 0$ 表示解达到最优（若要求实现目标函数的最小化，则所有 $\delta_j \leq 0$ 表示解达到最优），否则继续进行迭代换基。

$\delta_k = \max\{\delta_j\}$ 确定**入基变量** x_k。此时，$\delta_k = \max\{5,4,0,0,0\} = 5$，确定 x_1 **入基**。

⑥ θ_i 列用来确定**出基变量**，找到入基变量 x_k 后，$\theta_1 = \min(b_i/a_{ik})$ 确定出基变量 x_1，此时，

θ_1 =min(15/3,5/2,11/2)=5/2，从而确 x_4 为出基变量。

⑦ x_k 所在列与 x_l 所在行交汇处的元素称为主元或枢轴元，以$[a_{lk}]$表示，进行矩阵的初等行变换，将 a_{lk} 变为 1，使之所在列变为单位列向量。于是有表 3-3。

表 3-3

	c_j		5	4	0	0	0	
C_B	X_B	b	x_1	x_2	x_3	x_4	x_5	θ_i
0	X_3	15/2	0	[7/2]	1	-3/2	0	15/7
5	x_1	5/2	[1]	1/2	0	1/2	0	5
0	x_5	6	0	1	0	-1	1	6
	z_j		5	5/2	0	5/2	0	25/2
	δ_j		0	3/2	0	-5/2	0	

此时得到的基本可行解 X_1=(5/2，0，15/2，0，6)^T，目标函数值 Z_1=25/2。

（3）继续迭代。从表中可见，δ_2 =3/2>0，于是 x_2 换入，x_3 换出，得到表 3-4。

表 3-4

	c_j		5	4	0	0	0	
C_B	X_B	b	x_1	x_2	x_3	x_4	x_5	θ_1
4	x_2	15/7	0	1	2/7	-3/7	0	
5	x_1	10/7	[1]	0	-1/7	5/7	0	
0	x_5	27/7	0	0	-2/7	-4/7	1	
	z_j		5	4	3/7	13/7	0	110/7
	δ_j		0	0	-3/7	-13/7	0	

此时表中所有的 $\delta_j \leq 0$，得到最优解 X^*=[10/7,15/7,0,0,27/7]^T，最优值 Z^*=110/7。

由上面具体的实例，归纳出利用单纯形表求解线性规划问题的一般步骤如下。

（1）将线性规划问题转化为标准形，建立初始单纯形表，确定初始可行基（一般选取单位矩阵），并确定基变量和非基变量及计算 δ_j。

（2）检验所得到的基本可行解是否为最优解。若所有 $\delta_j \leq 0$，则已经取得最优解，停止计算，否则，转入下一步计算。

（3）基变换。确定**入基变量**，只要 $\delta_j > 0$，对应的 x_j 就可成为 r 入基变量，有一个以上检验数大于零时，一般取最大的 δ_k 所对应的变量入基，其中 δ_k= max$\{\delta_j | \delta_j > 0\}$；确定**出基变量**，取 θ_l= min$\{b_i/a_{ik} > 0\}$= b_l/a_{lk} 所对应的基变量 x_1 为出基变量（变为非基变量）。a_{lk} 决定了从一个基本可行解到相邻基本可行解的转移去向，成为枢轴元（或主元）。若所有的 $\delta_j > 0$ 中有一个 δ_k 对应的 x_k 的系数列向量 $p_k \leq 0$，则此问题无解停止计算，否则转入下一步计算。

（4）进行迭代得到新的单纯形表。用入基变量 x_k 代替出基变量 x_1 的位置，填入相应的目标系数,用初等变换将 x_k 的系数列向量 p_k 变为单位列向量。重复步骤(2)-(4),直至所有的 $\delta_j \leqslant 0$,得到最优解。

注:对于求 min 的线性规划问题转化为求 max 的问题,或把最优判别准则改为所有非基变量的检验数 $\delta_j = c_j - z_j \leqslant 0$,入基变量取 $\delta_j = c_j - z_j < 0$ 中最小者所对应的那个变量,出基变量的选取方法与求 max 的方法相同。

3.5 大 M 法和两阶段法

3.5.1 大 M 法

以上所举各例中,线性规划问题的约束条件为:

$$\sum_{j=1}^{n} a_{ij} \leqslant b_i (i = 1, 2, \ldots, m)$$

在每个不等式左端加上一个非负松弛变量转化为标准形。在约束方程系数矩阵中取松弛变量的系数构成的单位矩阵为初始可行基,松弛变量为初始基变量,可求得基本可行解。

当约束条件是"$\leqslant$"或"$=$"时,如果选取松弛变量为基变量,则只得到基本解而得不到基本可行解。这时采用人工变量法便可以得到基本可行解。对于"$\geqslant$"的约束条件,除减去一个剩余变量外,还要再加上一个人工变量;对于"$=$"的约束条件,也要加上人工变量。因为人工变量是后加入到约束条件中的虚拟变量,在用单纯形法求解时,要将它作从基变量中替换出来。若经过基的变换,变量中不存在人工变量。说明该问题有解,若所有的 $\delta_j \leqslant 0$ 时,仍有非零的人工变量存在,表示无可行解。

具体做法是:令目标函数中人工变量的系数为(-M),其中 M 为一个很大的正数,这样目标函数要实现最大化时,必须把人工变量基变量中换出,否则目标函数不可能实现最大化。同理,若对目标函要求实现最小化时,人工变量的目标系数规定为(+M)。

3.5.2 两阶段法

由于在大 M 法中引人了一个很大的正数 M,而在用计算机求解时只能用一个具体的较大的数字代替 M,这很可能会造成计算上错误。为了克服大 M 法的这一缺陷,把原来的问题分成两个阶段来解,称之为"两阶段法"。

具体步骤是:

(1)给原线性规划问题加入人工变量,并构造只含人工变量相反值的目标函数,且要求实现最大化。如果原问题有可行解,那么新问题的目标函数最大值一定等于零,进入第二阶段计算。反之,表明原问题没有可行解,停止计算。

（2）将第一阶段计算得到的最终表，除去人工变量，将目标函数的系数，换为原问题的目标函数系数，作为第二阶段的初始表，再用线性规划求出最优解。

大M法和两阶段法的应用举例本书不作介绍。

3.6 上机练习

【例3.6】 用WinQSB软件求解下列LP。

$$\max Z = 6x_1 + 5x_2 + x_3 + 7x_4$$

$$\begin{cases} x_1 + 2x_2 + 6x_3 + 9x_4 \leqslant 260 \\ 8x_1 - 5x_2 + 2x_3 - x_4 > 150 \\ 7x_1 + x_2 + 2x_3 = 30 \\ x_1 - x_2 \geqslant 0 \\ x_3 - x_4 \geqslant 0 \\ 10 \leqslant x_3 \leqslant 20 \\ x_1, x_2 \geqslant 0, x_4 \text{无约束} \end{cases}$$

解：

说明：利用WinQSB软件求解LP不必化为标准型，如果是可以线性化的模型则先线性化，如绝对值约束、$\max Z = \min(x_1, 2x_2)$、$Z = \min(3x_1 + x_2, 5x_1 + 4x_3 + x_4)$等情形必须先线性化。对于有界变量及无约束变量可以不转化，只要修改系统变量类型即可，对于不等式约束可以在输入数据时直接输入不等式，如≥符号，输入>、≥及=>任何一种都是等价的。本例中，变量数为4，约束数为5，第6个约束由系统自动生成。

（1）启动线性规划（LP）和整数规划（ILP）程序。点击开始→程序→WinQSB→ Linear and Integer Programming，屏幕显示如图3.4所示的线性规划和整数规划工作界面。

图3.4 线性规划和整数规划工作界面

注意：菜单栏、工具栏和格式栏随主窗口内容变化而变化。

（2）建立新问题或打开磁盘中已有文件。按图3.5操作建立或打开一个LP问题，或点击File →New Problem建立新问题。点击File → Load Problem打开磁盘中数据文件，LP程序自带后缀为".LPP"的3个典型例题，供学习参考。求解一个线性规划前先打开例题，了解求解LP的工作界面布局。点击File→New Problem。出现图3.5的问题选项输入界面。

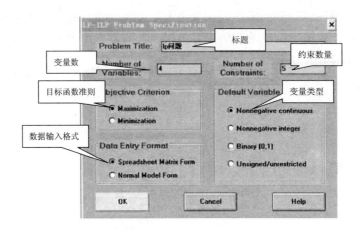

图 3.5 建立新问题

（3）输入数据。在选择数据输入格式时，选择 Spreadsheet Matrix Form 则以电子表格形式输入变量系数矩阵和右端常数矩阵，是固定格式，如图 3.6 所示。选择 Normal Model Form 则以自由格式输入标准模型，输入前后的结果如图 3.6 和图 3.7 所示。

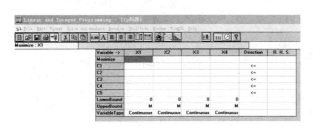

图 3.6 输入前

Variable →	X1	X2	X3	X4	Direction	R. H. S.
Maximize	6	5	1	7		
C1	1	2	6	9	<=	260
C2	8	-5	2	-1	<=	150
C3	7	1	1		<=	30
C4	1	-1			<=	0
C5			1	-1	<=	0
LowerBound	0	0	0	0		
UpperBound	M	M	M	M		
VariableType	Continuous	Continuous	Continuous	Continuous		

图 3.7 输入后

（4）修改变量类型。图 3.5 中给出了非负连续、非负整数、0-1 型和无符号限制或无约束 4 种变量类型选项，当选择了某一种类型后系统默认所有变量都属该种类型。在例 3.6 中，$10 \leqslant x_3 \leqslant 20$，直接将 x_3 列中的下界（Lower Bound）改为 10，上界（Upper Bound）改为 20。x_4无约束可以通过双击类型改变，M 是一个任意大的正数，如图 3.8 所示。

Variable -->	X1	X2	X3	X4	Direction	R. H. S.
Maximize	6	5	1	7		
C1	1	2	6	9	<=	260
C2	8	-5	2	-1	>=	15
C3	7	1	1		=	[illegible]
C4	1	-1			>=	
C5			1	-1	>=	
LowerBound	0	0	10	-M		
UpperBound	M	M	20	M		
VariableType	Continuous	Continuous	Continuous	Unrestricted		

修改变量上下限

双击改变约束符号

双击改变变量类型

图 3.8　修改变量类型、上下界和约束符号

（5）修改变量名和约束名。系统默认变量名为 x_1，x_2，…，x_n，约束名为 c_1，c_2，…，c_m。如果你对默认名不满意可以进行修改，点击菜单栏 Edit 后，下拉菜单有四个修改选项：修改标题名（Program Name），变量名（Variable Name），约束名（Constraint Name）和目标函数准则（max 或 min）。WinQSB 支持中文，可以输入中文名称。

（6）求解：点击菜单栏 Solve and Analyze 下拉菜单有三个选项：求解不显示迭代过程(Solve the Problem)、求解并显示单纯形法迭代步骤(Solve and display Steps)及图解法(Graphic Method，限两个决策变量)。如选择 Solve the Problem，系统直接显示求解的综合报告如图 3.9 所示，表中的各项含义见本章附表。LP 有最优解或无最优解（无可行解或无界解），系统会给出提示。

	13:42:59		2006-12-13 13:42:58 下午	2006-12-13 13:42:58 下午	2006-12-13 13:42:58 下午	2006-12-13 13:42:58 下午		
	Decision Variable	Solution Value	Unit Cost or Profit c(j)	Total Contribution	Reduced Cost	Basis Status	Allowable Min. c(j)	Allowable Max. c(j)
1	X1	1.4286	6.0000	8.5714	0	basic	-266.0000	49.0000
2	X2	0	5.0000	0	-38.8571	at bound	-M	43.8571
3	X3	20.0000	1.0000	20.0000	0	basic	-5.1429	M
4	X4	-98.5714	7.0000	-690.0000	0	at bound	-M	7.0000
	Objective	Function	(Max.) =	-661.4285	(Note:	Alternate	Solution	Exists!!)
	Constraint	Left Hand Side	Direction	Right Hand Side	Slack or Surplus	Shadow Price	Allowable Min. RHS	Allowable Max. RHS
1	C1	-765.7142	<=	260.0000	1,025.7140	0	-765.7142	M
2	C2	150.0000	>=	150.0000	0	-7.0000	51.4286	M
3	C3	30.0000	=	30.0000	0	8.8571	20.0000	116.2500
4	C4	1.4286	>=	0	1.4286	0	-M	1.4286
5	C5	118.5714	>=	0	118.5714	0	-M	118.5714

图 3.9　求解结果

由图 3.9 得到例 3.6 的最优解为 X=(1.4286,0,20, −98.5714)，最优值= −661.4285。由图 3.9 第 6 行提示 Alternate Solution exists 知原 LP 有多重解。

（7）结果显示及分析。点击菜单栏 result 或点击快捷方式图标，存在最优解时，下拉菜单有 9 个选项，无最优解时有两个选项。

① 只显示最优解（Solution Summary）。

② 约束条件摘要（Constraint Summary），比较约束条件两端的值。
③ 对目标函数系数进行灵敏度分析（Sensitivity Analysis of OBJ）。
④ 对约束条件右端常数进行灵敏度分析（Sensitivity Analysis of RHS）。
⑤ 求解结果组合报告（Combined Report），显示详细综合分析报告。
⑥ 进行参数分析（Perform Parametric Analysis），某个目标函数系数或约束条件右端常数带有参数，计算出参数的变化区间及其对应的最优解，属参数规划内容。
⑦ 显示最后一张单纯形表（Final Simplex Tableau）。
⑧ 显示另一个基本最优解（Obtain Alternate optimal），存在多重解时，系统显示另一个基本最优解，然后对基本最优解凸组合可以得到最优解的通解。注意：例 3.6 虽然显示有多重解，但对 4 个决策变量来说是唯一解，这里的多重解是指 $x_4 = x_4' - x_4''$ 具有多重解。
⑨ 显示系统运算时间和迭代次数（Show Run Time and Iteration）。
⑩ 不可行性分析（Infeasibility Analysis），LP 无可行解时，系统指出存在无可行解的原因，例如将例 3.6 的第 5 个约束改为 $x_3 - x_4 \leqslant 0$，系统显示无可行解并且显示为图 3.10。

Infeasible	solution!!!	Make any of	the following	RHS changes	and solve the	problem again.
12-13-2006 14:14:46	Constraint	Direction	Right Hand Side	Shadow Price	Add More Than This To RHS	Add Up To This To RHS
1	C1	<=	260.0000	0	-107.1429	M
2	C2	>=	150.0000	0	-M	-117.1429
3	C3	=	30.0000	0.8571	102.5000	750.0000
4	C4	>=	0	0	-2.8571	M
5	C5	<=	0	-7.0000	-117.1429	-117.1429

图 3.10　无可行解

说明第 5 个约束不可能小于等于零，右端常数全小于等于 117.1429 才可行。

⑪ 无界性分析（Unboundedness Analysis），LP 存在无界解时，系统指出存在无界解的可能原因。

例如将目标函数系数 $c_4 = 7$ 改为 $c_4 = -7$，系统显示无界解为图 3.11。

图 3.11　无界解提示

确定后的结果显示为图 3.12。

Unbounded	solution!!!	Make any of	the following	changes and	solve it again.
12-13-2006 14:27:01	Constraint	Decision Variable	Coefficient A[i,j]	Subtract More Than This From A[i,j]	Or Add More Than This To A[i,j]
	Change	the direction	of constraint	C2	

图 3.12　无界解结果

提示改变第 2 个约束方向，添加、减少或改变约束系数等。

⑫ 保存结果。求解后将结果显示在顶层窗口，点击 Files →Save As，系统以文本格式存储计算结果。还可以打印结果、打印窗口。

⑬ 将计算表格转换成 Excel 表格。先清空剪贴板，在计算结果界面中点击 Files→Copy to Clipboard，系统将计算结果复制到剪贴板，再粘贴到 Excel 表格中即可。

（8）单纯形表。选择求解并显示单纯形法迭代步骤，系统显示初始单纯形表为图 3.13。可以看出，系统将 x_4 无约束改写成 X_4-Neg_X_4，即两个非负变量之差。

Simplex Tableau -- Iteration 1

		X1	X2	X3	X4	Neg_X4	Slack_C1	Surplus_C2	Slack_C4	Slack_C5	Slack_UB_X3	Artificial_C2	Artificial_C3		
Basis	C(j)	6.0000	5.0000	1.0000	7.0000	-7.0000	0	0	0	0	0	0	0	R. H. S.	Ratio
Slack_C1	0	1.0000	2.0000	6.0000	9.0000	-9.0000	1.0000	0	0	0	0	0	0	200.0000	200.0000
Artificial_C2	-M	8.0000	-5.0000	2.0000	-1.0000	1.0000	0	-1.0000	0	0	0	1.0000	0	130.0000	16.2500
Artificial_C3	-M	7.0000	1.0000	1.0000	0	0	0	0	0	0	0	0	1.0000	20.0000	2.8571
Slack_C4	0	-1.0000	1.0000	0	0	0	0	0	1.0000	0	0	0	0	0	M
Slack_C5	0	0	0	-1.0000	1.0000	-1.0000	0	0	0	1.0000	0	0	0	10.0000	M
Slack_UB_X3	0	0	0	1.0000	0	0	0	0	0	0	1.0000	0	0	10.0000	M
	C(j)-Z(j)	6.0000	5.0000	1.0000	7.0000	-7.0000	0	0	0	0	0	0	0	-M	
	* Big M	15.0000	-4.0000	3.0000	-1.0000	1.0000	0	-1.0000	0	0	0	0	0	0	

图 3.13　第一次迭代结果

系统将 $10\leqslant x_3\leqslant 20$ 改写成约束 C_6：$0\leqslant x_3-10\leqslant 10$，令 $x_3'=x_3-10$，则有：$x_3'\leqslant 10$，将 $x_3=x_3'+10$ 代入约束条件并整理，图 3.13 中的 x_3 实际上是 x_3'，如约束 C_1

$$X_1+2X_2+6(X_3+10)+9X_4-9Neg_X_4+Slack_C_1=260$$

整理后得到图 3.13 第一行（Slack_C_1）。

约束 C_1，C_4，C_5，C_6 加人 4 个松弛变量 Slack_C_1，Slack_C_4，Slack_C_5 及 Slack_UB_X_3，约束 C_2 减去剩余变量 Surplus_C_2，然后约束 C_2 与 C_3 加入 2 个人工变量 Artificial_C_2 和 Artificial_C_3，共 6 个约束 12 个变量。

图 3.13 最后行为检验数，如 x_1 的检验数*BigM 最大，为 15，所以选 x_1 进基，图 3.13 后一列为比值（Ratio），变量 Artificial_C_3 出基，主元素 A(3，1)=7。

下一步点击菜单栏 Simplex Iteration 选择 Next lteratian 继续迭代，第 2、3、4 次迭代的结果见图 3.14，图 3.15，图 3.16。

Simplex Tableau -- Iteration 2

		X1	X2	X3	X4	Neg_X4	Slack_C1	Surplus_C2	Slack_C4	Slack_C5	Slack_UB_X3	Artificial_C2	Artificial_C3		
Basis	C(j)	6.0000	5.0000	1.0000	7.0000	-7.0000	0	0	0	0	0	0	0	R. H. S.	Ratio
Slack_C1	0	0	1.8571	5.8571	9.0000	-9.0000	1.0000	0	0	0	0	0	-0.1429	197.1429	M
Artificial_C2	-M	0	-6.1429	0.8571	-1.0000	1.0000	0	-1.0000	0	0	0	1.0000	-1.1429	107.1429	107.1429
X1	6.0000	1.0000	0.1429	0.1429	0	0	0	0	0	0	0	0	0.1429	2.8571	M
Slack_C4	0	0	1.1429	0.1429	0	0	0	0	1.0000	0	0	0	0.1429	2.8571	M
Slack_C5	0	0	0	-1.0000	1.0000	-1.0000	0	0	0	1.0000	0	0	0	10.0000	M
Slack_UB_X3	0	0	0	1.0000	0	0	0	0	0	0	1.0000	0	0	10.0000	M
	C(j)-Z(j)	0	4.1429	0.1429	7.0000	-7.0000	0	0	0	0	0	0	-0.8571	-M	
	* Big M	0	-6.1429	0.8571	-1.0000	1.0000	0	-1.0000	0	0	0	0	-2.1429	0	

图 3.14　第二次迭代结果

Simplex Tableau — Iteration 3

		X1	X2	X3	X4	Neg_X4	Slack_C1	Surplus_C2	Slack_C4	Slack_C5	Slack_UB_X3	Artificial_C2	Artificial_C3		
Basis	C(j)	6.0000	5.0000	1.0000	7.0000	-7.0000	0	0	0	0	0	0	0	R. H. S.	Rati
Slack_C1	0	0.0000	-53.4286	13.5714	0	0	1.0000	-9.0000	0	0	0	9.0000	-10.4286	1,161.4290	85.5
Neg_X4	-7.0000	0	-6.1429	0.8571	-1.0000	1.0000	0	-1.0000	0	0	0	1.0000	-1.1429	107.1429	125.0
X1	6.0000	1.0000	0.1429	0.1429	0	0	0	0	0	0	0	0	0.1429	2.8571	20.0
Slack_C4	0	0	1.1429	0.1429	0	0	0	0	1.0000	0	0	0	0.1429	2.8571	20.0
Slack_C5	0	0	-6.1429	-0.1429	0	0	0	-1.0000	0	1.0000	0	1.0000	-1.1429	117.1429	
Slack_UB_X3	0	0	0	1.0000	0	0	0	0	0	0	1.0000	0	0	10.0000	10.0
	C(j)-Z(j)	0	-38.8571	6.1429	0	0	0	-7.0000	0	0	0	7.0000	-8.8571	-M	
	* Big M	0	0	0	0	0	0	0	0	0	0	-1.0000	-1.0000	0	

图 3.15　第三次迭代结果

Simplex Tableau — Iteration 4

		X1	X2	X3	X4	Neg_X4	Slack_C1	Surplus_C2	Slack_C4	Slack_C5	Slack_UB_X3	Artificial_C2	Artificial_C3		
Basis	C(j)	6.0000	5.0000	1.0000	7.0000	-7.0000	0	0	0	0	0	0	0	R. H. S.	Ratio
Slack_C1	0	0.0000	-53.4286	0.0000	0	0	1.0000	-9.0000	0	0	-13.5714	9.0000	-10.4286	1,025.7140	
Neg_X4	-7.0000	0	-6.1429	0.0000	-1.0000	1.0000	0	-1.0000	0	0	-0.8571	1.0000	-1.1429	98.5714	
X1	6.0000	1.0000	0.1429	0.0000	0	0	0	0	0	0	-0.1429	0	0.1429	1.4286	
Slack_C4	0	0	1.1429	0.0000	0	0	0	0	1.0000	0	-0.1429	0	0.1429	1.4286	
Slack_C5	0	0	-6.1429	0.0000	0	0	0	-1.0000	0	1.0000	0.1429	1.0000	-1.1429	118.5714	
X3	1.0000	0	0	1.0000	0	0	0	0	0	0	1.0000	0	0	10.0000	
	C(j)-Z(j)	0	-38.8571	0	0	0	0	-7.0000	0	0	-6.1429	7.0000	-8.8571	-M	
	* Big M	0	0	0	0	0	0	0	0	0	0	-1.0000	-1.0000	0	

图 3.16　第四次迭代结果

也可以人工选择进基变量，或直接显示最终单纯形表为图 3.17。

	20:29:58		2006-12-13 20:29:58 下午	2006-12-13 20:29:58 下午	2006-12-13 20:29:58 下午	2006-12-13 20:29:58 下午		
	Decision Variable	Solution Value	Unit Cost or Profit c(j)	Total Contribution	Reduced Cost	Basis Status	Allowable Min. c(j)	Allowable Max. c(j)
1	X1	1.4286	6.0000	8.5714	0	basic	-266.0000	49.0000
2	X2	0	5.0000	0	-38.8571	at bound	-M	43.8571
3	X3	20.0000	1.0000	20.0000	0	basic	-5.1429	M
4	X4	-98.5714	7.0000	-690.0000	0	at bound	-M	7.0000
	Objective	Function	(Max.) =	-661.4285	(Note:	Alternate	Solution	Exists!!)
	Constraint	Left Hand Side	Direction	Right Hand Side	Slack or Surplus	Shadow Price	Allowable Min. RHS	Allowable Max. RHS
1	C1	-765.7142	<=	260.0000	1,025.7140	0	-765.7142	M
2	C2	150.0000	>=	150.0000	0	-7.0000	51.4286	M
3	C3	30.0000	=	30.0000	0	8.8571	20.0000	116.2500
4	C4	1.4286	>=	0	1.4286	0	-M	1.4286
5	C5	118.5714	>=	0	118.5714	0	-M	118.5714

图 3.17　最终结果

补充：用 Excel 求解

Excel 是微软公司推出的一种强有力的电子表格软件，用于生成和打印各种电子表格，进行一些商务数据的处理。Excel 从最初的 Excel 5. 0 到目前的 Excel2007，功能不断增强，除了一般计算、图表制作功能外，还拥有强大的数据分析能力和商务统计能力，“规划求解”也是它的一个实用的求解工具，它能优化求解一般的线性或非线性规划问题。

用 Excel “规划求解” 功能求解规划问题的一般步骤如下。

（1）定义变量

打开一个新工作薄，在一页新表上空行中依次输入"Z"及各设计变量，然后选中本行及下相邻一行，打开"插入"→"名称"→"指定"对话框，选择"首行"单击"确定"。

（2）输入目标函数

在已定义的单元格（"Z"下方）内输入目标函数公式，注意公式必须以"="开头。

（3）输入约束条件

假设有 m 个约束条件，定义变量 CON1~CONm（共 m 个），并在相应的单元格内输入对应的约束公式，约束公式可以是"≥0"，"≤0"和"="的形式。注意：变量自身的约束也应记入约束条件。

（4）输入初始变量值

在已定义的设计变量单元格内输入相应的初始值。

（5）规划求解

现在一切电子表格内准备工作已做好，打开"工具"菜单"规划求解"对话框（如没有，单击"工具"—"添加宏"，选中"规划求解"即可）。在目标单元格中输入"F"或选中已定义的 F 单元格；在"等于"栏中选"最大值"或"最小值"；在可变单元格中输入设计变量所在单元格位置，也可直接选中变量所在单元格；单击"添加"，依次选定约束条件所在单元格（即 CON 1~CONm），选择相应关系符，在"约束值"中输入 0，其余类推；在选项中选定精度及估计方法等；最后单击"求解"按钮，Excel 开始优化目标函数值，屏幕下方状态栏可见目标函数值的变化情况，直至得到最优值为止。如果操作正确，Excel 将提醒用户已得到满足所有约束的最优值，单击"确定"，优化结果显示在工作表上。

具体步骤：

（1）定义变量

在新工作表的某行中依次输入 Z，X1，X2，X3，X4，然后选定本行及下行至"X4"处，打开"插入"—"名称"—"指定"命令对话框，选择"首行"，单击"确定"按钮。

（2）输入目标函数

在定义的"Z"单元格内输入目标函数"=6*_X1+5*_X2+_X3+7*_X4"；注意"_X1"是输入时点击变量 X1 相应单元格内的数值，表示"X1"对应下方单元格内数值，余类推。

（3）输入约束条件

首先定义变量 CON1~CON10，在其对应的单元格内输入约束条件公式。

第一个约束条件可写成"=260-(_X1+2*_X2+6*_X3+9*_X4)"；

第二个约束条件可写成"=150-(8*_X1-5*_X2+2*_X3-_X4)"；

第三个约束条件可写成"=30-(7*_X1+_X2+_X3)"；

第四个约束条件可写成"=_X1-_X2"；

第五个约束条件可写成"=_X3-_X4"；

第六个约束条件分为两个，

$x_3 \leq 20$ 对应第六个约束 "=20-_X3";
$10 \leq x_3$ 对应第七个约束 "=_X3-10";
第八个约束条件可写成 "=_X1";
第九个约束条件可写成 "=_X2";
第十个约束条件可写成 "=_X3"。

（4）输入初始变量值

给已知变量输入初值，这里，X1，X2，X3，X4 的值可全部输入 1。

（5）规划求解

打开"工具"菜单的"规划求解"对话框，在目标单元格中输入"Z"或选中已定义的 Z 单元格；选择"最大值"；在可变单元格中选定 X1，X2，X3，X4 对应的下方一系列变量所在单元格，单击"添加"，依次选定条件所在单元格（即 CON 1~CON 10），选择相应的"≥、≤或＝"关系符，在"约束值"中输入"0"，余相似。最后单击"求解"按钮，当 Excel 提醒已得到最优值时，单击"确定"按钮，优化结果显示在工作簿上，如表 3-5。

表 3-5 输出结果

	Z	X1	X2	X3	X4
	-661.4286	1.4286	0.0000	20.0000	-98.5714
CON1	1025.7143				
CON2	0.0000				
CON3	0.0000				
CON4	1.4286				
CON5	118.5714				
CON6	0.0000				
CON7	10.0000				
CON8	1.4286				
CON9	0.0000				
CON10	20.0000				

结果目标函数值显示为分别为-661.4286；X1，X2，X3，X4 的值分别为 1.4286，0，20 和-98.5714。比较一下图 3.9，可见与 WinQSB 的求解结果一致。

【小结】

本章首先介绍了线性规划的一般模型及用图解法求解线性规划的方法；其次介绍了线性规划问题的标准形、标准化（非标准形过渡到标准形）；在线性规划问题的求解方法中重点介绍了单纯形法，作为了解简单介绍了大 M 法和两阶段法；在最后的上机练习部分，主要介绍了利用 WinQSB 软件求解 LP 问题，同时补充了利用 Excel 求解线性规划问题的方法。

【附表】　LP 常用术语英汉对照

Alternative Solution exists	存在替代解，有多重解
Basic and Nonbasic Variable	基变量和非基变量
Basis	基
Basis Status	基变量状态，提示是否为基变量
Branch-and-Bound Method	分支定界法
$C_j\text{-}Z_j$	检验数
Combined Report	组合报告
Constraint Summary	约束条件摘要
Constraint	约束条件
Constraint Direction	约束方向
Constraint Status	约束状态
Decision Variable	决策变量
Dual Problem	对偶问题
Entering Variable	入基（进基）变量
Feasible Area	可行域
Feasible Solution	可行解
Infeasible	不可行
Infeasibility Analysis	不可行性分析
Leaving Variable	出基变量
Left-hand Side	左端
Lower or Upper Bound	下界或上界
Minimum and Maximum Allowable C_j	最优解不变时，价值系数允许变化范围
Minimum and Maximum Allowable RHS	最优基不变时，资源限量允许变化范围
Objective Function	目标函数
Optimal Solution	最优解
Parametric Analysis	参数分析
Range and Slope of Parametric Analysis	参数分析的区间和斜率
Reduced Cost	非基变量增加一个单位时目标函数改变量
Range of Feasibility	可行区间
Range of Optimality	最优区间
Relaxed Problem	松弛问题
Relaxed Optimum	松弛最优

Right-hand Side	右端常数
Sensitivity Analysis of OBJ Coefficients	目标函数系数的灵敏度分析
Sensitivity Analysis of Right-Hand-Sides	右端常数的灵敏度分析
Shadow Price	影子价格
Simplex Method	单纯形法
Slack, Surplus or Artificial Variable	松弛变量，剩余变量或人工变量
Solution Summary	最优解摘要
Subtract (Add) More Than This From A(i,j)	减少（增加）约束系数，调整工艺系数
Total Contribution	总体贡献，目标函数伪的值
Unbounded Solution	无界解

【习题】

1. 将以下线性规划问题转化为标准形式

（1） $\min Z = -3x_1 + 5x_2 + 8x_3 - 7x_4$

$$\begin{cases} 2x_1 - 3x_2 + 5x_3 + 6x_4 \leq 28 \\ 4x_1 + 2x_2 + 3x_3 - 9x_4 \geq 39 \\ \quad\quad 6x_2 + 2x_3 + 3x_4 \leq -58 \\ x_1, x_3, x_4 \geq 0 \end{cases}$$

（2） $\max Z = 50x_1 + 80x_2 + 30x_3 + 40x_4 + 15x_5$

$$\begin{cases} 500x_1 + 1000x_2 + 100x_3 + 300x_4 + 80x_5 \leq 20000, \\ x_1 + x_2 \geq 8, \\ x_3 + x_4 \geq 15, \\ 500x_1 + 1000x_2 \leq 12000, \\ x_1 \leq 16, x_2 \leq 10, x_3 \leq 24, x_4 \leq 4, 15 \leq x_5 \leq 25, \\ x_1, x_2, x_3, x_4, x_5 \geq 0 \end{cases}$$

（3） $\max Z = 50x_1 + 80x_2 + 70x_3$,

$$\begin{cases} 12x_1 + 7x_2 + 8x_3 \leq 8000, \\ 2x_1 + 3x_2 + 4x_3 \leq 1500, \\ x_1 + x_2 + x_3 \leq 1000, \\ 100 \leq x_1 \leq 200, x_2 \geq 300, x_3 \geq 200 \\ x_1, x_2, x_3 \geq 0. \end{cases}$$

（4） $\max Z = 50x_1 + 80x_2 + 70x_3$

$$\begin{cases} 12x_1 + 7x_2 + 8x_3 \leqslant 8000, \\ 2x_1 + 3x_2 + 4x_3 \leqslant 1500, \\ x_1 + x_2 + x_3 \leqslant 1000, \\ 100 \leqslant x_1 \leqslant 200, \ x_2 \geqslant 300, \ x_3 \geqslant 200 \\ x_1, x_2, x_3 \geqslant 0. \end{cases}$$

（5） $\min Z = 3.6x_1 - 5.2x_2 + 1.8x_3$

$$\begin{cases} 2.3x_1 + 5.2x_2 - 6.1x_3 \leqslant 15.7 \\ 4.1x_1 + 3.3x_3 \geqslant 8.9 \\ x_1 + x_2 + x_3 = 38 \\ x_1, x_2, x_3 \geqslant 0 \end{cases}$$

2．求解以下线性规划

（1） $\max Z = 5x_1 + 2x_2 + 3x_3 - x_4$

$$\begin{cases} x_1 + 2x_2 + 3x_3 = 15 \\ 2x_1 + x_2 + 5x_3 = 20 \\ x_1 + 2x_2 + 4x_3 + x_4 = 26 \\ x_1, x_2, x_3, x_4 \geqslant 0 \end{cases}$$

（2） $\min Z = 2x_1 + 3x_2 + 4x_3$

$$\begin{cases} x_1 + 2x_2 + x_3 \geqslant 3 \\ 2x_1 - x_2 + x_3 \geqslant 4 \\ x_1, x_2, x_3 \geqslant 0 \end{cases}$$

3．已知某求极大化线性规划问题用单纯形法求解时的初始单纯形表及最终单纯形表如表 3-6 所示，求表中各括弧内未知数的值。

表 3-6

$C_j \to$			3	2	2	0	0	0
C_B	x_b	b	x_1	x_2	x_3	x_4	x_5	x_6
0	x_4	(b)	1	1	1	1	0	0
0	x_5	15	(a)	1	2	0	1	0
0	x_6	20	2	(c)	1	0	0	1
$C_j - Z_j$			3	2	2	0	0	0
⋮					⋮			
0	x_4	5/4	0	0	(d)	(l)	-1/4	-1/4
3	x_1	25/4	1	0	(e)	0	3/4	(i)
2	x_2	5/2	0	1	(f)	0	(h)	1/2
$C_j - Z_j$			0	(k)	(g)	0	-5/4	(j)

4. 有线性规划问题

$$\max Z = -5x_1 + 5x_2 + 13x_3$$

$$\begin{cases} -x_1 + x_2 + 3x_3 \leqslant 20 & (i) \\ 12x_1 + 4x_2 + 10x_3 \leqslant 90 & (ii) \\ x_1, x_2, x_3 \geqslant 0 \end{cases}$$

先用单纯形法求出最优解,然后分析在下列各种条件下,最优解分别有什么变化?
(1) 约束条件 (i) 的右端常数由 20 变为 30;
(2) 约束条件 (ii) 的右端常数由 90 变为 70;
(3) 目标函数中 x_3 的系数由 13 变为 8;

5. 某拖拉机厂与农机供销站签订了一项生产 100 台某型小型拖拉机的合同。按合同规定,该厂要在今后 4 个月内的每月内各交付一定台数的拖拉机。为此,该厂生产计划科根据本厂实际情况列出了一个生产进高度数据表 3-7 如下。若生产出来的拖拉机每存储一月需费用 100 元/台,则该厂应如何制定最经济的生产进度?

表 3-7

月份	合同规定交付台数	生产能力(台)	单台成本(百元)
1	15	30	50
2	25	35	52
3	35	45	51
4	25	20	53
合计	100	130	/

6. 某厂准备生产 A、B、C 三种产品,各种产品原料消耗量、机械台时占用量、单位产品盈利等数据如表 3-8 所示。

表 3-8

产品资源	A	B	C	资源限量
原料(公斤)	1.0	1.5	4.0	2000
机械台时(台时)	2.0	1.2	1.0	1000
单位盈利(元/公斤)	10	14	12	

根据客户订货,三种产品最低月需求量分别为 200、250、100 件;又根据工厂生产部门预测,三种产品最大生产能力分别为 250、300、150 件;试建立月份盈利最大的最优化模型。

7. 长成家电公司准备将一种新型电视机在三家商场进行销售,每一个商场的批发价和推销费及产品的利润如表 3-9 所示。由于该电视机的性能良好,各商场都纷纷争购,但公司每月的生产能力有限，只能生产 1000 台，故公司规定：铁路商场至少经销 300 台，水上商场至少经销 200 台，航空商场至少经销 100 台，至多 200 台。公司计划在一个月内的广告预算费为 8000 元，推销人员最高可用工时数为 1500。同时，公司只根据经销数进行生产，试问公司下个月的市场对策？

表 3-9

经销商场	销售利润（元/台）	广告费（元/台）	工时（小时/台）
航空商场	50	12	2
铁路商场	80	7	3
水上商场	70	8	4

8. 明兴公司生产甲、乙、丙三种产品，都需要经过铸造、机加工和装配三个车间。甲、乙两种产品的铸件可以外包协作，亦可以自行生产，但产品丙必须本厂铸造才能保证质量。数据如表 3-10 所示。问：公司为了获得最大利润，甲、乙、丙三种产品各生产多少件？甲、乙两种产品的铸造中，由本公司铸造和由外包协作各应为多少件？

表 3-10

项目 \ 产品	甲	乙	丙	资源限制
铸造工时（小时/件）	5	10	7	8000
机加工工时（小时/件）	6	4	8	12000
装配工时（小时/件）	3	2	2	10000
自产铸件成本（元/件）	3	5	4	
外协铸件成本（元/件）	5	6	--	
机加工成本（元/件）	2	1	3	
装配成本（元/件）	3	2	2	
产品售价（元/件）	23	18	16	

9. 某厂准备用五种原料（A、B、C、D、E）冶炼一种新型合金。各种原料含有铅、锌、锡的成份及原料单价如表 3-11 所示。

表 3-11

原料成份	A	B	C	D	E
铅（%）	30	10	50	10	50
锌（%）	60	20	20	10	10
锡（%）	10	70	30	80	50
单价（元/公斤）	9	7	9	10	8

要求新型合金含铅 30%，含锌 20%，含锡 50%。试建立合金耗费最小的配料最优化模型。

10. 某厂准备生产 A、B、C 三种产品，各种产品原料消耗量、机械台时占用量、资源消耗及单位产品盈利等数据如表 3-12 所示。

表 3-12

产品资源	A	B	C	资源限量
原料（公斤）	1	1.5	4	2000
机械台时（台时）	2	1.2	1	1000
单位盈利（元/公斤）	10	14	12	

根据客户订货，三种产品最低月需求量分别为 200、250、100 件；又根据工厂生产部门预测，三种产品最大生产能力分别为 250、300、150 件；试建立月份盈利最大的最优化模型。

11. 已知某求极大化线性规划问题用单纯形法求解时的初始单纯形表及最终单纯形表如表 3-13 所示，求表中各括弧内未知数的值。

表 3-13

C_B	基	b	$C_j \to$					
			3	2	2	0	0	0
			x_1	x_2	x_3	x_4	x_5	x_6
0	x_4	(b)	1	1	1	1	0	0
0	x_5	15	(a)	1	2	0	1	0
0	x_6	20	2	(c)	1	0	0	1
	$C_j - Z_j$		3	2	2	0	0	0
	⋮							
0	x_4	5/4	0	0	(d)	(l)	-1/4	-1/4
3	x_1	25/4	1	0	(e)	0	3/4	(i)
2	x_2	5/2	0	1	(f)	0	(h)	1/2
	$C_j - Z_j$		0	(k)	(g)	0	-5/4	(j)

12. 线性规划问题 $\max Z = CX$, $AX = b$, $X \geqslant 0$，如 X^* 说是该问题的最优解，又 $\lambda > 0$ 为某一常数，分别讨论下列情况时最优解的变化。

（1）目标函数变为 $\max Z = \lambda cX$；

（2）目标函数变为 $\max Z = (C+\lambda)X$；

（3）目标函数变为，约束条件变为 $\max Z = X$，约束条件变为 $AX = \lambda b$。

第 4 章 物流存储技术

本章提要
- 存储论的基本知识;
- 经典经济批量模型、非瞬时进货的经济批量模型、允许缺货的经济批量模型、定价有折扣的经济批量模型的建立及求解;
- 以上模型的软件求解方法。

存储论(Inventory Theory)是研究存储系统的性质、运行规律及最优运营的一门理论,它是运筹学的一个分支。

对存储论的研究最早始于 19 世纪末对银行现金保有量的研究。以后随着生产的发展,企业库存物资的增加以及库存范围的扩大,人们越来越认识到存储问题的重要性。存储论及其应用已经变成现代化管理的重要内容之一。在国外,存储论的应用已经推广到了除存储、采购和订货等较典型的存储问题之外的更加广泛的领域。根据 1974 年美国对一些企业不完全的统计资料表明,运用存储理论的企业已经达到 90.7%。近年来,在我国一些工业企业中,从经济发展的国情出发,将 ABC 分级管理、各种确定型与随机型的库存控制方法应用于物流仓储工作的实践,有的企业已经建立了包括存储管理在内的物资管理信息系统,存储管理水平得到不断提高。

本章只介绍单一货物确定型的存储模型及有关的基本概念。

4.1 存储论概述

在工业部门、商业部门、军事部门及各行各业的大大小小的系统的运行过程中,存储都是一个不可或缺的重要环节。工厂若无原材料储备则会造成停产损失;商店若无商品储备则会脱销,这不仅影响商店的经济效益,还会直接影响居民的正常生活;军队若无军备,则不仅影响平时军训,而且战时将蒙受重大的损失。但储备物品过多,不仅会影响资金周转率,从而降低经济效益,而且存储活动本身也需要消耗人、财、物力,因而会提高存储费用。因此,如何保持合理的存储水平,使总的损失费用达到最小,便是存储论需要解决的主要问题。

4.1.1 存储论研究的对象

存储论主要研究存储问题中以下两方面的问题,即何时订货(补充库存),以及每次订多少货(补充多少库存)。这两个问题概括了存储活动中"期"与"量"两个关键点。实践中针对不同的存储问题,虽然有不同的要求,但都是在经济合理或某些特定的前提下,依据大量统计资料,将具体的存储问题加以概括和抽象,建立相应的存储数学模型并对模型进行优化,以得到这两个问题的解答,做出正确的存储决策。

考虑以上两个问题时,实际的出发点有两类:一类是从经济性出发,研究分析存储费用中的存储费,订货费和缺货费之间的相互关系,在存储总费用最小的前提下确定最佳的订货量;另一类是从安全性出发,研究在生产连续性均衡进行的前提下合理的物资存储量,以防止库存出现缺货现象和超储积压现象。

4.1.2 存储论的基本概念

为了对存储论有一个概括性的了解,下面说明存储论中最基本的概念。

(1)需求。为了满足生产的需要,需不断地将库存输出给需要单位,需求就是库存的输出。单位时间的需求量或需求率,一般以 d 表示。输出的方式可能是均匀连续的,也可能是间断瞬间式的,图 4.1 为这两种不同输出方式的示意图。

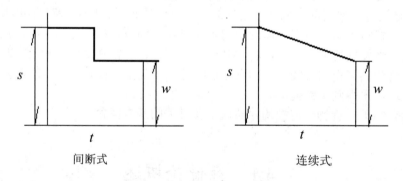

图 4.1 存储系统输出模式

(2)订货批量 Q。存储系统根据需求,为补充某种物资的存储量而向供货厂商一次订货或采购的数量。

(3)报警点 s。又称订货点。该点库存量和提前订货时间是相对应的,当库存量下降到这一点时,必须立即订货,当所定的货物尚未到达并入库之前,存储量应能按照既定的服务水平满足提前订货时间的需求。

(4)安全库存量 ss。又称保险储备量。由于需求量 d 和提前订货时间 t 都可以是随机变量,因此,提前订货时间需求量 dt 也是随机变量,其波动幅度可能大大超过其平均值,为了预防和减少这种随机性造成的缺货，必须准备一部分库存，这部分库存称为安全库存量。只有出现缺货情况时，才动用安全库存。

（5）最高库存量 S。在提前订货时间可以忽略不计的存储模型中，S 指每次到货后所达到的库存量。当存在提前订货时，S 指发出订货要求后库存应该达到的数量，由于此时并未实际到货，所以，该最高库存量又称名义库存量。

（6）订货周期 t。两次订货的时间间隔或订货合同中规定的两次进货之间的时间间隔。

（7）记账间隔期 R。指库存记账制度中的间断记账所规定的时间，即每隔 R 时间，整理平时积欠下来的发料原始凭据，进行记账，得到账面结存数以检查库存量。

4.1.3 常用的存储策略

目前常用的存储策略基本上可以分为两种类型，即定量订购和定期订购。

1. 定量订购制

泛指通过公式计算或经验求得报警点 s 和每次订货量 Q，并且每当库存量下降到 s 点时，就进行订货的存储策略。通常使用的有 (Q, s) 制、(S, s) 制、(R, S, s) 制等。

（1）(Q, s) 制库存控制策略。采用这种策略需要确定订货批量 Q 和报警点 s 两个参数。(Q, s) 属于连续监控制（又称连续盘点制），即每供应一次就结算一次，得出一个新的账面数字并与报警点 s 进行比较，当库存量达到 s 时，就立即以 Q 进行订货。

（2）(S, s) 制库存控制策略。这种策略是 (Q, s) 制的改进，需要确定最高库存量 S 及报警点 s 两个参数，(S, s) 制属于间隔监控制，当库存量达到或低于 s 时，就立即订货，使订货后的库存量达到 S，因此每次订货的数量 Q 是不固定的。

（3）(R, S, s) 制库存控制策略。这种策略需要确定记账间隔期 R、最高库存 S 和报警点 s 三个参数。(R, S, s) 属于间隔监控制，即每间隔 R 时间整理账面，检查库存，当库存等于或低于 s 时，应立即订货使订货后的库存量为 S，因而每次实际订购批量是不同的，当检查实际库存量高于 s 时，不采取订货措施。

2. 定期订货制

即每经过一段固定的时间间隔 t（称订购周期）就补充订货使存储量达到某种水平的存储策略。常用的有 (t, S) 制。

(t, S) 制库存控制策略需要确定订购间隔期 t 和最高库存 S 两个参数，属于间隔监控制，即每隔时间 T 检查库存，根据剩余存储量和估计的需求量确定订货量 Q，使库存量恢复到最高库存 S。

定量订货制和定期订货制的基本区别是：定量订货模型是"事件驱动"，而定期订货模型是"时间驱动"。也就是说，定量订货模型是当规定的再订货事件发生后再进行订货，这种事件,有可能随时发生,主要取决于对该物资的需求情况。相比较而言,定期订货模型只限于在预定时期期末进行订货,是由时间来驱动的。

运用定量订货模型时(当库存量降低到再订货点 s 时,就进行订货),必须连续监控剩余库存量。他要求每次从库存里取出货物或往库存里增添货物时,必须刷新纪录以确定是否达到再订购点。而在定期订货模型中,库存量点只在盘点期发生。

两种系统的其他区别因素见表 4-1。

表 4-1 定量订货模型与定期订货模型的比较

特征	经济订购模型 Q	定期订货模型 P
订购量	Q 是固定的(每次订购量相同)	Q 是变化的(每次订货量不同)
何时订购	R,即在库存量降低到再订货点时	T,即在盘点期到来时
库存记录	每次出库都作记录	只在盘点期记录
库存大小	比定期订货规模小	比定量订货规模大
维持所需时间	由于记录持续,所以较长	
物资类型	昂贵、关键或重要物资	

4.1.4 存储模型的类型

1. 确定型与随机型模型

凡需求量 d、提前订货时间 t 为确定已知的存储问题所构成的存储模型为确定型。凡上述二者之一或全部为随机变量的存储问题构成的存储模型为随机型。

例如,商店经销某种日用品,该日用品的需求量服从某一随机分布规律。则该日用品的存储模型就是随机型的;又如修路需某种型号的水泥,其每日需求量基本上是固定的,供货水泥厂货源充足,用料单位组织进料运输,因此可以认为需求量、提前订货时间均为确定已知的,该种水泥的存储模型就是确定型。

确定型存储模型中,又可分为需求不随时间变化和需求随时间变化两种类型;同样,随机型存储模型也可根据需求量是否随时间变化分为两类。

事实上,绝对的确定型是不存在的。在实际存储问题中,D,t 或多或少总会有一些波动的。一般,设随机变量 x 的均值为 $\bar{x}$,标准差为 σ_x,只要变异系数 $c_x = \sigma_x \sqrt{x}$ 小于 0.1~0.2,随机变量 x 就可以当作确定型变量来对待。实际中,如生产企业按物资消耗定额核定的物资需求量,基本建设工程中按设计预算得到的物资需求量,有固定可靠供销关系的物资的提前定货时间等,都可以本着这个原则进行分析处理。

2. 单品种与多品种库存模型

一般地,将数量大、体积大又占用金额多的物资单独设库管理,称为单品种库。如木材、水泥、焦炭、煤等,这类库存往往占用大量资金,要采用比较精细的方法来计算其存储控制参数。

有些物资是多品种存放在一个仓库里的，称为多品种库，如钢材库、电器元件库、配件库、有色金属库等。多品种库的存储不可能逐一计算每种物资的库存控制参数，可以将库存物资按其占用金额进行 ABC 分类进行存储管理。由于流动资金定额一般是按仓库下达的，所以多个品种物资存放在一个仓库时，往往存在资金约束及仓库容积约束，这样的存储模型称为带约束的存储问题。

3. 单周期与多周期存储模型

有的物资必须购进后一次全部供应或售出，否则就会造成经济损失，这类存储问题的模型称为单周期存储模型，如报纸、年历等时令性物品以及防洪、防冻季节性物资构成的模型。

有的物资多次进货多次供应，形成进货—供应消耗—再进货—再供应消耗，周而复始的形成多周期特点的存储问题的模型称为多周期存储模型。

4.2 经济批量模型

经济批量模型（Economic Order Quantity），简记为 EOQ，也成为哈里斯模型，或哈里斯—威尔逊模型。该模型属于单产品静态确定型多周期存储模型，适用于整批间隔进货的存储问题，即由于存储策略是使存储总费用最小的经济原则来确定订货批量，故称为经济批量订货模型。

4.2.1 经典经济批量模型

1. 假设条件

模型建立在如下假设之上。
（1）物资以一定的速度被消耗，单位时间的消耗量为 d；
（2）不允许缺货，因此在库存消耗完时应立即补充，而进货提前期时间很短，可视为 0，即每次进货能在瞬间全部入库；
（3）在每一运营周期 t 的初始时刻进行补充，每次进货批量相同，均为 Q；
（4）订货时，存在与订货数量无关的固定订货费用 a；
（5）单位时间库存保管费用 h 与库存量成正比；
（6）研究期间为无限期间。

2. 模型的建立

根据上述条件可知：$I(\tau) = Q - d\tau$，$\tau \in [0, t]$；于是可以画出该系统的存储状态图（见图 4.2）。图中 L 是订货提前期，当每个运营周期 t 内存贮状态 $I(\tau) = Ld$ 时就立即订货，这样就可保证 $I(\tau) = 0$ 时，将存储立即补充到最高水平 Q，易知 $Q = dt$。

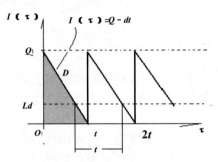

图 4.2 经典 EOQ 模型图

由图 4.2 可知，在 $[0, t]$ 时段内的存储量为

$$\int_0^t I(\tau) d\tau = \int_0^t (Q - d \times \tau) d\tau = Qt - \frac{1}{2}dt^2 = \frac{1}{2}Qt$$

再者，根据定积分的几何意义，上述定积分等于图 4.2 中阴影部分的三角形面积，这样立即可得上述结果。因此，在一个运营周期 t 内的保管费用为

$$C_H = \frac{1}{2}hQt$$

而订购费用为

$$C_O = a + cQ$$

由于不允许缺货，无缺货现象，也无此项费用，故一个周期 t 内的运营费用 C_T 只包括上述两项费用为

$$C_T = C_H + C_O = \frac{1}{2}hQt + a + cQ$$

而单位时间的平均运营费用为

$$f = \frac{C_T}{t} = \frac{1}{2}hQ + \frac{a}{t} + \frac{cQ}{t} \tag{4.1}$$

式中有 Q，t 两个决策变量。因 $Q = dt$，故 $t = Q/d$，代入上式得

$$f(Q) = \frac{1}{2}hQ + \frac{ad}{Q} + cd \tag{4.2}$$

为了求得 $f(Q)$ 的极小点，求一阶导数

$$f'(Q) = \frac{1}{2}h - \frac{ad}{Q^2} = 0$$

解得驻点

$$Q^* = \sqrt{\frac{2ad}{h}} \tag{4.3}$$

（因为 $Q>0$，所以根号前取正号。）再由二阶导数

$$f''(Q) = \frac{2ad}{Q^3} > 0 \quad (Q>0)$$

可知：式（4-3）给出的 Q^* 为 f 在 $Q\in(0,\infty)$ 上的全局唯一极小点。而最佳运营周期为

$$t^* = \frac{Q^*}{d} = \sqrt{\frac{2a}{hd}} \tag{4.4}$$

最优值（最小平均运营费用）为

$$f^* = \sqrt{2adh} + cd \tag{4.5}$$

式 4-3 为经典经济批量公式，也称为哈里斯—威尔逊公式；式 4-5 为最小平均运营费用，当式 4-2 中 $f(Q)$ 的 Q 取 Q^* 时，二者的费用值相等，即 $f(Q^*) = f^*$。

【例 4.1】 某工厂需要某种元件，不允许缺货，年需用量 1800 件，每订购一次，每次订货费用 25 元，假设能够瞬时进货，每件元件的定购价格为 4 元，每件元件每年的存储费为 0.25 元，问如何组织进货。

解：d=1800 件/年，a=25 元/次，h=0.25 元/件/年，c=4 元/件。

经济订购批量：$Q^* = \sqrt{\dfrac{2ad}{h}} = \sqrt{\dfrac{2\times 25\times 1800}{0.25}} = 600$ 件。

最佳运营周期为：$t^* = \dfrac{Q^*}{d} = \dfrac{600}{1800} = \dfrac{1}{3} = 0.33$ 年=4 月。

最小平均运营费用为：$f^* = \sqrt{2adh} + cd = \sqrt{2\times 25\times 1800\times 0.25} + 4\times 1800 = 7350$ 元。

年订购次数为：$n^* = \dfrac{1}{t^*} = \dfrac{1}{1/3} = 3$ 次。

即该种原件每 4 个月订购一次，每次订购 600 件。

4.2.2 非瞬时进货的经济批量模型

经典经济批量模型的假设条件是每次都能够瞬时进货，但实际运作中许多存储系统并非瞬时就能够入库的，例如订购的货物很多，不能一次运到，需要一段时间陆续入库；又如工业企业通过内部生产来实现补充时，也往往需要一段时间陆续生产出所需要量的零部件等等。而经常出现的一种情况是，从订购点开始的一段时间内，一方面，按一定速度入

库,另一方面,按生产或销售的一定速度出库,入库完毕时,达到最大库存量。除进货时间大于 0 外,4.2.1 的假设条件均成立。设

T—进货周期,即每次进货的时间($0<T<t$);

P—进货速率,即每单位时间内入库的货物数量($p>d$)。

根据瞬时进货的 EOQ 模型结合假设条件,可得非瞬时进货的 EOQ 模型状态图如图 4.3 所示。

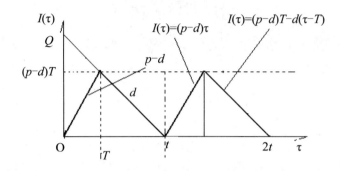

图 4.3 非瞬时进货的经济批量模型图

由上图可知,一个周期 $[0, t]$ 被分为两段:在 $[0, T]$ 存储状态开始,以 $p-d$ 的速率增加,到 T 时刻达到最高水平 $(p-d)T$,这时停止进货,而 pT 就是一个周期 t 内的总进货量 Q,即有 $Q=pT$;在 $[T, t]$ 内,存储状态从最高水平 $(p-d)T$ 以速率 d 减少,到时刻 t,降为 0。由模型 4.2.1 并结合定积分的几何意义,可知,每一周期的平均存储量为

$$\overline{Q} = \frac{1}{2}(p-d)Tt$$

每一周期 t 的保管费用为

$$C_H = \frac{1}{2}h(p-d)Tt$$

而订购费用为

$$Co = a + cQ$$

故每一周期 t 的运营费用为

$$C_T = \frac{1}{2}h(p-d)Tt + a + cQ$$

而每一单位时间内的平均运营费用为

$$f = \frac{C_T}{t} = \frac{1}{2}h(p-d)T + \frac{a}{t} + \frac{cQ}{t} \tag{4.6}$$

式中三个决策变量 Q, t, T,易知他们之间有下述关系:

$$Q = Tp = dt$$

故
$$T = \frac{Q}{p} \quad t = \frac{Q}{d}$$

代入（4-6）式得
$$f(Q) = \frac{1}{2}h(1-\frac{d}{p})Q + \frac{ad}{Q} + cd \tag{4.7}$$

由一阶条件
$$f'(Q) = \frac{1}{2}h(1-\frac{d}{p}) - \frac{ad}{Q^2} = 0$$

解得驻点
$$Q^* = \sqrt{\frac{2ad}{h(1-\frac{d}{p})}} \tag{4.8}$$

由二阶条件易知 Q^* 为 f 在 $Q \in (0, \infty)$ 上的全局唯一极小点。于是有
$$t^* = \frac{Q^*}{d} = \sqrt{\frac{2a}{hd(1-\frac{d}{p})}} = \sqrt{\frac{2ap}{hd(p-d)}} \tag{4.9}$$

$$T^* = \frac{Q^*}{p} = \sqrt{\frac{2ad}{hp(p-d)}} \tag{4.10}$$

$$f^* = \sqrt{2ahd(1-\frac{d}{p})} + cd \tag{4.11}$$

当 $p \to \infty$ 时，由上述公式易知：$T^* \to 0$，而 Q^*，t^*，f^* 与模型 4.2.1 完全一致。

【例 4.2】 承例 4.1，假设该厂的供应商每天只能供给该厂 100 件元件，试求该厂今年对该元件的最优存储策略，每年按 360 天计。

解：由题意知，供货速率：$p = 100$ 件/天 $= 36000$ 件/年，其他数据同例 4.1，
$$(1-\frac{d}{p}) = 1 - \frac{1800}{36000} = 0.95$$

由公式可得
$$Q^* = \sqrt{\frac{2ad}{h(1-\frac{d}{p})}} = \sqrt{\frac{2 \times 25 \times 1800}{0.25 \times 0.95}} = 616 \text{ 件。}$$

$$t^* = \frac{Q^*}{d} = \frac{616}{1800} = 0.342 \text{年 。}$$

$$T^* = \frac{Q^*}{p} = \frac{616}{36000} = 0.017 \text{ 年}。$$

$$f^* = \sqrt{2ahd(1-\frac{d}{p})} + cd = \sqrt{2 \times 25 \times 0.25 \times 1800 \times 0.95} + 4 \times 1800 = 7346.2 \text{（元/年）}。$$

$$t^* = \frac{1}{n^*} = \frac{d}{Q^*} = \frac{1800}{616} = 2.92 \text{次}。$$

由于订货次数需要为正整数，因此，下面比较 $n=2$ 与 $n=3$ 时的运营费用。

$n=2$ 时，$Q = \frac{1800}{2} = 900$ 件，

$$f(Q) = \frac{1}{2}h(1-\frac{d}{p})Q + \frac{ad}{Q} + cd = f(900)$$

$$= \frac{1}{2} \times 0.25 \times 0.95 \times 900 + \frac{25 \times 1800}{900} + 4 \times 1800 = 7356.88$$

$n=3$ 时，$Q = \frac{1800}{3} = 600$ 件，

$$f(Q) = \frac{1}{2}h(1-\frac{d}{p})Q + \frac{ad}{Q} + cd = f(600)$$

$$= \frac{1}{2} \times 0.25 \times 0.95 \times 600 + \frac{25 \times 1800}{600} + 4 \times 1800 = 7346.25$$

从以上比较可知，$n=3$ 时，f（Q）最小，所以应该每年订货 3 次，

此时，$t^* = \frac{1}{n^*} = \frac{1}{3} = 0.333 \text{年} = 4 \text{月}$。

由以上两例可知，非即时补充时比即时补充，可降低运营费用 3.75 元。

4.2.3 允许缺货的经济批量模型

前两种模型是以不允许缺货为前提的，但对实际的存储系统来说，由于受各种客观条件限制，不缺货几乎很难实现。这样为保证不缺货，必然要求保有大量的库存，这无形中增加了存储费用开支；而缺货时，必然要求支付缺货损失费，但可以减少存储量，延长订货周期，因此综合考虑存储系统的总费用，适当采取缺货策略在某些方面也是可取的。因此，在这种情况下，不仅要确定经济订购批量 Q^*，还要确定最大允许缺货量 W^*。在这种模型下，根据进货条件，又可以分为整批瞬时进货和分批逐渐进货两种情形，这里我们只介绍整批瞬时进货情形。

整批瞬时进货的情形，前提条件允许缺货，但需要给付一定的缺货损失费 1（表示单位时间单位费用需要支付的缺货损失费），其余条件与经典的经济批量模型相同。

建立模型如下。

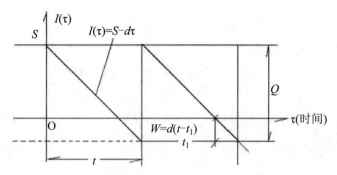

图 4.4 允许缺货瞬时进货的经济批量模型图

由图 4.4 可知，$[0,t]$ 内的存储量为 $\frac{1}{2}St_1$，所以保管费用为

$$C_H = \frac{1}{2}hSt_1$$

而 $[t_1,t]$ 内的缺货量为 $\frac{1}{2}W(t-t_1) = \frac{1}{2}d(t-t_1)^2$，即图 4.4 中横轴下三角形的面积；因 $[0,t_1]$ 内不缺货，故 $[0,t]$ 内的缺货费用为

$$C_S = \frac{1}{2}ld(t-t_1)^2$$

又知，订购费为

$$C_T = C_H + C_S + C_O = \frac{1}{2}hSt_1 + \frac{1}{2}ld(t-t_1)^2 + a + cQ$$

而单位时间平均运营费用为

$$f = \frac{1}{t}[\frac{1}{2}hSt_1 + \frac{1}{2}ld(t-t_1)^2] + \frac{a}{t} + \frac{cQ}{t}$$

易知，$S=dt_1$，$Q=dt$
代入上式得

$$f(t_1,t) = \frac{1}{t}[\frac{1}{2}hdt_1^2 + \frac{1}{2}ld(t-t_1)^2] + \frac{a}{t} + cd \tag{4.12}$$

上式极小值点的一阶条件为

$$\begin{cases} \dfrac{\partial f}{\partial t_1} = \dfrac{1}{t}[hdt_1 - ld(t-t_1)] = 0 \\ \dfrac{\partial f}{\partial t} = -\dfrac{1}{t^2}[\dfrac{1}{2}hdt_1^2 + \dfrac{1}{2}ld(t-t_1)^2] + \dfrac{1}{t}ld(t-t_1) - \dfrac{a}{t^2} = 0 \end{cases}$$

由上式中的第一个等式得

$$t_1 = \frac{l}{h+l}t \qquad ①$$

由上式中的第二个等式化简得

$$\frac{\partial f}{\partial t} = -\frac{1}{2}ld - \frac{1}{2t^2}(h+l)dt_1^2 - \frac{a}{t^2} \qquad ②$$

①代入②得

$$\frac{hld}{2(h+l)} - \frac{a}{t^2} = 0$$

由此可得

运营周期

$$t^* = \sqrt{\frac{2a(h+l)}{hld}}$$

有货时间

$$t_1^* = \frac{l}{h+l}t^* = \sqrt{\frac{2al}{hd(h+l)}}$$

经济订购批量

$$Q^* = dt^* = \sqrt{\frac{2ad(h+l)}{hl}}$$

最高库存量

$$S^* = dt_1^* = \sqrt{\frac{2ald}{h(h+l)}}$$

最大缺货量

$$W^* = Q^* - S^* = \frac{h}{h+l}Q^* = \sqrt{\frac{2ahd}{l(h+l)}}$$

最小平均运营费

$$f^* = \sqrt{\frac{2ahld}{h+l}} + cd$$

另外，把①代入 4-12 得

$$f(t) = \frac{hld}{2(h+l)}t + \frac{a}{t} + cd$$

或

$$f(Q) = \frac{1}{2}hQ\frac{l}{(h+l)} + \frac{ad}{Q} + cd$$

若不允许缺货，则 $l \to \infty$，$\frac{l}{(h+l)} \to 1$，则此时上述模型就变为模型 4.2.1 了。

【例 4.3】 承例 4.1，若允许元件缺货，且每只全年缺货费为购价的 10%试求最优策略、最大缺货量及最小费用。

解： 由题意知：

l =0.1，c=0.1×4=0.4 元/件/年；$h+l$ =0.25+0.4=0.65

其他参数与例 4.1 相同。

将参数带入公式得

运营周期 $t^* = \sqrt{\dfrac{2a(h+l)}{hld}} = \sqrt{\dfrac{2\times 25\times 0.65}{0.25\times 0.4\times 1800}} = 0.4249$ 年。

有货时间 $t_1^* = \dfrac{l}{h+l}t^* = \sqrt{\dfrac{2al}{hd(h+l)}} = \dfrac{0.4}{0.65}\times 0.4249 = 0.2615$ 年。

经济订购批量 $Q^* = dt^* = \sqrt{\dfrac{2ad(h+l)}{hl}} = 1800\times 0.4249 = 765$ 件。

最高库存量 $S^* = dt_1^* = \sqrt{\dfrac{2ald}{h(h+l)}} = 1800\times 0.2615 = 471$ 件。

最大缺货量 $W^* = Q^* - S^* = \dfrac{h}{h+l}Q^* = \sqrt{\dfrac{2ahd}{l(h+l)}} = 765 - 471 = 294$ 件。

最小平均运营费 $f^* = \sqrt{\dfrac{2ahld}{h+l}} + cd = \sqrt{\dfrac{2\times 25\times 0.25\times 0.4\times 1800}{0.65}} + 4\times 1800 = 7317.67$ 元。

因全年定购次数为

$$n^* = \dfrac{1}{t^*} = \dfrac{1}{0.4249} = 2.35 \text{次}。$$

非整数，为使用方便，比较 $n=3$ 和 $n=2$ 时的总费用值：

若 $n=3$，则 $t = \dfrac{1}{3}$，代入公式 $f(t) = \dfrac{hld}{2(h+l)}t + \dfrac{a}{t} + cd$ 得

$$f(\dfrac{1}{3}) = \dfrac{0.25\times 0.4\times 1800}{2\times 0.65}\times \dfrac{1}{3} + 3\times 25 + 4\times 1800 = 7321.15 \text{元}。$$

若 $n=2$，则 $t = \dfrac{1}{2}$，代入公式 $f(t) = \dfrac{hld}{2(h+l)}t + \dfrac{a}{t} + cd$ 得

$$f(\dfrac{1}{2}) = \dfrac{0.25\times 0.4\times 1800}{2\times 0.65}\times \dfrac{1}{2} + 2\times 25 + 4\times 1800 = 7319.23 \text{元}。$$

所以取 $n=2$，即全年订货 2 次，每个 6 个月订购一次，每次订货批量为

$$Q = 1800\times \dfrac{1}{2} = 900 \text{件}。$$

最高存储水平为

$$S = dt_1 = 1800\times \dfrac{0.4}{0.65}\times \dfrac{1}{2} = 554 \text{件}。$$

最大缺货量为

$$W = 900 - 554 = 346 \text{件}。$$

4.2.4 定价有折扣的经济批量模型

前面讨论的存储模型都是假定存储物资的单价是固定不变的,但在实际操作中往往物资的单价与订购数量有关,即当订购量达到一定数量时,单价可以有一定折扣,如销售部门为了促销,经常按不同的订购数量规定不同的优惠价格,当达到批发数量时批发价与零售价产生差价;当拼凑够整车时,整车与零担运费产生差额;当按不同批量生产时,产品的单位成本产生差额。如此等等,这类和订购数量大小有关的物资单价在建立存储模型时,称为价格折扣,这类价格有折扣的存储模型称为定价有折扣的经济批量模型。

在这种情况下,购价为关于订货量 Q 的分段函数 $c(Q)$。通常 $c(Q)$ 是一个分段函数,其一般形式为

$$c(Q) = \begin{cases} c_1, Q \in [0, Q_1) \\ c_2, Q \in [Q_1, Q_2) \\ \cdots\cdots \\ c_m, Q \in [Q_m, \infty) \end{cases}$$

其中,$c_1 > c_2 > \ldots > c_m, 0 = Q_0 < Q_1 < Q_2 < \ldots < Q_{m-1} < Q_m = \infty$,且 c_i,$Q_i (i=1, 2, \ldots, m)$ 均为常数。下面仅就模型 4.2.1 为例加以分析,其方法一样适用于其他模型。令

$$f_i = \frac{1}{2}hQ + \frac{ad}{Q} + c_i d, i=1, 2, \ldots, m$$

则目标函数为

$$f(Q) = f_i, Q \in [Q_{i-1}, Q_i), i=1, 2, \ldots, m$$

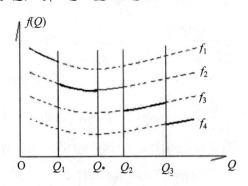

图 4.5 价格有折扣的存储模型图

如图 4.5 所示,$f(Q)$ 由以 Q_1,Q_2,$\cdots$,Q_m 为分界点的几条不连续线段组成,易知单价越高,曲线位置越高,寻找经济订购批量 Q^*,即在定义域 $0<Q<+\infty$ 范围内,找出总费用的最低点。其方法如下。

先求各种折扣价格 c_i 时的经济订货量。用经济订购批量公式求经济订购批量 Q^*_i

$$Q_i^* = \sqrt{\frac{2ad}{h_i}}$$

如果 Q_i^* 处于实线段中，即 $Q_i-1 \leq Q_i^* < Q_i$，则 Q_i^* 即该折扣单价 C_i 时的经济订购批量；如 Q_i^* 处于虚线段中，则靠近 Q_i^* 的那个实线段端点即该折扣单价时的经济订货批量。即

$$Q_i^* = \begin{cases} Q_{i-1}, 当 Q_i^* < Q_{i-1} 时 \\ Q_i^*, 当 Q_{i-1} \leq Q_i^* \leq Q_i 时 \\ Q_i, 当 Q_i \leq Q_i^* 时 \end{cases}$$

再求出不同折扣价格 c_i 时的经济订货批量 Q_i^* 后，其中使年存储总费用（包括购货款）最低的 Q_i^* 为最终选定的经济订货批量 Q^*。

下面说明在模型 4.2.1 的条件下经济订购批量 Q^* 的计算步骤。

（1）利用经济订购批量公式 $Q_i^* = \sqrt{\frac{2ad}{h_i}}$ 求出理论的经济订购批量

（2）选取可用的符合折扣范围的经济订购批量 Q_i。选择方法如下：若（1）中所得的 Q_i^* 在折扣区间内则 $Qi=Q_i^*$；若 Q_i^* 不在折扣区间范围内，则在折扣区间范围内选择 Q_i^* 最近的数量为 Qi。例如 Q_i^* =5000，相应的折扣区间为[3000，6000)，则因为 5000 在 3000 和 6000 之间，Qi=5000；又如 Q_i^* =5000 相应的折扣区间为[6000，8000)，则因为 5000 不在该范围内，则应选择[6000，8000)内，最接近于 5000 的那个数作为 Qi 即 Qi=6000。

（3）根据公式 $f(Q_i) = \frac{1}{2}hQ_i + \frac{ad}{Q_i} + c_i d$，将上一步确定的 Qi 代入公式求得多个 $f(Q_i)$，选取最小的 $f(Q_i)$ 即最小的总费用所对应的那个 Q_i，就是经济订购批量。

下面举例来说明计算过程。

【例 4.4】 其他条件同例 4.1，若元件供应商对于该元件的购价有如下规定：

订购数量（件）	定价（元）
Q<1000	5
1000≤Q<1500	4
1500≤Q<2000	3

且不允许缺货，瞬时进货，试求其经济订购批量。

解：（1）利用经济订购批量公式 $Q_i^* = \sqrt{\frac{2ad}{h_i}}$ 求出理论的经济订购批量

由于其他条件同例 4.1，因此 Q^*=600，在例 4.1 中已经计算出来

（2）选取各区间中的经济订购批量 Q_i

Q<1000 时，Q_1=600

1000≤Q<1500 时，Q_2=1000

$1500 \leq Q < 2000$ 时， $Q_3 = 1500$

（3）根据公式 $f(Q_i) = \frac{1}{2} h_i Q_i + \frac{ad}{Q_i} + c_i d$，将上一步确定的 Q_i 代入公式求得多个总费用 $f(Q_i)$。

$$f(Q_1) = \frac{1}{2} h_1 Q_1 + \frac{ad}{Q_1} + c_1 d = f(600) = f^* = 7350 \text{元}。$$

$$f(Q_2) = \frac{1}{2} h_2 Q_2 + \frac{ad}{Q_2} + c_2 d = f(1000) = \frac{1}{2} \times 0.25 \times 1000 + \frac{25 \times 1800}{1000} + 4 \times 1800 = 7370 \text{元}$$

$$f(Q_3) = \frac{1}{2} h_3 Q_3 + \frac{ad}{Q_3} + c_3 d = f(1500) = \frac{1}{2} \times 0.25 \times 1500 + \frac{25 \times 1800}{1500} + 3 \times 1800 = 5617.5 \text{元}。$$

显然 $f(Q_3)$ 最小，所以经济订购批量是 1500 件。这是肯定的，因为厂家采取分段定价策略的目的就是鼓励批量订购。

【例 4.5】 某企业每年采购某种商品 30000 箱，每次订货费 25 元，储存费用为商品价格的 20%，若该商品供应商对于该元件的购价有如下规定：

订购数量（件）	定价（元）
$Q \leq 3000$	0.21
$3000 < Q \leq 5000$	0.19
$5000 < Q \leq 7000$	0.17
$7000 < Q \leq 9000$	0.15
$Q > 9000$	0.13

且不允许缺货，瞬时进货，试求其经济订购批量。

解：（1）利用经济订购批量公式 $Q_i^* = \sqrt{\frac{2ad}{h_i}}$ 求出理论的经济订购批量。

$$Q_1^* = \sqrt{\frac{2ad}{h_1}} = \sqrt{\frac{2 \times 30000 \times 25}{0.21 \times 20\%}} = 5976 \text{箱}。$$

$$Q_2^* = \sqrt{\frac{2ad}{h_2}} = \sqrt{\frac{2 \times 30000 \times 25}{0.19 \times 20\%}} = 6283 \text{箱}。$$

$$Q_3^* = \sqrt{\frac{2ad}{h_3}} = \sqrt{\frac{2 \times 30000 \times 25}{0.17 \times 20\%}} = 6642 \text{箱}。$$

$$Q_4^* = \sqrt{\frac{2ad}{h_4}} = \sqrt{\frac{2 \times 30000 \times 25}{0.15 \times 20\%}} = 7701 \text{箱}。$$

$$Q_5^* = \sqrt{\frac{2ad}{h_5}} = \sqrt{\frac{2 \times 30000 \times 25}{0.13 \times 20\%}} = 7596 \text{箱}。$$

(2) 选取各区间中的经济订购批量 Q_i

$Q \leq 3000$ $Q_1 = 3000$
$3000 < Q \leq 5000$ $Q_2 = 5000$
$5000 < Q \leq 7000$ $Q_3 = 6642$
$7000 < Q \leq 9000$ $Q_4 = 7701$
$Q > 9000$ $Q_5 = 9001$

(3) 根据公式 $f(Q_i) = \frac{1}{2}h_iQ_i + \frac{ad}{Q_i} + c_id$，将上一步确定的 Q_i 代入求得多个总费用 $f(Q_i)$。

$$f(Q_1) = \frac{1}{2}h_1Q_1 + \frac{ad}{Q_1} + c_1d = f(3000)$$
$$= \frac{1}{2} \times 0.21 \times 20\% \times 3000 + \frac{25 \times 30000}{3000} + 0.21 \times 30000 = 6613 \text{ 元}$$

$$f(Q_2) = \frac{1}{2}h_2Q_2 + \frac{ad}{Q_2} + c_2d = f(5000)$$
$$= \frac{1}{2} \times 0.19 \times 20\% \times 5000 + \frac{25 \times 30000}{5000} + 0.19 \times 30000 = 5945 \text{ 元}$$

$$f(Q_3) = \frac{1}{2}h_3Q_3 + \frac{ad}{Q_3} + c_3d = f(6642)$$
$$= \frac{1}{2} \times 0.17 \times 20\% \times 6642 + \frac{25 \times 30000}{6642} + 0.17 \times 30000 = 5325.8 \text{ 元}$$

$$f(Q_4) = \frac{1}{2}h_4Q_4 + \frac{ad}{Q_4} + c_4d = f(7071)$$
$$= \frac{1}{2} \times 0.15 \times 20\% \times 7071 + \frac{25 \times 30000}{7071} + 0.15 \times 30000 = 4712.1 \text{ 元}$$

$$f(Q_5) = \frac{1}{2}h_5Q_5 + \frac{ad}{Q_5} + c_5d = f(9001)$$
$$= \frac{1}{2} \times 0.13 \times 20\% \times 9001 + \frac{25 \times 30000}{9001} + 0.13 \times 30000 = 4100.3 \text{ 元}$$

显然 $f(Q_5)$ 最小，所以经济订购批量是 9001 件。

4.3 上 机 练 习

W inQSB 软件可以求解表 4-2 所列 8 个方面的存储问题，内容丰富。

表 4-2

1. Deterministic Demand Economic Order quantity (EOQ) Problem	确定型需求经济订货批量问题
2. Deterministic Demand Quantity Discount Analysis Problem	确定型需求批量折扣分析问题
3. Single-period Stochastic Demand (Newsboy) Problem	单时期随机需求(报童)问题
4. Multiple-Period Dynamic Demand Lot-Sizing Problem	多时期动态需求批量问题
5. Continuous Review Fixed-Order-Quantity (s，Q)System	连续盘存的固定订货量系统
6. Continuous Review Order-Up-To (s,S)System	连续盘存上、下界存量系统
7. Periodic Review Fixed-Order-Interval (R，S)System	定期盘存固定订货区间系统
8. Periodic Review Optional Replenishment (R,s,S) System	定期盘存有选择的再补充订货系统

（1）启动程序。调用的子程序是 Inventory Theory and System（存储论及存储控制系统）。

（2）点击 ▣ 建立新问题。系统显示如下图，各选项的意思如表 4-2，系统默认时间单位是年，用户可以修改时间单位，如季度、月、周及天等。

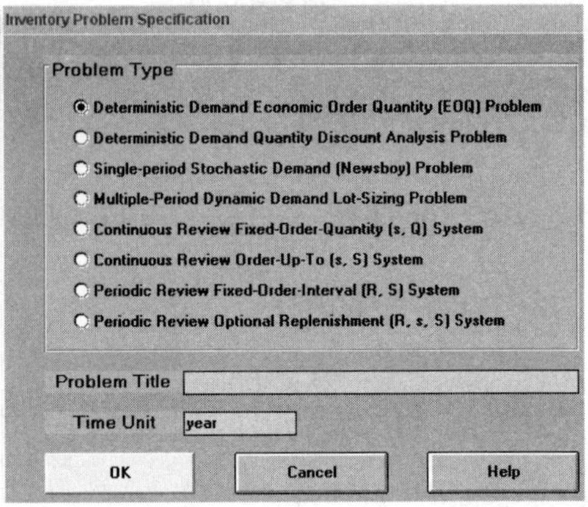

图 4.6

下面仅介绍确定性需求模型的应用方法。

对于确定型需求模型，选择上图的第 1 或第 2 项能完成所有存储模型的计算。

【例 4.6】已知某汽车车身厂一年钢板的需求量 d=15000 吨，一次订货成本 a=5000 元，钢板价格 c = 6000 元/吨，钢板的库存保管成本 h= 200 元/吨/年，订货提前期为 T=15 天，一年按 365 天计算，L=0.0411 年。

求下列各种情形的订货策略：

（1）瞬时供货，不允许缺货；

（2）瞬时供货，允许缺货，货到后补充，缺货费 l= 200 元/吨；

（3）供货速率为每天 100 吨，允许缺货，缺货费 l= 200 元/吨；

（4）瞬时供货，不允许缺货。订货量一次达到 1000 吨时价格优惠 1%，以后每增加 2000 吨价格优惠 0.5%，最多优惠 3%。工厂考虑到库存容量限制，当存储量达到 1000 吨时持有成本将达到 H=500 元/(吨、年)。

解：（1）选择图 4.6 中第 1 个选项，在 problem Title 中输入"钢板需求"后，输入如表 4-3 所示的数据。瞬时供货和不允许缺货时系统缺损值是 M。

表 4-3

DATA ITEM	ENTRY
Demand per year	15000
Order or setup cost per order	5000
Unit holding cost per year	200
Unit shortage cost per year	M
Unit shortage cost independent of time	
Replenishment or production rate per year	M
Lead time for a new order in year	0.0411
Unit acquisition cost without discount	6000
Number of discount breaks (quantities)	
Order quantity if you known	

注：Demand per year——年需求量；Order or setup cost per order——每次订货费用；unit holding cost per year——每年单位保管成本；unit shortage cost per year——单位缺货成本；unit shortage cost independent of time ——独立时间的单位缺货成本；Replenishment or production rate per year——补货或生产速率；lead time for a new order in year——订货提前期；Unit acquisition cost without discount——无折扣时的单价；Number of discount breaks(quantities)——折扣分段数（数量）；Order quantity if you know——你所知道的订购数量。

点击 solve and analyze 菜单下的 solve the problem，得到结果显示如表 4-4 所示。

表 4-4

01-28-2007	Input Data	Value	Economic Order Analysis	Value
1	Demand per year	15000	Order quantity	866.0254
2	Order (setup) cost	$5000.0000	Maximum inventory	866.0254
3	Unit holding cost per year	$200.0000	Maximum backorder	0
4	Unit shortage cost		Order interval in year	0.0577
5	per year	M	Reorder point	616.5
6	Unit shortage cost			
7	independent of time	0	Total setup or ordering cost	$86602.5400
8	Replenishment/production		Total holding cost	$86602.5400
9	rate per year	M	Total shortage cost	0
10	Lead time in year	0.0411	Subtotal of above	$173205.1000
11	Unit acquisition cost	$6000.0000		
12			Total material cost	$90000000.0000
13				
14			Grand total cost	$90173210.0000

注：Input Date—输入项目；Value—项目值；Economic Order Analysis—经济订货分析；Demand per year—年需求量；Order [setup] cost—每次订货费用；Unit holding cost per year—单位存储费用；Unit shortage cost per year—单位缺货成本；Lead time in year—订货提前期；Unit acquisition cost—单价；Order quantity—订购批量；Maximum inventory—最高库存量；Maximum backorder—最大补货量；Order interval in year—订货周期；Recorder point—记录点；Total serup or ordering cost—总订货费；Total holding cost—总库存成本；Total shortage cost—总缺货成本；Subtotal of above—以上小计；Total material cost—总购置成本；Grand total cost—总费用；Unit shortage cost independent of time—独立需求时间的单位缺货成本；Replenishment/production rate per year—每年补货或生产速率。

由表知，订货策略每次订货批量为 866 吨，订货间隔期是 0.0577 年，约 21 天订货一次，再订货点是 616 吨、各项成本见表 4-4。

点击 Results 菜单下的 Graphic Cost Analysis 显示成本变化图 4.7。

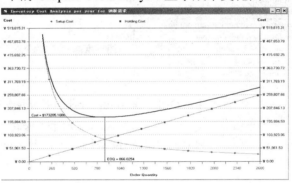

图 4.7

点击 Results 菜单下的 Graphic Inventory Profile 显示存储量变化如图 4.8。

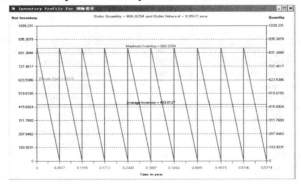

图 4.8

点击 Results 菜单下的 Perform Parametric Analysis 显示如图 4.9 所示的参数分析选项，输入所选参数的取值区间和步长，系统模拟所有取值的经济订货批量及各项成本，见表 4-5。

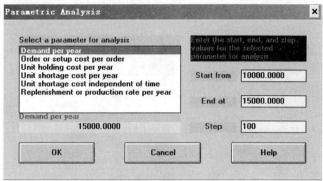

图 4.9

注：Parametric Analysis——参数分析；Select a parameter for analysis——为分析选择一个参数；Demand per year——年需求；Order or setup cost per year——每次订货费用；Start from——初值；End at——终值；Step——步长；Unit holding cost per year——每年单位保管费用；Unit shortage cost per year——每年单位缺货成本；Unit shortage cost independent of time——独立需求的单位缺货成本；Replenishment or production rate per year——年补货或缺货速率；Enter the start/end and values for the selected parameter for analysis——为此参数分析输入初值、终值或步长。

表 4-5

01-28-2007 21:06:24	Demand per year	Economic Order Quantity	Inventory Related Cost	Grand Total Cost	Total Setup Cost	Total Holding Cost	Total Shortage Cost	Total Material Cost	Maximum Inventory	Maximum Backorder	Order Interval
1	10000	707.1068	$141421.3000	$60141420.0000	$70710.6700	$70710.6800	0	$60000000.0000	707.1068	0	
2	10100	710.6335	$142126.7000	$60742130.0000	$71063.3400	$71063.3500	0	$60600000.0000	710.6335	0	
3	10200	714.1428	$142828.6000	$61342830.0000	$71414.2900	$71414.2800	0	$61200000.0000	714.1428	0	
4	10300	717.635	$143527.0000	$61943530.0000	$71763.5000	$71763.5500	0	$61800000.0000	717.635	0	
5	10400	721.1102	$144222.0000	$62544220.0000	$72111.0200	$72111.0200	0	$62400000.0000	721.1102	0	
6	10500	724.5688	$144913.8000	$63144910.0000	$72456.8800	$72456.8800	0	$63000000.0000	724.5688	0	
7	10600	728.0110	$145602.2000	$63745600.0000	$72801.1000	$72801.1000	0	$63600000.0000	728.0110	0	
8	10700	731.4370	$146287.4000	$64346290.0000	$73143.7000	$73143.7000	0	$64200000.0000	731.4370	0	
9	10800	734.8469	$146969.4000	$64946970.0000	$73484.6900	$73484.7000	0	$64800000.0000	734.8469	0	
10	10900	738.2411	$147648.2000	$65547650.0000	$73824.1100	$73824.1200	0	$65400000.0000	738.2411	0	
11	11000	741.6199	$148324.0000	$66148320.0000	$74161.9800	$74161.9800	0	$66000000.0000	741.6199	0	
12	11100	744.9832	$148996.6000	$66749000.0000	$74498.3200	$74498.3200	0	$66600000.0000	744.9832	0	
13	11200	748.3315	$149666.3000	$67349660.0000	$74833.1500	$74833.1500	0	$67200000.0000	748.3315	0	
14	11300	751.6648	$150333.0000	$67950340.0000	$75166.4800	$75166.4800	0	$67800000.0000	751.6648	0	
15	11400	754.9835	$150996.7000	$68551060.0000	$75498.3400	$75498.3400	0	$68400000.0000	754.9835	0	

（2）允许缺货时，将表 4-3 中 Unit shortage cost per year 一栏的 M 改为 200。求解后得到订货策略：每次订货批量为 1225 吨，订货间隔期是 0.0815 年，约 30 天订货一次，再订货点是 4 吨，最大缺货量为 612 吨。

（3）供应速率 P=36 500 吨，将表 4-3 中 Unit shortage cost per year 一栏的 M 改为 200，Replenishment rate per year 一栏的 M 改为 36500。求解后得到订货策略：每次订货批量为

1596 吨,订货间隔期是 0.1064 年,约 39 天订货一次,再订货点是 146 吨,最大缺货量为 470 吨。

表 4-6 表 4-7

(4)选择表 4-6 中第 2 个选项后,输入表 4-6 所示数据,点击 Edit 菜单下的 Discount Breaks,输入表 4-7 中的数据。求解后得到订货策略:每次订货 1000 吨,订货间隔期是 0.0667 年,约 24 天订货一次。

表 4-8

01-28-2007	Break Qty.	Discount %	EOQ	EOQ Cost	Feasibility	Order Qty.	Total Cost
0	0	0	547.7225	$90273860.0000	Yes	547.7225	$90273860.0000
1	1000	1	547.7225	$89373860.0000	No	1000	$89425000.0000
2	3000	1.5	547.7225	$88923860.0000	No	3000	$89425000.0000
3	5000	2	547.7225	$88473860.0000	No	5000	$89465000.0000
4	7000	2.5	547.7225	$88023860.0000	No	7000	$89510710.0000
5	9000	3	547.7225	$87573860.0000	No	9000	$89558340.0000
	Recommended	Order Qty. =	1000	Discount =	1%	Total Cost =	$89425000.0000

【小结】

存储论是运筹学最早成功应用的领域之一。它主要考虑两个基本问题:何时补充库存及补充多少为好,即"期"与"量"的问题。存储论的基本方法是将实际存储问题归结为一种数学模型,然后通过费用分析,以费用最低作为决策标准,来求出最佳的期与量的数值。本章介绍了简单的存储模型,他们只是在为数有限的情况下。提供定量的决策帮助而已。要想将它们应用于实际,尚需做大量的基础数据配合工作。但无论如何,在现代企业生产经营管理和商业流通领域中存在大量需要专门研究的存储问题,并且预计随着库存数据处理的计算机化,存储理论将会不断地向前发展。

【习题】

1. 某单位每年使用某种零件 10 万件，每件每年的保管费为 3 元，每次订购费为 60 元，试求：（1）经济订购批量；（2）每次订购费为 0.6 元时，每次应订购多少件？

2. 某车间每月需要 A 零件 400 件，该零件由厂内生产，生产率为每月 800 件，每批生产准备费为 100 元，每件生产成本为 5 元，每月每个零件的保管费为 0.5 元。求装配车间对 A 零件的存储策略及其费用以及该零件的生产周期与最高存储水平。

3. 设某工厂生产某种零件，每年需要量为 18000 个，该厂每月可生产 3000 个，每次生产的装配费为 500 元，每个零件的存贮费为 0.15 元，求每次生产的最佳批量。

4. 某种电子元件每月需求量为 4000 件，每件成本为 150 元，每年的存贮费为成本的 10%，每次订购费为 500 元，求：

（1）不允许缺货条件下的最优存贮策略；

（2）允许缺货，缺货费为每件每年 100 元，求最优存贮策略。

5. 设某车间每月需要某种零件 30000 个，每次的订购费为 500 元，每月每件的存贮费为 0.2 元，零件批量的单价如下：

$$c(Q) = \begin{cases} 1 & 0 < Q < 10000 \\ 0.98 & 1000 \leq Q < 30000 \\ 0.94 & 30000 \leq Q < 50000 \\ 0.90 & 50000 \leq Q \end{cases}$$

且不允许缺货，瞬时进货，试求其经济订购批量。

6. 某印刷企业每周需要新闻纸 32 筒，每次订货费用 25 元，每筒纸每周的存储费用 1 元，纸的单价如下：

$$c(Q) = \begin{cases} 12 & 1 \leq Q \leq 9 \\ 10 & 10 \leq Q \leq 49 \\ 9 & 50 \leq Q \leq 99 \\ 0.90 & 100 \leq Q \end{cases}$$

且不允许缺货、瞬时进货，试求最佳订货批量。

7. 某机械厂每周购进某种零件 50 个，购价为每件 4 元，每次订货费为 4 元，每件每周保管费为 0.36 元。求：

（1）经济订购批量；

（2）为减少资金占用，使存储达到最低限度，该厂宁可使总费用超过最低费用的 4%，则此时订货批量为多少？

第 5 章 运输与指派技术

本章提要
- 运输问题的数学模型；
- 表上作业法；
- 产销不平衡的物资调运；
- 指派问题。

运输问题是一类特殊的线型规划问题，它最早是从物资调运中提出来的，但以后有些其他问题的模型也归结为运输问题。虽然运输问题也是线型规划问题，可以用单纯形法解决，但考虑到运输问题数学模型的特点，人们提出了更简单的求解方法——表上作业法。本章主要介绍这种方法。

5.1 运输问题的数学模型

人们在从事生产活动中，不可避免地要进行物资调运工作，如某时期内将生产基地的煤、钢铁、粮食等各类物资，分别运送到需要这些物资的地区，根据各地的生产量和需求量及各地之间的运输费用，如何制定一个运输方案，使总的运输费用最小，这样的问题称为运输问题。

设有某种物资需要从 m 个产地 A_1，A_2，$\cdots$，A_m 运到 n 个销地 B_1，B_2，$\cdots$，B_n，其中每个产地 A_i 的产量为 a_i（$i=1$，2，$\cdots$，m），每个销地 B_j 的销量为 b_j（j=1，2，$\cdots$，n），问该怎样进行物资调运才能使总费用最少？

这就是由多个产地供应多个销地的品种物资调运问题。如果该问题的总产量等于总销量，即有 $\sum_{i=1}^{m} a_i = \sum_{j=1}^{n} b_j$，则称该问题为产销平衡问题；否则，称为产销不平衡问题。

我们先讨论产销平衡的运输问题，设 A_i 到 B_j 的物资运量为 x_{ij} 个单位，则总费用最小的运输问题的模型为：

$$\min Z = \sum_{i=1}^{m}\sum_{j=1}^{n} c_{ij}x_{ij},$$

$$s.t. \begin{cases} \sum_{j=1}^{n} x_{ij} = a_i (i=1,2,\ldots, m) \\ \sum_{i=1}^{m} x_{ij} = b_j (j=1,2,\ldots, n) \\ x_{ij} \geqslant 0 (i=1,2,\ldots m,\ j=1,2,\ldots, n) \end{cases}$$

【例 5.1】 某公司有三个加工厂 A_1，A_2，A_3 生产某产品，每日的产量分别为 7T，4T，9T，该公司把这些产品分别运往四个销售点 B_1，B_2，B_3，B_4，各销售点的每日销量分别为 3T，6T，5T，6T。从各工厂到各销售点的单位运价如表 5-1 所示。问该公司如何调运产品，才能在满足各销售点需要量的前提下，使总费用最少？

表 5-1

	B_1	B_2	B_3	B_4
A_1	3	11	3	10
A_2	1	9	2	8
A_3	7	4	10	5

解：由于总产量等于总销量，所以该问题是一个产销平衡的运输问题。用 x_{ij} 表示从 A_i 到 B_j 的运量，其数学模型为：

$\min Z = 3x_{11}+11x_{12}+3x_{13}+10x_{14}+x_{21}+9x_{22}+2x_{23}+8x_{24}+7x_{31}+4x_{32}+10x_{33}+5x_{34}$

$$s.t. \begin{cases} x_{11}+x_{12}+x_{13}+x_{14}=7 \\ x_{21}+x_{22}+x_{23}+x_{24}=4 \\ x_{31}+x_{32}+x_{33}+x_{34}=9 \\ x_{11}+x_{21}+x_{31}=3 \\ x_{12}+x_{22}+x_{32}=6 \\ x_{13}+x_{23}+x_{33}=5 \\ x_{14}+x_{24}+x_{34}+x_{44}=6 \end{cases}$$

【例 5.2】 有三台机床加工三种零件，计划第 i 台的生产任务为 a_i ($i=1$，2，3) 个零件，第 j 种零件的需求量为 b_j ($j=1$，2，3)，第 i 台机床加工第 j 种零件需要的时间为 c_{ij}，如表 5-2 所示。问如何安排生产任务使总的加工时间最少。

表 5-2

机床＼零件	B_1	B_2	B_3	生产任务 a_i
A_1	5	2	3	50
A_2	6	4	1	60
A_3	7	3	4	40
需求量 b_j	70	30	50	150

解：设 x_{ij} ($i=1,2,3$；$j=1,2,3$)为第 i 台机床加工第 j 种零件的数量，则此问题的数学模型为：

$$\min Z = 5x_{11}+2x_{12}+3x_{13}+6x_{21}+4x_{22}+x_{23}+7x_{31}+3x_{32}+4x_{33}$$

$$s.t. \begin{cases} x_{11}+x_{12}+x_{13}=50 \\ x_{21}+x_{22}+x_{23}=60 \\ x_{31}+x_{32}+x_{33}=40 \\ x_{11}+x_{21}+x_{31}=70 \\ x_{12}+x_{22}+x_{32}=30 \\ x_{13}+x_{23}+x_{33}=50 \\ x_{ij} \geqslant 0,\ i=1,2,3;\ j=1,2,3 \end{cases} \quad (5-1)$$

从例 2 可以看出，有些问题表面上与运输问题没有多大关系，其模型的数学结构与例 1 运输模型形式相同，我们把这类模型都称为运输模型。

5.2 表上作业法

表上作业法是求解产销平衡运输问题的一种简便而有效的方法，其求解过程在运输表上进行。它的实质是单纯形法，只是具体的计算和术语有所不同。

（1）找出初始基本可行解（初始运输方案）。

（2）求各非基变量的检验数，即在表上计算空格的检验数，判别是否达到最优解。如已是最优解，则停止计算；否则转到下一步。

（3）确定换入变量和换出变量，找出新的基本可行解。在表上用闭回路法进行调整。

（4）重复（2）和（3），直到得到最优解为止。

以上运算都可在运输表上完成。

5.2.1 初始基本可行解的确定

与一般的线性规划问题不同,产销平衡的运输问题总是存在可行解。目标函数值有界,故产销平衡的运输问题必有最优解。

寻找初始解或初始运输方案的方法有三种:西北角法则、最小元素法、伏格尔(Vogel)法。西北角法则找初始解较易,但收敛速度最慢,计算量过大,所以很少采用。最小元素法找初始解也很容易,计算量较西北角法则小得多,因而被经常使用。Vogel 法求初始解较繁,但它收敛速度非常快,常将用此法求出的初始解作为最优解的近似值。它们的区别在于选基变量的方法不同。

西北角法则:在运输图的所余元素中,选取西北角的 X_{ij} 作为变量。

最小元素法:以运输图的所余元素中,选取最小元素 X_{ij} 作为基变量。

Vogel 法:在运输图的所余元素中,选取每行、列"次小元素-最小元素"中差值最大的行或列最小元素对应的 X_{ij} 基。每次选基变量都要重新计算一次行或列的这种差值,从而加大了计算量。

(1) 选取基变量,如上所述。

(2) 填入基变量 X_{ij}=min{A_i 行的供应余量,B_j 列的需要余量}。

(3) A_i 行的新余量=A_i 行原余量-X_{ij};B_j 行的新余量=B_j 列原余量-X_{ij}。

(4) 消去 A_i、B_j 中新余量为零的行或列的所有元素。但二者全为零时只能消去其中的行或列,而不能将二者同时消去。因为每去一行(列)只增加一个基变量 X_{ij}。只有选取最后一个基变量时,才既消行又消所在列。这样就保证选取 m+n-1 个基本量。

(5) 若图中再无元素可选,停止。否则转(1)。

三种初始方案的计算量一般都相当大。除非题目中特意指出西北角法则建立初始方案,否则,应尽量避免这种方法的使用,以免增加太多的运算步骤。

基解的二条标准:

(1) 任一空格有且仅有一条闭回路,而任一数字格不可能存在闭回路;

(2) 数字格个数为(m+n-1)。

初始运输方案也应符合基解的二条标准。

1. 西北角法

从西北角(左上角)格开始,在格内标上允许取得的最大数。然后按行(列)标下一格的数。若某行(列)的产量(销量)已满足,则把该行(列)的其他格划去。如此进行下去,直至得到一个基本可行解。

【例 5.3】 用西北角法求解例 5.1。

从表 5-4 中可知,总的产量=总的销量,故产销是平衡的。

第一步:列出运价表和调运物资平衡表。

运用表上作业法时,首先要列出被调运物资的运价表和供需平衡表(简称平衡表),如

表 5-3，5-4 所示。

表 5-3

价格需 供	B_1	B_2	B_3	B_4
A_1	3	11	3	10
A_2	1	9	2	8
A_3	7	4	10	5

表 5-4

需 供	B_1	B_2	B_3	B_4	供量（T）
A_1					7
A_2					4
A_3					9
需量(T)	3	6	5	6	20

第二步：编制初始调运方案。

首先在表 5-4 的西北角方格（即左上角方格，对应变量 x_{11}），尽可能取最大值：

$$x_{11}=\min\{3,7\}=3$$

将数值 3 填入该方格(见表 5-5)。由此可见 x_{21}, x_{31} 必须为 0，即第一列其他各方格都不能取非零值，划去第一列。在剩下的方格中，找出其西北角方格 x_{12}，

$$x_{12}=\min\{6,7-3\}=4$$

将 4 填入它所对应方格，第一行饱和，划去该行。再找西北角方格 x_{22}，

$$x_{22}=\min\{6-4,4\}=2,$$

将 2 填入 x_{22} 所对应方格，于是第二列饱和，划去该列。继续寻找西北方格为 x_{23}，

$$x_{23}=\min\{5,4-2\}=2,$$

将 2 填入 x_{23} 所对应方格，第二行饱和，划去该行。剩下方格的西北角方格为 x_{33}，

$$x_{33}=\min\{5-2,9\}=3,$$

将 3 填入 x_{33} 所对应方格，第三列饱和，划去该列。最后剩下 x_{34} 方格，取 $x_{34}=6$。

表 5-5

需 供	B_1	B_2	B_3	B_4	供量（T）
A_1	3	4			7
A_2		2	2		4
A_3			3	6	9
需量（T）	3	6	5	6	20

这样我们就找到了 m+n-1=3+5-1=7 个基变量，它们为：$x_{11}=3$, $x_{12}=4$, $x_{22}=2$, $x_{23}=2$, $x_{33}=3$, $x_{34}=6$。显然它们用折线连接后不形成闭回路。这就是西北角法所找初始基可行解，所对应的目标值为：

$$2\times 200+1\times 250+3\times 150+1\times 150+3\times 250+3\times 300+4\times 200=4000$$

我们找到的初始基可行解可通过各行方格中数值之和是否等于产量，各列方格中数值之和是否等于销量来简单验证。

利用西北角法找初始基可行解简单可行，但也存在问题. 例如在表 5-4 中可见 $c_{35}=4$，单价高于该行其他各方格，最简单想法是单价小的情况下多运些货物，这样总运费会更小些，最小元素法就改进了西北角法的缺点。

第三步：初始方案的检验与调整。

2. 最小元素法

找出运价表中最小的元素，在运量表内对应的格填入允许取得的最大数，若某行（列）的产量（销量）已满足，则把运价表中该运价所在行（列）划去；找出未划去的运价中的最小数值，按此办法进行下去，直至得到一个基本可行解。

注：应用西北角法和最小元素法，每次填完数，都只划去一行或一列，只有最后一个元素例外（同时划去一行和一列）。当填上一个数后行、列同时被满足（也就是出现退化现象）时，也只任意划去一行（列）。需要填入"0"的位置不能任意确定，而要根据规则来确定。

所谓退化现象是指：当在平衡表中某一处填入一数字后，该数字所在的行和列同时被满足，即需方的需求得到满足，同时供方的供应数量也已经供完的现象。

最小元素法的基本思想是：运价最小的优先调运，即从单位运价中最小的运价开始确定供销关系，然后次小，一直到给出初始基本可行解为止。

【例 5.4】 用最小元素法求解例 5.1。

第一步：列出运价表和调运物资平衡表。

具体做法同西北角法第一步。

第二步：编制初始调运方案。

首先，在运价表中找出最小的数值（若几个同为最小，则任取其中一个），A_2B_1 最小，数值为 1，这表示先将 A_2 产品供应给 B_1 是最便宜的，故应给 C_{21} 所对应的变量 x_{21} 以尽可能大的数值。显然 $x_{21}=\min\{4,3\}=3$。在表 5-7 中的 A_2B_1 处填上"3"。B_1 列被满足，已不需要 A_1 和 A_3 再向它供货，故运价表 5-4 中的第一列数字已不起作用，因此将原运价表 5-3 中的第一列划去，并标注①（见表 5-6）。

表 5-6

产地\需地 运价	B_1	B_2	B_3	B_4
A_1	3	11	3	10
A_2	1	9	2	8 ②
A_3	7	4	10	5 ⑤
	①	④	③	

表 5-7

供\需	B_1	B_2	B_3	B_4	供量（T）
A_1			4		7
A_2	3		1		4
A_3		6		3	9
需量（T）	3	6	5	6	20

然后，在运价表中未划去的元素中找最小运价 $A_2B_3=2$，让 A_2 尽量供应满足 B_3 的需要，由于 A_2 的 4 已经供应了 3T 给 B_1，最多只能供应 1T 给 B_3。于是在平衡表的 A_2B_3 格中填上"1"；相应地由于 A_2 所生产的产品已全部供应完毕，因此，在运价表中与 A_2 同行的运价也不再起作用，所以也将它们划去，并标注②。

仿照上面的做法，一直做下去，就可以得到表 5-7。

此时，在运价表中只有 A_1B_4 对应的运价 10 没有划掉，而 B_4 尚有 3T 需求，为了满足供需平衡，所以最后在平衡表上对应 A_1B_4 处应填入"3"，这样就得到表 5-8。

表 5-8

供\需	B_1	B_2	B_3	B_4	供量（T）
A_1			4	3	7
A_2	3		1		4
A_3		6		3	9
需量（T）	3	6	5	6	20

对于编制初始方案说明以下几点：应用最小元素法编制初始调运方案，这里的"最小"系指局部而言，就整体考虑的运费不见得一定是最小的。可以作为初始方案的调运方案，其填有数字的方格数应是供应点个数加需求点个数之和再减 1，即（m+n-1）。

第三步：初始方案的检验与调整。

3. 伏格尔法（Vogel 法）

伏格尔法又称差值法。最小元素法的缺点是，为了节约一处的费用，有时造成在其他处要多花几倍的运费。伏格尔法考虑到，某产地的产品如不能按最小运费就近供应，就考虑次小运费，这就有一个差额。差额越大，说明不能按最小运费调运时，运费增加越多。因而对差额最大处，就应当采用最小运费调运。

差值法一般能得到一个比用前两种方法所得的初始基本可行解更好的初始基本可行

解。差值法要求首先计算出各行各列中最小的 c_{ij}，与次小的 c_{ij} 之间的差的绝对值，在具有最大差值的那行或列中，选择具有最小的 c_{ij} 的方格来决定基变量值。这样就可以避免将运量分配到该行（或该列）具有次小的 c_{ij} 的方格中，以保证有较小的目标函数值。

所以，伏格尔法的基本步骤如下。

（1）算出各行各列中最小元素和次小元素的差额，并标出差额最大的（若几个差额同为最大，则可任取其一）。

（2）在差额最大的行或列中的最小元素处填上尽可能大的数。

（3）对未划去的行列重复以上步骤，直到得到一个初始解。

由此可见，伏格尔法同最小元素法除在确定供求关系的原则上不同外，其余步骤相同。伏格尔法给出的初始解比用最小元素法给出的初始解更接近最优解。

【例 5.5】 用伏格尔法求解例 5.1。

第一步：求各行各列最小和次小元素的差值。

在表 5-9 中，各行的差值分别为 0，1，1，各列的差值分别为 2，5，1，3。可见第二列差值最大，首先考虑第二列，在第二列中最小的 c_{ij} 为 $c_{32}=4$，令 $x_{32}=\min\{6,9\}=6$，填入表 5-10 中，第二列饱和，划去该列。

第二步：求余下的各行各列最小和次小元素的差值。

对剩下的方格重新计算各行各列的差值，各行差值分别为 0，1，2，各列差值分别为 2，1，4，第四列差值最大，在第四列中，最小的 c_{ij} 为 $c_{34}=5$，令 $x_{34}=\min\{6,9-6\}=3$，于是第三行饱和，划去第三行。

第三步：重复上述过程。

可得其他基变量的值为：$x_{21}=3$，$x_{13}=4$，$x_{23}=1$，$x_{14}=3$。见表 5-10。

表 5-9

运价 产地 需地	B_1	B_2	B_3	B_4	列差			
A1	3	11	3	10	0	0	0	(7)
A2	1	9	2	8	1	1	1	6
A3	7	4	10	5	1	2	-	-
行差	2	(5)	1	3				
	2	-	1	(4)				
	(2)	-	-	-				
	-	-	1	-				

表 5-10

供\需	B_1	B_2	B_3	B_4	供应量（T）
A_1			4	3	7
A_2	3		1		4
A_3		6		3	9
需求量（T）	3	6	5	6	20

此例的解所对应的 $Z=1*3+4*6+3*5+10*2+8*1+5*3=85$。

5.2.2 初始方案的检验

在制定了初始调运方案之后，需要对它进行检验，如果判定初始方案不是最优方案，需要对其进行调整，直到获得最优调运方案为止。但是如何判定调运方案是不是最优解呢？在此，引进最优解的数字表征——检验数的概念。

在介绍检验数之前，先介绍闭回路。从理论上得知（不予证明），对于表上作业法的初始方案来说，从调运方案表上的任何一个空格出发，存在且仅存在一条以该空格为起点，以其他填有数字的点为其他顶点的闭合回路，简称闭回路。这个闭回路具有以下性质：

① 每个顶点都是转角点；
② 闭合回路是一条封闭折线，每一条边都是水平或垂直的；
③ 每一行或列若有闭合回路的顶点，则必有两个。

只有从空格处出发，其余各转角点所对应的方格内均填有数字时，所构成的闭合回路，才是我们这里所说的闭回路。闭回路如图 5.1 的（a）(b)(c) 等所示：

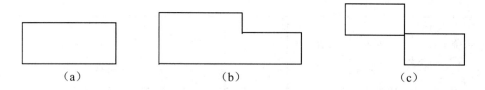

图 5.1 闭回路的形式

在调运方案内的每个空格所形成的闭回路上，作单位物资的运量调整，总可以计算出相应的运费是增加还是减少。我们把所计算出来的每条闭回路上调整单位运量而使运费发生变化的增减值，称其为检验数。

如果检验数小于零，表示在该空格的闭回路上调整运量使运费减少；相反，如果检验数大于零，则会使运费增加。

有了检验数这一概念，对于求运费最小的物资调运问题来说，如果所有空格的检验数都大于零,那么再对调运方案进行任何调整,都会增加运输费用。因此调运方案是否最优的判定准则是:初始调运方案,如果它所有的检验数都是非负的,那么这个初始方案一定最优。否则,这一调运方案不一定是最优的。下面介绍两种求空格(非基变量)的检验数的方法:闭回路法和位势法。

(1)闭回路法。在给出调运方案的计算表上,对每一空格找一条闭回路。该回路的确定方法是:从空格出发,沿水平或铅直的方向前进,遇到一个适当的数字格后转 90°,再继续前进和转向,直到回到起始空格为止。此处所谓"适当"的意思是指:要使所走路线能形成一条闭回路,即能回到出发点。闭回路可以是一个简单矩形,也可以是由水平或铅直的线组成的复杂的封闭多边形。找出闭回路以后,根据闭回路计算空格的检验数。

下面结合表 5-9 和 5-10 来说明闭回路法。

将表 5-10 中的运量换成对应的运价,见表 5-11。

表 5-11

供\需	B_1	B_2	B_3	B_4	供应量(T)
A_1			3	10	7
A_2	1		2		4
A_3		4		5	9
需求量(T)	3	6	5	6	20

在表 5-11 中,共有 A_1B_1、A_1B_2、A_2B_2、A_2B_4、A_3B_1 和 A_3B_3 四个空格,需要分别求出其检验数,以 A_2B_2 格为例,找出一个从 A_2B_2 开始的闭合回路:$A_2B_2 \to A_2B_3 \to A_1B_3 \to A_1B_4 \to A_3B_4 \to A_3B_2 \to A_2B_2$,其对应的变量为 $x_{22} \to x_{23} \to x_{13} \to x_{14} \to x_{34} \to x_{32} \to x_{22}$。找到闭合回路后,按下述方法计算空格处的检验数:如 A_2B_2 处,若从 A_2 处调运 1T 货物给 B_2,为了保持产销平衡,就要依次调整,在 A_2B_3 处减少 1T,A_1B_3 处增加 1T,A_1B_4 减少 1T,A_3B_4 增加 1T,A_3B_2 减少 1T。调整引起的总费用变化是:(+1)×9+(-1)×2+(+1)×3+(-1)×10+(+1)×5+(-1)×4=1,即 A_2B_2 空格对应的非基变量 x_{22} 的检验数为 1。同样的方法可以求出所有空格(非基变量)的检验数,如表 5-12 所示。

表 5-12

非基变量	闭回路	检验数
x_{11}	$x_{11} \to x_{13} \to x_{23} \to x_{21} \to x_{11}$	1
x_{12}	$x_{12} \to x_{14} \to x_{34} \to x_{32} \to x_{12}$	2
x_{22}	$x_{22} \to x_{23} \to x_{13} \to x_{14} \to x_{34} \to x_{32} \to x_{22}$	1
x_{24}	$x_{24} \to x_{23} \to x_{33} \to x_{14} \to x_{24}$	-1
x_{31}	$x_{31} \to x_{34} \to x_{14} \to x_{13} \to x_{23} \to x_{21} \to x_{32}$	10
x_{33}	$x_{33} \to x_{34} \to x_{14} \to x_{13} \to x_{33}$	12

由于其中有检验数-1<0，所以表5-7的调运方案不是最优解，需要进一步调整。

（2）位势法。用闭回路法求检验数时，需给每一空格找一条闭回路。当产销点很多时，这种计算比较麻烦。下面介绍较为简便的方法——位势法。

在表5-7中给出了例1的一个初始解。基变量为 x_{13}, x_{14}, x_{21}, x_{23}, x_{32}, x_{34}，对每个基变量，我们列如下方程组：

$$s.t.\begin{cases} u_1 + v_3 + c_{13} = 3 \\ u_1 + v_4 + c_{14} = 10 \\ u_2 + v_1 + c_{21} = 1 \\ u_2 + v_3 + c_{23} = 2 \\ u_3 + v_2 + c_{32} = 4 \\ u_3 + v_4 + c_{34} = 5 \end{cases} \quad (5-2)$$

其中 u_i(i=1~3)，v_j(j=1~4)为未知量，我们称方程组（5-2）的任一组解为位势，而将方程组（5-2）称为位势方程组。它含有6个方程7个未知量，故有一个自由未知量。在一般情况下，位势方程组含有 $m+n$ 个未知量，但只有 $m+n-1$ 个方程式，含有一个自由未知量。故令 $u_1=0$，可解得 $u_2=-1$，$u_3=-5$，$v_1=2$，$v_2=9$，$v_3=3$，$v_4=10$，有了位势之后，如何求检验数呢？

设对应某方程组基可行解的位势为 $u_1,u_2,\ldots,u_m,v_1,v_2,\ldots,v_n$，则每一个非基变量 x_{ij} 对应的检验数 σ_{ij} 可用 $\sigma_{ij}=c_{ij}-(u_i+v_j)$ 算出。

计算过程见表5-13，5-14。

表5-13 位势计算表

供\需	B_1	B_2	B_3	B_4	u_i
A_1			3	10	2
A_2	1		2		1
A_3		4		5	−3
v_j	0	7	1	8	

表5-14 准检验数表

供\需	B_1	B_2	B_3	B_4	u_i
A_1	[2]	[9]	3	10	2
A_2	1	[8]	2	[9]	1
A_3	[−3]	4	[−2]	5	−3
v_j	0	7	1	8	

算出的非基变量的检验数结果，如表5-15所示。

表5-15 检验数表

供\需	B_1	B_2	B_3	B_4
A_1	1	2		
A_2		1		−1
A_3	10		12	

此时表中还有负的检验数，说明它不是最优解。

5.2.3 解的改进——闭回路调整法

当表中出现负的检验数时,表明不是最优解,需要改进。若有两个或两个以上的负检验数时,一般选其中最小的负检验数,以对应它的空格为调入格,即以它对应的非基变量为换入变量。

(1) 对每一空格寻找其闭回路。

(2) 闭回路上相邻顶点符号相反,空格符号为正。

(3) 连同符号闭回路上各顶点 C_{ij} 的代数和即为空格的检验数。因为空格如增加一个单位运货,总运费就增加了空格处的单位运费。为了保持运输方程的平衡,相邻的闭回路上的数字格就减少了一个单位运量。则总运费就减少了该数字格上的运费单位。从这个意义上讲,它就是线性规划中单纯形表的检验数。

由表 5-12 可知,x_{24} 处空格应为调入格。以此处为出发点,作一闭回路,并在闭回路上依次标上+,-,+,-,正负号相间,如表 5-16 所示。x_{24} 处空格的调入量 θ 是选择闭回路上具有(-)的数字格中最小者,即

$$\theta = \min(x_{14}, x_{23}) = \min(3, 1) = 1。$$

表 5-16

供\需	B_1	B_2	B_3	B_4
A_1			4(+)	3(-)
A_2	3		1(-)	(+)
A_3		6		3

按闭回路上的正负号,加上或减去此值,得到调整后的方案,如表 5-17 所示。

表 5-17

供\需	B_1	B_2	B_3	B_4	供应量
A_1			5	2	7
A_2	3			1	4
A_3		6		3	9
需求量	3	6	5	6	

对表 5-17 给出的解,再用闭回路法或位势法求各空格处的检验数,如表 5-18 所示,表中的所有检验数 $\sigma_{ij} \geq 0$,故表 5-14 中的解为最优解,且总运费最小为 $5 \times 3 + 2 \times 10 + 3 \times 1 + 8 \times 1 + 6 \times 4 + 3 \times 5 = 85$ 元。

表 5-18

供＼需	B_1	B_2	B_3	B_4
A_1	0	2		
A_2		2	1	
A_3	9		12	

5.2.4 表上作业法在计算中的问题

产销平衡的运输问题必定存在最优解，那么有唯一最优解还是穷多最优解呢?判别依据是：**某个非基变量(空格)的检验数为 0 时，问题有无穷多最优解。**

如表 5-18 中的非基变量 x_{11} 的检验数 $\sigma_{ij}=0$，表明例 5.1 有无穷多最优解。可在表 5-17 中以 x_{11} 处空格为调入格，作闭回路 $\{x_{11}(+)\to x_{14}(-)\to x_{24}(+)\to x_{21}(-)\to x_{11}(+)\}$，确定 $\theta=\min(x_{14}, x_{21})=\min(2，3)=2$，经调整可得到另一最优解，如表 5-19 所示。

表 5-19

供＼需	B_1	B_2	B_3	B_4	供应量
A1	2		5		7
A2	1			3	4
A3		6		3	9
需求量	3	6	5	6	

对应的 $Z=2\times 3+5\times 3+1\times 1+3\times 8+6\times 4+8\times 1+3\times 5=85$。

5.3 不平衡的物资调运问题

在应用表上作业法制定物资调运方案时，要求有产销（供需）平衡的条件。可是在实际中常常会碰到产销不平衡的情况。譬如，常常发生供过于求的情况，有时也会发生供不应求的现象。碰到这种情况，我们不仅要对产销供需的规划问题进行考虑，同时还必须找出哪些供应点的库存过多，多多少；哪些需求地的供应不足，缺口又是多少。这样的问题，虽然不能直接应用表上作业法，但经过适当的处理后，还是可以化成供需平衡问题来应用表上作业法，使之获得圆满解决的。

下面就一般的物资调运问题发生供销不平衡的情况进行讨论。

5.3.1 供应量大于需求量

为了解决这一问题，我们可以引入一个虚设的需求点，令其需求量等于实际问题中供应量与需求量之差。实际上，这就相当于在某个供应点的仓库里，将多余部分的供应量储存起来。由于虚设的需求并没有参加实际的调配运输，因此可视它的相应运价为"0"，从而实际上不会对整个物资调运问题最小运输费用值的结果产生影响。但是，由于引入了一个需求点，其需求量刚好等于多余的供应量，从而使不平衡的调运问题转化为供销平衡的运输问题，所以可以应用前面介绍的表上作业法求出它的物资调运最优方案。

【例 5.3】 设有四个化肥厂供应五个地区的农用化肥。假定等量的化肥在这些地区使用效果相同。各化肥厂年产量、各地区年需要量及各化肥厂到各地区运送单位化肥的运价如表 5-20 所示。试求出总费最节省的化肥调拨方案。

表 5-20

运价：万元/万吨

化肥厂＼地区	I	II	III	IV	V	产量（万吨）
A	10	20	5	9	10	5
B	2	10	8	30	6	6
C	1	20	7	10	4	2
D	8	6	3	7	5	9
需求	4	4	6	2	4	

解：这是一个产销不平衡运输问题，总产量为 22 万吨，四个地区的需求为 20 万吨，二者的差为 2。在此情况下，增加一个虚拟的需求地 VI，需求量 2 万吨，这样可以达到产销平衡。根据前面的介绍，由于 VI 实际上不需要各化肥厂提供化肥，所以 VI 到各个化肥厂对应的运价为 0。这样，可以写出这个问题的运价及产销平衡表（见表 5-21）。

表 5-21 运价及产销平衡表

化肥厂＼地区	I	II	III	IV	V	VI	产量（万吨）
A	10	20	5	9	10	0	5
B	2	10	8	30	6	0	6
C	1	20	7	10	4	0	2
D	8	6	3	7	5	0	9
需求	4	4	6	2	4	2	

利用伏格尔法求出初始解。

第一步：分别计算表 5-21 中各行、各列的最小运费和次小运费的差额，并填入该表的最右列和最下行，见表 5-22。

表 5-22 运价及产销平衡表

化肥厂＼地区	I	II	III	IV	V	VI	行差
A	10	20	5	9	10	0	5
B	2	10	8	30	6	0	2
C	1	20	7	10	4	0	1
D	8	6	3	7	5	0	3
列差	1	4	2	2	1	0	

第二步：从行或列差中选取最大者，选择它所在行或列中的最小元素，在表 5-22 中最大差额为 5，其对应的最小元素为 0，可确定由 A 先供应给地区 VI 2 万吨，得表 5-23。同时将运价表中 VI 列数字划去，如表 5-24 所示。

表 5-23

化肥厂＼地区	I	II	III	IV	V	VI	产量（万吨）
A						2	5
B							6
C							2
D							9
需求	4	4	6	2	4	2	

表 5-24

化肥厂＼地区	I	II	III	IV	V	VI	产量（万吨）
A	10	20	5	9	10	0	5
B	2	10	8	30	6	0	6
C	1	20	7	10	4	0	2
D	8	6	3	7	5	0	9
需求	4	4	6	2	4	2	

第三步：对表 5-24 中未划去的元素再分别计算出各行各列的最小运费和次小运费的差额，并填入该表的最右列和最下行，重复第一、第二步，直到得出初始解为止。用此法得到的初始解如表 5-25 所示。

表 5-25

化肥厂\地区	I	II	III	IV	V	VI	产量（万吨）
A			3			2	5
B	4				2	0	6
C					2		2
D		4	3	2			9
需求	4	4	6	2	4	2	

利用位势法进行检验。

第一步：将表 5-25 中的运量换成对应的运价，令 $u_1=0$，得出 $u_2 \sim u_4$，$v_1 \sim v_6$，见表 5-26。

表 5-26

化肥厂\地区	I	II	III	IV	V	VI	u_i
A			5			0	0
B	2				6	0	0
C					4		-2
D		6	3	7			-2
v_j	2	8	5	9	6	0	

第二步：按 $\delta_{ij}=c_{ij}-(u_i+v_j)$，$i,j \in N$，计算所有空格的检验数，如表 5-27 所示。

表 5-27

化肥厂\地区	I	II	III	IV	V	VI
A	8	12		0	4	
B		2	3	21		
C	0	14	4	3		2
D	8				1	2

所有检验数都非负，故表 5-25 中的解为最优解，这时得到的总运费最少，为 90。由于表 5-27 中（A，IV）和（C，I）格的检验数都为 0，所以该运输问题有无穷多最优解。

5.3.2 需求量大于供应量

同样，为了使问题达到产销平衡状态以化为平衡问题，我们可以虚设一个供应点。令这个虚设的供应点的供应量等于实际问题中需求量与供应量的差额。因为这个虚设的供应点事实上不可能向实际的需求地供货,也可以说这个虚设的供应地向实际的需求地供货的成本非常之高,高到不可能向实际的需求地供货,所以可设它的相应运价为 M,M 为任意大的一个正数。这时问题就转化为产销平衡的运输问题,我们可以应用表上作业法来进行求解。

【例 5.4】 某商业公司为下属四个商场(记为 B_1,B_2,B_3,B_4)采购某种商品,由于资源紧张,采购部门仅能从产地 A_1,A_2 和 A_3 处得到有限的订货量,不能充分满足各商场的实际需要。管理部门决定对各商场实行限量供应。根据下面的数据表(表 5-28),制定一个分配方案,使得在满足个各商场的最低需求的条件下公司付出的总运输费用最少。

表 5-28

供\需	B_1	B_2	B_3	B_4	订货量
A_1	16	13	22	17	50
A_2	14	13	19	15	60
A_3	19	20	23	M	60
最低需求量	30	70	无	10	
最高需求量	50	70	30	无	

解: 首先补足数据表中缺失的数据,考虑到 B_3 无最低需求要求,可以设定它的最低需求量满足 $L_3=0$。这样四个销地的最低需求总量为 $L=110$,由于总订货量 $S=160$,在满足各商场的最低需求后,商品还多出 50,可设想全部分配给 B_4,从而 B_4 的最高需求量为 $U_4=60$。现在四个商场的最高需求量为 210,因此虚拟在产地 A_4 处的订货量为 $a_4=50$。根据前面的分析可得出该问题的运输问题模型,如表 5-29 所示。

表 5-29

供\需	B_1'	B_1''	B_2'	B_3''	B_4'	B_4''	a_i
A_1	16	16	13	22	17	17	50
A_2	14	14	13	19	15	15	60
A_3	19	19	20	23	M	M	50
A_4	M	0	M	0	M	0	50
b_j	30	20	70	30	10	50	210

最低需求必须满足,也就是应当由实际供应地供货,而不可能由虚拟的供应地供货,或者说虚拟的供应地向最低需求供货的成本(运价)为无穷大(M);最高需求先由实际供应地供货(对应的运价为实际运价),得不到满足的部分可以由虚拟的供应地提供,虚拟的供应地对应最高需求的运价为 0。

模型中不含 B_2'' 和 B_3',这是由于 $U_2-L_2=0$ 和 $L_3=0$。

用伏格尔法求解：先求出各行各列最小元素和次小元素的差额，见表 5-29。最大差额为 19，对应的最小元素为 0，所以在运量表对应的 $A_4 - B_3''$ 格内填入允许取得的最大值 min{30,50}=30，B_3'' 饱和，划掉。

表 5-30

供＼需	B_1'	B_1''	B_2'	B_3''	B_4'	B_4''	列差
A_1	16	16	13	22	17	17	3
A_2	14	14	13	19	15	15	1
A_3	19	19	20	23	M	M	0
A_4	M	0	M	0	M	0	0
行差	2	14	0	19	2	15	

在余下的运价表中重复上面的步骤，得到分配方案，如表 5-31 所示。

表 5-31

供＼需	B_1'	B_1''	B_2'	B_3''	B_4'	B_4''
A_1			50			
A_2			20		10	30
A_3	30	20	0			
A_4				30		20

经检验，该方案的所有检验数均非负，所以该方案为最优方案。实际分配方案由表 5-32 给出。

表 5-32

供＼需	B_1	B_2	B_3	B_4
A_1		50		
A_2		20		40
A_3	50			

5.4 指派问题

指派问题也称分配问题，它主要研究人和工作间的匹配问题，以使所有工作完成的效率实现最优化。在物流过程中，如何将有限的资源（人力、物力、财力等）分配给多项任务或工作，以达到降低成本或提高效益的目的，这是物流管理重要问题。由于某人做还是不做某项工作是一个互斥的决策问题，因此，它的所有变量被设为 0 或 1 值，以表示这种互斥决策。指派问题属一类特殊的整数规划：0—1 整数规划。

5.4.1 指派问题的数学模型

设：

$$x_{ij} \begin{cases} 1 & \text{当第}i\text{个人作第}j\text{项工作时} \\ 0 & \text{否则} \end{cases}$$

得到数学模型为：

$$\max Z = \sum_{i=1}^{n}\sum_{j=1}^{n} c_{ij}x_{ij}$$

$$s.t. \sum_{j=1}^{n} x_{ij} = 1, \ i=1,2,\cdots,n. \quad \text{工作约束}$$

$$\sum_{i=1}^{n} x_{ij} = 1, \ j=1,2,\cdots,n. \quad \text{人员约束}$$

$$x_{ij} = 0\text{或}1, \ i,j=1,2,\cdots,n.$$

目标函数系数 c_{ij} 为第 i 项工作交给第 j 个人做所耗的时间、费用或成本。

$$\begin{cases} x_{11}+x_{12}+\ldots+x_{1n}=1 & \text{第一项工作只能交一人做} \\ x_{21}+x_{22}+\ldots+x_{2n}=1 & \text{第二项工作只能交一人做} \\ \cdots\cdots \\ x_{n1}+x_{n2}+\ldots+x_{nn}=1 & \text{第}n\text{项工作只能交一人做} \end{cases}$$

$$\begin{cases} x_{11}+x_{21}+\ldots+x_{n1}=1 & \text{第一人只能做一项工作} \\ x_{12}+x_{22}+\ldots+x_{n2}=1 & \text{第二人只能做一项工作} \\ \cdots\cdots \\ x_{1n}+x_{2n}+\ldots+x_{nn}=1 & \text{第}n\text{人只能做一项工作} \end{cases}$$

指派问题模型需要满足的假设：
指派者的数量和任务的数量是相同的；
每一个被指派者只完成一项任务；
每一项任务只能由一个被指派者来完成；
每一个被指派者和一项任务的组合都会有一个相关的成本。
问题的目标是要确定怎样进行指派才能使得总成本达到最小。

5.4.2 指派问题模型与产销平衡运输问题模型之间关系

指派问题的一般模型与产销平衡运输问题的模型极其相似，不同之处仅在于变量有 0—1 取值要求，故可以认为指派问题是一种特殊的运输问题。其特殊性表现在以下两点：指派问题模型是所有产地产量和销地销量都等于 1 的运输问题；指派问题模型是产地数和销地数相等的运输问题。

指派问题的效率矩阵就相当于运输问题的运价表。

因为指派问题的一般模型与产销平衡的运输问题的模型极其相似，仅仅除了变量有 0—1 取值要求，故可以认为指派问题是一种特殊的运输问题，可用表上作业法求解指派问题。

5.4.3 用匈牙利法求解指派问题

理论上可以证明：对于指派问题，在其效率矩阵 (c_{ij}) 中，各行或各列均减去一个常数，所求得的最优解不变。利用该性质可以求指派问题的最优解，把一些矩阵元素变为零，从中寻找出独立 0 元素，便可以得到最优解。

1. 独立 0 元素

独立 0 元素是在指派问题的效率矩阵（或经过变换后的效率矩阵）中的所有不在同行、同列上的 0 元素。

如果将指派问题看作特殊的运输问题，则效率矩阵中独立 0 元素位置实际上指明了某个基下的那些取值 1 的基变量的位置。

2. 匈牙利法的求解步骤

第一步：变换指派问题的效率矩阵 (c_{ij}) 为 (b_{ij})，使在 (b_{ij}) 的各行各列中都出现 0 元素。
（1）从 (c_{ij}) 的每行元素都减去该行的最小元素；
（2）再从所得新系数矩阵的每列元素中减去该列的最小元素。

第二步：进行试指派，以寻求最优解。

在 (b_{ij}) 中找尽可能多的独立 0 元素，若能找出 n 个独立 0 元素，就以这 n 个独立 0 元素对应解矩阵 (x_{ij}) 中的元素为 1，其余为 0，这就得到最优解。找独立 0 元素，常用的步骤如下：

（1）从只有一个 0 元素的行（列）开始，给这个 0 元素加括号，记作（0）。然后划去（0）所在列（行）的其他 0 元素，表示这列所代表的任务已指派完，不必再考虑别人了。

（2）给只有一个 0 元素的列（行）中的 0 元素加括号，记作（0）；然后划去（0）所在行的 0 元素。

（3）反复进行（1），（2）两步，直到尽可能多的 0 元素都被括起和划掉为止。

（4）若仍有没有括起的 0 元素，且同行（列）的 0 元素至少有两个，则从含有 0 元素最少的行（列）开始，比较这行各 0 元素所在列中 0 元素的数目，选择 0 元素少的那列的这个 0 元素加括号（表示选择性多的要"礼让"选择性少的）。然后划掉同行同列的其他 0 元素。可反复进行，直到所有 0 元素都已括起和划掉为止。

（5）若（0）元素的数目 m 等于矩阵的阶数 n，那么这指派问题的最优解已得到。若 $m<n$，则转入下一步。

第三步：作最少的直线覆盖所有 0 元素。

找出效率矩阵中含有 0 元素最少的一行（或一列），从该行（或该列）中圈出一个 0，再通过这个 0 做一竖（横）线，划去此 0 所在的列（或）行。

对效率矩阵中余下的各行各列重复步骤（1），但已括起 0 的行或列不再进行。

得到覆盖所有 0 元素的最少直线数 l，l 等于 m；若 $l=m<n$，须再变换当前的系数矩阵，以找到 n 个独立的 0 元素，为此转第四步。

第四步：变换矩阵（b_{ij}）以增加 0 元素

在没有被直线覆盖的所有元素中找出最小元素，然后将未划掉的行都减去这最小元素；已划掉的列都加上这最小元素（以保证系数矩阵中不出现负元素）。新系数矩阵的最优解和原问题仍相同。转回第二步。

【例 5.5】 假定有甲乙丙丁四个司机被分配完成 E、G、J、R 四项运输任务，四人完成各项任务所花费的时间不同，具体效率矩阵如表 5-33，问应如何安排才能使完成全部任务的总花费最低？

表 5-33

（单位：小时）

人员＼任务	E	G	J	R
甲	2	15	13	4
乙	10	4	14	15
丙	9	14	16	13
丁	7	8	11	9

解：设 X_{ij} 表示第 i 人从事第 j 项工作，且

$$x_{ij} = \begin{cases} 1 \\ 0 \end{cases}$$

因此，该问题的数学模型为

$$\min Z = 2X_{11}+15X_{12}+13X_{13}+4X_{14}+10X_{21}+4X_{22}+14X_{23}+15X_{24}$$
$$+9X_{31}+14X_{32}+16X_{33}+13X_{34}+7X_{41}+8X_{42}+11X_{43}+9X_{44}$$

$$\left.\begin{array}{l}X_{11}+X_{21}+X_{31}+X_{41}=1\\X_{12}+X_{22}+X_{32}+X_{42}=1\\X_{13}+X_{23}+X_{33}+X_{43}=1\\X_{14}+X_{24}+X_{34}+X_{44}=1\end{array}\right\}\text{表示第}j\text{项工作只指派1人完成}$$

$$\left.\begin{array}{l}X_{11}+X_{12}+X_{13}+X_{14}=1\\X_{21}+X_{22}+X_{23}+X_{24}=1\\X_{31}+X_{32}+X_{33}+X_{34}=1\\X_{41}+X_{42}+X_{43}+X_{44}=1\end{array}\right\}\text{表示第}i\text{人被指派完成一项工作}$$

$X_{ij}=0$ 或 $1(i,j=1,2,3,4)$

解：

$$c_{ij}=\begin{pmatrix}2&15&13&4\\10&4&14&15\\9&14&16&13\\7&8&11&9\end{pmatrix}\begin{matrix}-2\\-4\\-9\\-7\end{matrix}\Rightarrow\begin{pmatrix}0&13&11&2\\6&0&10&11\\0&5&7&4\\0&1&4&2\end{pmatrix}\Rightarrow\begin{pmatrix}0&13&7&0\\6&0&6&9\\0&5&3&2\\0&1&0&0\end{pmatrix}\Rightarrow\begin{pmatrix}\otimes&13&7&(0)\\6&(0)&6&9\\(0)&5&3&2\\\otimes&1&(0)&\otimes\end{pmatrix}$$

$\phantom{c_{ij}=\begin{pmatrix}2&15&13&4\\10&4&14&15\\9&14&16&13\\7&8&11&9\end{pmatrix}\begin{matrix}-2\\-4\\-9\\-7\end{matrix}\Rightarrow\begin{pmatrix}0&13&11&2\\6&0&10&11\\0&5&7&4\\0&1&4&2\end{pmatrix}}$ -4 -2

本例独立 0 元素（又称分配元）的个数正好为 4，等于矩阵的阶数，故最优方案为：安排甲完成 R 工作，安排乙完成 J 工作，安排丙完成 E 工作，安排丁完成 G 工作。总的时间花费为：4+4+9+11=28（小时）。

5.4 上机练习

5.4.1 一般运输问题

运输问题的运算程序是 Network Modeling(网络模型)，选项为 Network Flow 或 Transportation Problem。

【例 5.6】用 winQSB 软件求解表 5-34 最小值的运输问题，其中 A_2 不可达及 B_2。

表 5-34

	B_1	B_2	B_3	B_4	A_i
A_1	8	10	5	8	50
A_2	6	—	7	6	40
A_3	12	14	15	10	80
b_j	60	30	70	20	

解：这是一个销大于产的问题，用软件求解不必化为平衡问题，令 $C_{22}=M$，操作步骤如下：

（1）启动程序。点击开始→程序→WinQSB→Network Modeling。

（2）建立新问题。在图 5.2 中分别选择 Transportation Problem、Minimization、Spreadsheet，输入标题、产地数为 3 和销地数为 4。

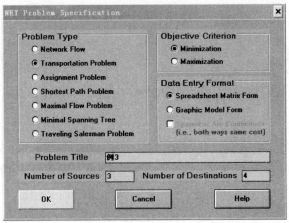

图 5.2

（3）输入表 5-33 的数据到表 5-35 中，并重命名产地和销地。

表 5-35

From \ To	B1	B2	B3	B4	Supply
A1	8	10	5	8	50
A2	6	M	7	6	40
A3	12	14	15	10	80
Demand	60	30	70	20	

（4）求解，点击菜单栏 Solve and Analyze，下拉菜单有四个选择求解方法：
Solve the Problem——只求出最优解；
Solve the Display Steps-Network——网络图求解并显示迭代步骤；
Solve the Display Steps-Tableau——表格求解并显示迭代步骤；
Select Initial Solution Method——选择求初始解方法。
求初始解有八种方法选择：
Row Minimum (RM)逐行最小元素法。
Modified Rpw Minimum (MRM)修正的逐行最小元素法。
Calurnn Minimum (CM)逐列最小元素法。

Modified Column Minimum (MCM)修正的逐列最小元素法。
Northwest Corner Method (NWC)西北角法。
Matrix Minimum (MM)矩阵最小元素法,即最小元素法。
Vogel's Approximation Method (VAM) Vogel 近似法。
Russell's Approximation Method (RAM) Russell 近似法。
如果不选择,系统缺省方法是 RM。

例如,选择最小元素法(MM) Salve the Display Steps-Taleau,得到如表 5-36 所示的初始表。

表 5-36

	B1	B2	B3	B4	Supply	Dual P(i)
A1	8	10	5 50	8	50	0
A2	6 40	+1M	7 Cij=-2 **	6	40	4
A3	12 20	14 30	15 10*	10 20	80	10
Unfilled_Dema	+1M	+1M	+1M 10	+1M	-60	-5+1M
Demand	30	70	20	-10		
Dual P(j)	2	4	5	0		

Objective Value = 10M+1500 (Minimization)
** Entering: A2 to B3 * Leaving: A3 to B3

由表 5-36 可以看到进基、出基变量,还可以得到位势即对偶变量(Pual Pi、Pual Pj)求出检验数。继续迭代得到最优方案表,总运费 $Z=1470$,$B2$ 有 10 个单位不能满足需求,如表 5-37 所示。

表 5-37

12-26-2006	From	To	Shipment	Unit Cost	Total Cost	Reduced Cost
1	A1	B3	50	5	250	0
2	A2	B1	20	6	120	0
3	A2	B3	20	7	140	0
4	A3	B1	40	12	480	0
5	A3	B2	20	14	280	0
6	A3	B4	20	10	200	0
7	Unfilled_Demand	B2	10	0	0	0
Total	Objective	Function	Value =		1470	

（5）显示图解结果。点击菜单栏 Results Graphic Solution，系统以网络流的形式显示最优调运方案，如图 5.3 所示。

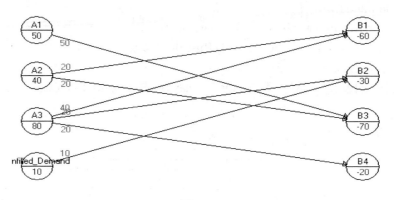

图 5.3

还可以进行 What-If 分析、参数分析。如果有多重解，系统能显示其他基本可行解。

5.4.2 指派问题

指派问题的运算子程序为 Networking Modeling 下的 Assignment Problem 选项。

【例 5.7】 有 4 个工人要完成 4 项工作，已知效率矩阵如表 5-38，试用软件求解。

表 5-38

工人＼工种	A	B	C	D
甲	15	18	21	24
乙	19	23	22	18
丙	26	17	16	19
丁	19	21	23	17

解：用 WinQSB 软件其解时不必对效率矩阵进行人工变换，直接输入原始效率矩阵即可。

启动程序。点击开始→程序→WinQSB→Network Modeling。

建立新问题。在图 5.4 中 Problem Type（问题类型）选择 Assignment Problem（指派问题）；Objective Criterion（目标准则）选择 Minimization。输入问题名称、人数（目标数）和任务数（配置数）。

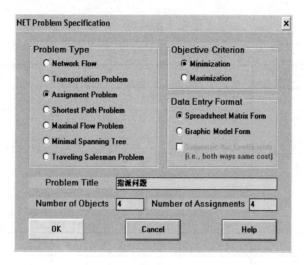

图 5.4

输入表 5-26 中的数据,并对网络节点重命名后得到表 5-39。

表 5-39

From \ To	A	B	C	D
甲	15	18	21	24
乙	19	23	22	18
丙	26	17	16	19
丁	19	21	23	17

(4)求解并显示结果,点击 Solve the Display Steps-Tableau 时,显示匈牙利法每一步迭代表,见表 5-40~表 5-42,表 5-40 是对初始效率距阵进行行列变换(行列分别减去该行该列最小元素)后的初始表。最优解如表 5-43 所示,点击菜单栏 Result→Graphic Solution,以网络图的形式显示结果如图 5.5。

表 5-40

Hungarian Method for 指派问题 -Iteration1				
Prom\To	A	B	C	D
甲	0	2	6	9
乙	1	4	4	0
丙	10	0	0	3
丁	2	3	6	0

表 5-41

Hungarian Method for 指派问题 –Iteration2				
Prom\To	A	B	C	D
甲	0	2	6	10
乙	0	3	3	0
丙	10	0	0	4
丁	-	2	5	0

表 5-42

Hungarian Method for 指派问题 –Iteration3（Final）				
Prom\To	A	B	C	D
甲	0	0	4	10
乙	0	-	-	0
丙	12	0	0	6
丁	-	0	3	0

表 5-43

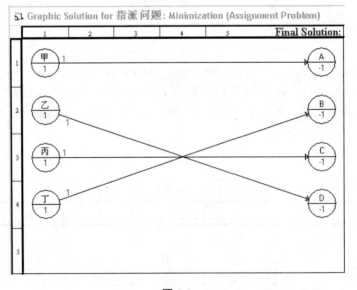

图 5.5

【习题】

1. 运输问题的数学模型具有什么特征?
2. 用西北角法确定运输问题的初始基本可行解的基本步骤是什么?
3. 最小元素法的基本思想是什么?为什么在一般情况下不可能用它直接得到运输问题的最优方案?
4. 试述用闭回路法检验给定的调运方案是否最优的原理,其检验数的经济意义是什么?
5. 用闭回路法检验给定的调运方案时,如何从任意空格出发去寻找一条闭回路?这闭回路是否是唯一的?
6. 试述用位势法求检验数的原理、步骤和方法。
7. 如何把一个产销不平衡的运输问题(产大于销或销大于产)转化为产销平衡的运输问题。
8. 一般线性规划问题应具备什么特征才可以转化为运输问题的数学模型?
9. 依据给出的各产地和各销地的产量和销量,以及各产地至各销地的单位运价,试用表上作业法求最优解。

表 5-44

销地 产地	B_1	B_2	B_3	B_4	供给
A_1	4	1	4	6	8
A_2	1	2	5	0	8
A_3	3	7	5	1	4
需求	6	5	6	3	20

10. 一个运输问题的原始数据如表 5-45 所示,其中一个调运方案如表 5-46 所示,

表 5-45

产地 销地	B_1	B_2	B_3	B_4	B_5	供给
A_1	10	20	5	9	10	9
A_2	2	10	10	30	6	4
A_3	1	20	7	10	4	8
需求	3	5	4	6	3	

(1) 表 5-45 中所给方案是否为最优方案,给出具体说明。
(2) 若 A_2 到 B_2 的道路暂时关闭,重新找出最优调运方案。

表 5-46

产地销地	B_1	B_2	B_3	B_4	B_5
A_1				4	5
A_2	4				
A_3	3	1		1	3

11. 东风电机公司接到上海一家商场(B_1),青岛一家商场(B_2),西安一家商场(B_3)各一份订单,要求下月供应电机。B_1 的需求量为 100 台,B_2 的需求量为 80 台,而 B_3 要求供应 120 台。该公司在北京和武汉设有两个仓库(A_1, A_2),预计 A_1, A_2 下月的库存量分别为 200 台和 150 台。已知每个仓库到每家商场运送 1 台电机的费用如表 5-46 所示。问该公司应如何调运电机,才能既满足用户的需要又使总的运费最少?

表 5-47

	B_1	B_2	B_3
A_1	10	9	8
A_2	11	7	9

(1) 分别用西北角法和最小元素法求初始基本可行解;
(2) 在上面最小元素法求得的初始基本可行解基础上,用两种方法求出个非基变量的检验数;
(3) 进一步求解这个问题。

12. 某厂准备生产 A、B、C 三种产品,各种产品原料消耗量、机械台时占用量、单位产品盈利等数据如表 5-48 所示。

表 5-48

产品资源	A	B	C	资源限量
原料(公斤)	1.0	1.5	4.0	2000
机械台时(台时)	2.0	1.2	1.0	1000
单位盈利(元/公斤)	10	14	12	

根据客户订货,三种产品最低月需求量分别为 200、250、100 件;又根据工厂生产部门预测,三种产品最大生产能力分别为 250、300、150 件;试建立月份盈利最大的最优化模型。

13. 已知效率矩阵如表 5-49,试进行任务指派,并求出完成全部任务所需消耗的资源。

表 5-49

人员\任务	A	B	C	D	E
甲	7	5	9	8	11
乙	9	12	7	11	9
丙	8	5	4	6	9
丁	7	3	6	9	6
戊	4	6	7	5	11

14. 设有三个化肥厂供应四个地区的农用化肥。假定等量的化肥在这些地区使用效果相同。各化肥厂年产量、各地区年需要量及各化肥厂到各地区运送单位化肥的运价,如表 5-50 所示。试求出总费最节省的化肥调拨方案。

表 5-50

化肥厂\地区	I	II	III	IV	产量(万吨)
A	16	13	22	17	50
B	14	13	19	15	60
C	19	20	23	—	50
最低需求	30	70	0	10	
最高需求	50	70	30	不限	

15. 已知下列五名运动员各种泳姿的运动成绩(各为 50 米)如表 5-51 所示(单位:秒),请问如何从中选择一个参加 200 米混合泳的接力队,使预期比赛成绩最好。

表 5-51

	赵	钱	张	王	周
仰泳	37.7	32.9	33.8	37.0	35.4
蛙泳	43.4	33.1	42.2	34.7	41.8
蝶泳	33.3	28.5	38.9	30.4	33.6
自由泳	29.2	26.4	29.6	28.5	31.1

16. 某人外出旅游,需将 5 种物品装入包裹,包裹容量有限,总重量不能超过 13 公斤,物品的单件重量及价值如表 5-52 所示。试问如何装这些物品使总价值最大?

表 5-52

物品	A	B	C	D	E
单件重量(kg)	7	5	4	3	1
单件价值(元)	9	4	3	2	0.5

第 6 章　图与网络优化技术

本章提要
- 运输路线选择的情况；
- 最短路的求解；
- 最大流的求解；
- 选址问题。

现实生活和生产有许多管理、组织与计划中的优化问题。如企业管理中如何安排生产计划或设备购置计划，使收益最大或费用最小；在现有交通条件下如何使调动的物资数量多且费用最小等。这类问题均可借助图论知识得以解决。网络模型就是一个应用图论的理论与方法解决具有网络性质的管理决策问题的数学模型，它具有图形直观、方法简便、容易掌握的特点，30 年来得到迅速发展，应用广泛，尤其是经济活动中管理决策的优化问题。本章主要介绍运输路线选择、网络最大流、最短路和最小费用等问题的数学模型及解法。

6.1　运输路线选择

运输路线的确定会直接影响到运输效果的好坏，关系着物资能否及时运到指定地点。此外，当运输费用是以吨·千米来计算时，运输路线的长短就直接关系着运输费用的多少。因此运输路线的选择也是物资调运规划的一个重要内容。

某项物资从 m 个产地或仓库（统称为发点），调运到 n 个需要地（称为收点），在指定调运方案时，要先画一个示意的交通图，表明收发点的的大致位置、收发量、交通路线长度（不必与实际长度成比例）。

在交通图上，发点用"○"表示，将发货量记在里面，收点用"□"表示，将收货量记在里面。两点间交通线的长度记在交通线旁边。然后作调运物资的流向图。物资调运的方向（流向）用"→"表示，把→按调运方向画在交通线的右边，把调运物资的数量记在→的右边，加上括号，以表示和交通线长度区别，这样就构成图 6.1 的物资调运流量图。

在物资调运中，把某项物资从各发点调到各收点，调运方案很多，我们现在的要求是找出使用运输力量最小的方案，这就要消灭物资调运中的对流和迂回两种不合理运输。

收发量单位：吨　　交通线长度：千米

图 6.1　物资调运流量图

6.1.1　对流

同一时期同一物资在同一线路上的往返运输，称为对流。

如图 6.2，将某物资 10 吨，从 A_1 运到 B_2，而又有同样的物资 10 吨，在同一期间从 A_2 运到 B_1，于是 A_1、A_2 间就出现了对流现象。如果把调运流量图改成如图 6.3 所示，即将 A_1 的 10 吨运到 B_1，而将 A_2 的 10 吨运到 B_2 就消灭了对流，可以节省运输力量 2×10×40=800 吨·千米。

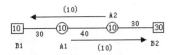 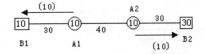

图 6.2　出现对流的调运流量图　　　　图 6.3　消灭了对流的调运流量图

6.1.2　迂回

在存在较近路线的情况下而经过较远路线的一种舍近取远的运输方式，称为迂回。

由于表示调运方向的箭头，要按调运方向，画在交通线的右边，因此，在交通图成圈的流向图中，有些流向就在圈内，称为内圈流向，如图 6.4；有些流向就在圈外，称为外圈流向，如图 6.5。如果流向圈中，内圈流向的总长（简称内流长）或外圈流向的总长（简称外流长）超过整个圈长的一半，就称为迂回运输，先看一个简单的直观的例子（图 6.4）。

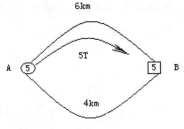 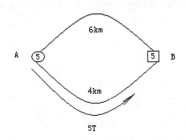

图 6.4　迂回运输图　　　　　　　　　图 6.5　无迂回运输图

图 6.4 就是一个迂回运输,图内流长大于总圈长的一半。如果改成图 6.5,就消灭了迂回。可以节省运输力量 $5×6-5×4=10t·km$。

下面我们再看另一个例子。

图 6.6 内流长 7 大于总圈长 13 的一半,是迂回运输。如果调整内圈长(在内圈各流量中减去内圈的最小流量 10),在外圈各流量中增加内圈的最小流量 10,同时在没有流量的线段上新添上外圈流量 10(即内圈的最小流量),便得出新的流向圈,如图 6.7。新的流向图等于把旧的流向图中,有 10 吨运了大半圈的物资改为由小半圈调运,因为内流长大于总圈长的一半,而外流长加上没有流量的长度小于整圈长的一半,从而节省了运输力量。这是一个不太直观的迂回问题。

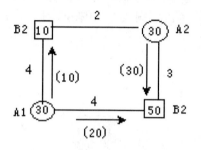

图 6.6 迂回运输

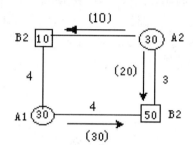

图 6.7 无迂回运输

物资调运的图上作业法,就是为了消灭运输中对流和迂回,节省运输力量。这种方法的步骤是:先找出一个没有对流的方案,再检查有没有迂回,如果没有迂回,这方案已是最优方案。如果有迂回,则调整这一方案,直至消灭迂回为止。

在物资调运中,运输路线可分为两种情况:一是交通路线不成圈,一是交通路线成圈。下面分别用例子介绍这两种情况物资调运的方法。

6.1.3 交通路线不成圈

【例 6.1】 有某种物资 17 万吨,由 A_1,A_2,A_3,A_4 发出,发量分别为 5,2,3,7(单位:万吨),运往 B_1,B_2,B_3,B_4,收量分别为 8,1,3,5(单位:万吨),收发量是平衡的,它的交通路线如图 6.8 所示,问应如何调运,才使运输吨·千米最小。

解:作一个没有对流的流向图。作法是:由各端点开始,由外向里,逐步进行各收发点之间的收发平衡。把 A_1 的 5 万吨给 A_2,A_2 成为有发量 7 万吨的发点。由 A_3 调 1 万吨给 B_2,A_3 剩余 2 万吨,由 A_4 调 5 万吨给 B_4,A_4 剩 2 万吨。将 A_2 的 7 万吨全部调给 B_1,将 A_3 剩余的 2 万吨,先调 1 万吨给 B_1,余下的 1 万吨调给 B_3。A_4 剩余的 2 万吨全部调给 B_3,调运流向图如图 6.9 所示。

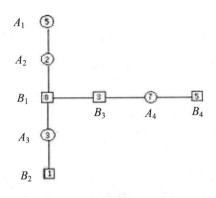

图 6.8 交通路线图

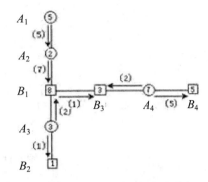

图 6.9 调运流向图

根据上面流向图的作法,很明显,所得的没有对流现象的流向图是唯一的,再根据对流现象是不合理的运输,所以这唯一没有对流的流向图就是唯一的最优方案的流向图。

有时同一流向图,可以编制各种不同的调运方案,比如这例子中,B_3 需要的 3 万吨,除 A_4 供给的 2 万吨,其余 1 万吨可以由 A_3 供给,也可以由 A_2 供给,还可以由 A_2,A_3 共同供给,这些方案所用的运输力是一样的,调运时,可以结合其他条件,选择其中一个。

6.1.4 交通路线成圈

【**例 6.2**】 有某物资 7 万吨,由发点 A_1,A_2,A_3 发出,发量分别为 3,3,1(万吨),运往收点 B_1,B_2,B_3,B_4,收量分别为 2,3,1,1(万吨),收发量平衡,交通图如图 6.10 所示,问应如何调运,才能使吨·千米最小。

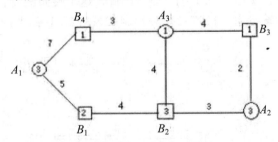

图 6.10 交通路线图

解:(1) 作一个没有对流的流向图,用"去线破圈"的方法,去一线破一圈,有几个圈去掉几条线,把有圈的交通图化为不成圈的交通图。一般是先去掉长度最长的交通线,比如去掉 A_1B_4(7 千米),破 $A_1B_1B_2A_3B_4$ 圈,再去掉 A_3B_3 线(4 千米),破 $B_2A_2B_3A_3$ 圈。原来有圈的交通图,变成了不成圈的交通图,如图 6.11 所示。

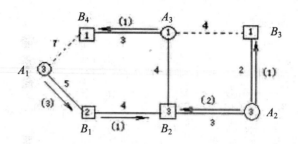

图 6.11 调运流量图

然后先从各个端点开始,在图 6.11 上作一个没有对流的流向图。

(2) 检查有无迂回。方法是对流向图中的各圈进行检查,看看有无迂回。如果没有迂回,这个初始方案就是最优方案,如果其中某一圈有迂回,这个方案就不是最优方案,需要改进。

在图 6.11 中圈 $A_1B_1B_2A_3B_4$ 的总长为 23 千米,外流长为 5+4+3=12 千米,大于总圈长的一半,因而需要调整。再看圈 $B_2A_2B_3A_3$,其总长为 13 千米,圈中内流长为 3 千米,外流长为 2 千米,都小于圈长的一半,因此此圈不必调整。

对圈 $A_1B_1B_2A_3B_4$ 的调整方法是:在外圈的各流量中,减去外圈的最小流量 1 万吨;然后在内圈的各流量中加上 1 万吨,在此圈中,因无内流量,所以无处可加;另外,再在无流量的线段上,新添上内圈流量 1 万吨,这样得出新的流量图,如图 6.12 所示。

新的流量图中,在 $A_1B_1B_2A_3B_4$ 圈内,内流长为 4+7=11 千米,外流长为 5 千米,都不超过整圈长(23 千米)的一半;在 $B_2A_2B_3A_3$ 圈内,内流长为 3 千米,外流长为 4+2=6 千米,也都没有超过全圈长(13 千米)的一半,因此,这个流向图没有迂回现象,是本问题的最优调运方案,总运输量为:1×7+2×5+1×4+2×3+2×1=29 吨·千米。

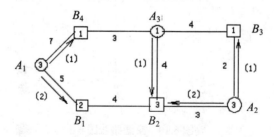

图 6.12 调整后的流量图

注意:对 2 个或 2 个以上的圈的交通路线图,如果调整了其中的某一个圈的流量,则有可能影响到其他圈而产生迂回现象,因此需要检查,以确保调整后所有的圈都不存在迂回,否则应继续调整,直至所有的圈都不存在迂回为止。

6.2 最 短 路

在运输规划问题中经常会遇到最短路的问题。许多实际问题都可以归结为最短路问题，例如两地间的管道铺设，线路安装，道路修筑，运路选取等等；再如工厂布局，设备更新等问题也可转化为最短路问题。

狄克斯屈拉（Dijkstra）算法是求最短路的一般方法，该法是狄克斯屈拉在 1959 年提出的，适用于有向图和无向图两种情况。

6.2.1 有向图的狄克斯屈拉算法

有向图是所有权数均为非负（即结点间的距离看 $k_{ij} \geq 0$）的网络。

该法在施行中，对每一个点都要赋予一个标号，这分为固定标号 $P(v_j)$ 和临时标号 $T(v_j)$ 两种，其含义如下：

$P(v_j)$：从始点 v_s 到 v_j 的最短路长；

$T(v_j)$：从始点 v_s 到 v_j 的最短路长上界。

一个点 v_j 的标号只能是上述两种标号之一。若为 T 标号，则需视情况修改，而一旦成为 P 标号，就固定不变了。

开始先给始点 v_s 标上 P 标号 0，给其余各点都标上 T 标号 ∞，然后检查点 v_s，对其一切关联边 (v_s, v_j) 的终点 v_j，修改 v_j 的 T 标号，用 w_{ij} 取代 ∞；再在网络的所有 T 标号中选取最小者，把它改为 P 标号。以后每次都检查刚得到 P 标号那点，按一定规则修改其一切关联边终点的 T 标号，再在网络的所有 T 标号中选取最小者并把它改为 P 标号。这样，每次都把一个 T 标号点改为 P 标号点，因为网络中总共有 n 个结点。故最多只需 $n-1$ 次就能把终点 v_t 改为 P 标号。这意味着已求得了 v_s 到 v_t 的最短路。

下面我们通过实际的例子来说明最短路的狄克斯屈拉标号法的计算过程。

【例 6.3】 某地 8 个村镇之间的现有交通道路如图 6.13 所示，边旁数字为各村镇之间道路的长度。求从 v_1 到 v_8 的最短距离是多少？

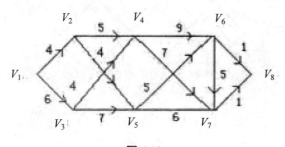

图 6.13

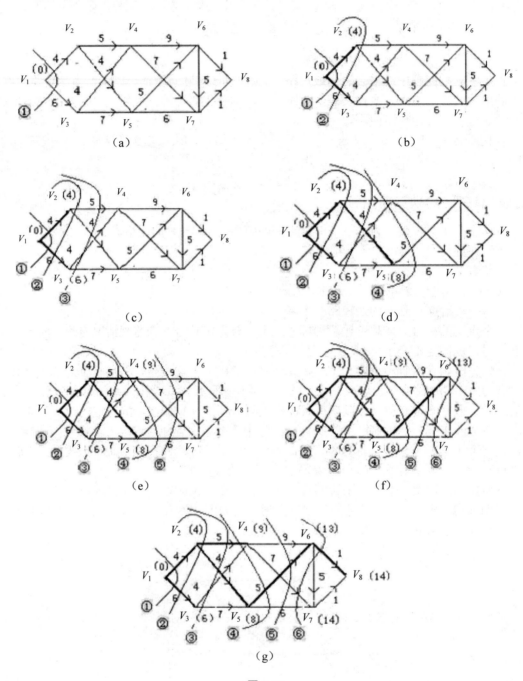

图 6.14

解：

（1）从 v_1 出发，向 v_8 走。首先，从 v_1 到 v_1 的距离为 0，给 v_1 标号（0）。画第一个弧。（表明已 v_1 标号，或已走出 v_1），见图 6.14（a）。

（2）从 v_1 出发，只有两条路可走 (v_1, v_2)，(v_1, v_3)，其距离为 $k_{12}=4$，$k_{13}=6$。

可能最短路为： $\min\{v_1+k_{12}, v_1+k_{13}\} = \min\{0+4, 0+6\} = 4$。

① 将（v_1, v_2）划成粗线。

② 给 v_2 标号（4）。

③ 划第二个弧。表明走出 v_1 后走向 v_8 的最短路目前看是 (v_1, v_2)，最短距离是 4 。现已考察完毕第二个圈内的路，或者说，已完成 v_1, v_2 的标号。见图 6.14（b）。

（3）接着往下考察，有三条路可走：(v_1, v_3)，(v_2, v_4)，(v_2, v_5)。

可选择的最短路为： $\min\{v_1+k_{13}, v_2+k_{24}, v_2+k_{25}\} = \min\{0+6, 4+5, 4+4\} = 6$。

① 将（v_1, v_3）划成粗线。

② 给 v_3 标号（6）。

③ 划第 3 个弧。见图 6.14（c）。

（4）接着往下考察，有四条路可走：(v_2, v_4)，(v_2, v_5)，(v_3, v_4)，(v_3, v_5)。

可选择的最短路为： $\min\{v_2+k_{24}, v_2+k_{25}, v_3+k_{34}, v_3+k_{35}\} = \min\{9, 8, 10, 13\} = 8$。

① 将 (v_2, v_5) 划成粗线。

② 给 v_5 标号（8）。

③ 划第 4 个弧。见图 6.14（d）。

（5）接着往下考察，有四条路可走：(v_2, v_4)，(v_3, v_4)，(v_5, v_6)，(v_5, v_7)。

可选择的最短路为： $\min\{v_2+k_{24}, v_3+k_{34}, v_5+k_{56}, v_5+k_{57}\} = \min\{9, 10, 13, 14\} = 9$。

① 将 (v_2, v_4) 划成粗线。

② 给 v_4 标号（9）。

③ 划第 5 个弧。见图 6.14（e）。

（6）接着往下考察，有四条路可走：(v_4, v_6)，(v_4, v_7)，(v_5, v_6)，(v_5, v_7)。

可选择的最短路为： $\min\{v_4+k_{46}, v_4+k_{47}, v_5+k_{56}, v_5+k_{57}\} = \min\{18, 16, 13, 14\} = 13$。

① 将 (v_5, v_6) 划成粗线。

② 给 v_6 标号（13）。

③ 划第 6 个弧。见图 6.14（f）。

（7）接着往下考察，有四条路可走：(v_4, v_7)，(v_5, v_7)，(v_6, v_7)，(v_6, v_8)。

可选择的最短路为： $\min\{v_4+k_{47}, v_5+k_{57}, v_6+k_{67}, v_6+k_{68}\} = \min\{16, 14, 18, 14\} = 14$。

① 同时将 (v_5, v_7, v_6, v_8) 划成粗线。

② 分别给 v_7, v_8 标号（14）。见图 6.14（g）。

最后，从 v_8 逆粗线寻到 v_1，得最短路：$v_1 \to v_2 \to v_5 \to v_6 \to v_8$，长度为 14。

6.2.2 无向图的狄克斯屈拉算法

无向图是指 v_i 和 v_j 之间存在着一条无法向的边相关联,v_i 和 v_j 两点之间可以互达。当 v_i 和 v_j 之间至少有两条边相关联时,留下一条最短边,去掉其它关联边。对于无向图最短路的求解 Dijkstra 算法同样有效。

标号方法与有向图相同,路线的起点标号[0],将标号的第一步改为:找出所有一端 v_i 已标号另一端 v_j 未标号的边,集合为 B={[i, j]|v_i(已标号),v_j(未标号)},如果这样的边不存在或 v_i 已标号则计算结束。点标号和边标号的计算公式相同。

【例 6.4】 用 Dijkstra 算法求图 6-15(a)所示的 v_1 到其他各点的最短路。

解: 给起点 v_1 标号 0,用方框框起;

(1)一端已标号另一端未标号的边集合 B={(1,2),(1,3),(1,4)},k(1,2)=b(1)+c_{12}=0+4=4,k(1,3)=0+5=5,k(1,4)=0+2=2,将边的标号用圆括号填在边上。

$$\min\{k(1,2),k(1,3),k(1,4)\}=\min\{4,5,2\}=2。$$

k(1,4)=2 最小,点 v_4 标号 2,用方框框起,见图 6-16(b)。

(2)图 6-15(b)中,B={(1,2),(1,3),(4,3),(4,7)},k(4,3)=2+1,k(4,7)=2+8=10

$$\min\{k(1,2),k(1,3),k(4,3),k(4,7)\}=\min\{4,5,3,10\}=3$$

k(4,3)=3 最小,点 v_3 标号 3,用方框框起,见图 6-15(c)。

(3)继续标号,得到点 v_2 的标号,见图 6-15(d)。

(4)相同的方法,得到点 v_5 与 v_7 的标号,见图 6-15(e)。

(5)继续进行,得到点 v_6 的标号,见图 6-15(f)。

(6)得到点 v_8 的标号,见图 6-15(g)。所有点得到标号,计算过程结束。

根据图 6-16(f),得到 v_1 到 $v_2,v_3,v_4,v_5,v_6,v_7,v_8$ 的最短路分别是:

$$p_{12}=\{v1,v2\},$$
$$p_{13}=\{v1,v4,v3\},$$
$$p_{14}=\{v1,v4\},$$
$$p_{15}=\{v1,v4,v3,v5\},$$
$$p_{16}=\{v1,v4,v3,v5,v6\},$$
$$p_{17}=\{v1,v4,v3,v7\},$$
$$p_{18}=\{v1,v4,v3,v5,v8\}。$$

最短路长分别是:

$$L_{12}=4,$$
$$L_{13}=3,$$
$$L_{14}=2,$$
$$L_{15}=6,$$
$$L_{16}=8,$$

$L_{17}=6$,
$L_{18}=18$。

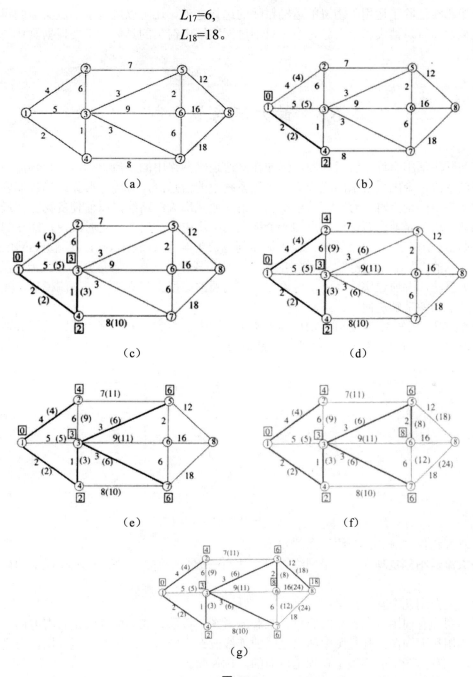

图 6.15

最短路线法除了运用于物资的运输路线的选择之外，还可以应用于物流渠道的设计以及电缆架设、管道铺设和个人旅行中。只不过网络图中箭矢的具体含义要根据具体的问题来设定。

6.3 最大流与最小割

在实际生活中有许多流量问题，例如在交通运输网络中的人流、车流、货物流，供水网络中的水流，金融系统中的现金流，通讯系统中的信息流，等等。譬如：当我们要把货物运输到指定的地点时，有时会希望找到一条交通量最大的路线，以便使货物能在最短时间内到达。这就是要在有一个起点和一个终点的网络中，找出在一定时间内，能在起点进入，并通过这个网络，在终点输出的最大流量问题。50年代以福特(Ford)、富克逊(Fulkerson)为代表建立的"网络流理论"，是网络应用的重要组成部分。本节着重介绍最大流（包括最小费用）算法，并通过实际例子，讨论如何在问题的原型上建立一个网络流模型，然后用最大流算法高效地解决问题。

【例6.5】 已知网络图如图6.16（a）所示，图中箭线旁边的数字为线路的最大通过能力，试求由 s 到 t 的网络的最大通过能力是多少？

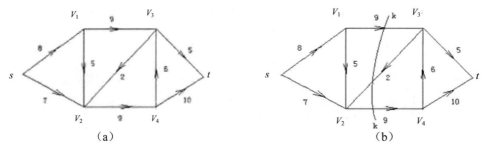

图 6.16

在求解题目之前，先介绍下面的知识。

最大流最小割定理：在一个网络 N 中，从 $s \rightarrow t$ 最大流的容量等于分离 s、t 的最小割的容量。

下面先介绍几个基本概念：

无向图、有向图、弧、弧的容量、割和流量图，按照构成图的连线是否有方向，可以分为有向图和无向图，凡是图中两点之间的连线没有规定方向的图称为无向图，反之则称为有向图。有向图上的连线是有规定指向的，称作弧。

对网络流的研究是在容量网络上进行的。所谓容量网络是指对网络上的每条弧都给出一个最大的通过能力，称为该弧的容量。

所谓割是将容量网络中的发点和收点分割开，使 $s \to t$ 的流中断的一个弧的集合。如图6.16，kk 将网络上的点分割成 V 和 $\overline{V}$ 两个集合，有 $s \in V$，$t \in \overline{V}$，称弧的集合 $(V, \overline{V}) = \{v_1, v_3\}$，$\{v_2, v_4\}$ 是一个割。割的容量是组成它的集合中的各弧的容量之和，该图中为 $9+9=18$。

注意在在组成上述割的弧集合中不包含 (v_3, v_2)，因为即使这条弧不割断的话，$s \to t$ 的流仍然中断。

由于 kk 的不同画法，我们可以找出网络图中的全部不同的割，见表 6-1。

表 6-1

V	$\overline{V}$	割	割的容量
s	v_1, v_2, v_3, v_4, t	$(s, v_1), (s, v_2)$	$8+7=15$
s, v_1	v_2, v_3, v_4, t	$(s, v_2), (v_1, v_2), (v_1, v_3)$	$7+5+9=21$
s, v_2	v_1, v_3, v_4, t	$(s, v_1), (v_2, v_4)$	$8+9=17$
s, v_1, v_2	v_3, v_4, t	$(v_1, v_3), (v_2, v_4)$	$9+9=18$
s, v_1, v_3	v_2, v_4, t	$(s, v_2), (v_1, v_2), (v_3, v_2), (v_3, t)$	$7+5+2+5=19$
s, v_2, v_4	v_1, v_3, t	$(s, v_1), (v_4, v_3), (v_4, t)$	$8+6+10=24$
s, v_1, v_2, v_3	v_4, t	$(v_2, v_4), (v_3, t)$	$9+5=14$
s, v_1, v_2, v_4	v_3, t	$(v_1, v_3), (v_4, v_3), (v_4, t)$	$9+6+10=25$
s, v_1, v_2, v_3, v_4	t	$(v_3, t), (v_4, t)$	$5+10=15$

本例的最小割集的容量为 14，所以根据最大流最小割定理知 $s \to t$ 的最大流为 14。

根据最小割求解最大流，手工计算过程稍显烦琐，对于比较复杂的网络可以利用微机编程求解；在生产实际中，如果网络图的结构不是非常复杂，可以采用下面的方法手工求解。仍以本题为例说明。

解：(1) 任意选择一条从起点 s 到终点 t 的路线，例如，我们选择路线 s-v_1-v_3-t。首先找出这条路线上流量能力最小的支线，即 v_3-t 支线，其流量能力为 5。这就表明 s-v_1-v_3-t 支线最大流量只能是 5，因为 v_3-t 支线限制了全线的流量。

其次把这条路线上每条支线的流量能力减去 5，差数表示这支线剩余的流量能力，将其写在原来流量能力的旁边，并把原来的流量划掉。把减数 5 写在每条支线的终点，在减数 5 的右下角注上（1），如 $5_{(1)}$，表示第一条路线的流量能力为 5。标注方式如图 6.17 所示。

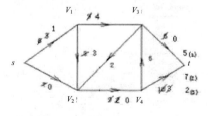

图 6.17

（2）另选一条从起点到终点地路线，如 $s\text{-}v_2\text{-}v_4\text{-}t$，以该路线上最小的流量能力 7 为减数，来减各支线上的流量能力，其差数、减数的记入方式同上。在减数的右下角注上（2），如 $7_{(2)}$，表示第二条路线的流量能力为 7。

（3）再选一条从起点到终点的路线，如 $s\text{-}v_1\text{-}v_2\text{-}v_4\text{-}t$，以该路线上最少的流量能力 2 为减数，来减各支线上的流量能力，其差数、减数的记入方式同上。但 $s\text{-}v_1$ 支线的流量能力已经只剩下 3，再减去 2，差数为 1，继续写在 3 的旁边，表示 $s\text{-}v_1$ 支线的流量能力只剩余 1，同时划掉 3，再记入本路线的差数 $2_{(3)}$，表示第三条路线的流量能力为 2。

从起点到终点，已经找不到这样一条路线：这条路线上所有支线的流量能力全为正数。

全部计算过程见图 6.17。在这个交通网络中，成为瓶颈的有 $v_2\text{-}v_4$ 和 $v_3\text{-}t$ 两条支线，要想提高整个网络的流量能力，就必须改进这些薄弱环节的状况。

这样，我们已经求得了这个网络的最大流量，即第一条路线上的 5，第二条路线上的 7，第三条路线上的 2，共为 14。

最大流量算法，对规划铁路、公路运输以及城市交通流量等很有用处。

6.4 上机练习

【例 6.8】 用 WinQSB 软件求解例 6.3 的最短问题。

1. 问题描述

运行：程序→WinQSB→Network Modeling，点击 File→New Problem，出现对话框，

（1）在问题类型[Problem Type]中选择最短路[Shortest Path Problem]；

（2）在目标准则[Objective Creterion]中选择最小[Minimization]；

（3）在数据输入形式[Data Entry Format]中选择图形模型形式[Graphic Model Form]或表格矩阵形式[Spreadsheet Matrix Form]；

（4）在问题标题[Problem Title]中输入问题名称；

（5）在节点数量[Number of nodes]中输入节点数量，得到图 6.18。

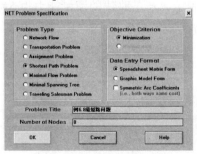

图 6.18 问题描述

点击确定[ok]。

2．在出现的坐标窗口中的相应位置，双击鼠标左键，画出 8 个节点，节点名称机器默认为 node1~8，也可以在右侧的 Node Name 中给各个节点重新命名。

3．按住并拖动鼠标左键，从各个起始节点到各个目标节点画箭线，机器默认的各个节点距离为 M。

4．点击编辑→连线[Edit→Arc/connection/link]，在右侧的编辑连接[Edit Connection]中更改输入各个连接箭线的距离数值，见图 6.19。

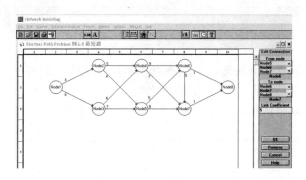

图 6.19

如果在第 1 步的（3）中选以表格矩阵形式[Spreadsheet Matrix Form]输入数据，则在出现的表单中输入各个节点之间的距离数值，没有连接的节点之间保持空白，如图 6.20。

From \ To	Node1	Node2	Node3	Node4	Node5	Node6	Node7	Node8
Node1		4	6					
Node2					5	4		
Node3				4		7		
Node4						9	7	
Node5						5	5	
Node6							5	1
Node7								1
Node8								

图 6.20

5．点击求解[Solve and Analyze]，从中选择求解问题[Solve the Problem]，出现选择起点和终点的对话框，如图 6.21。

图 6.21

6. 点击求解[Solve]，得到如图 6.22 所示结果。

08-24-2007	From	To	Distance/Cost	Cumulative Distance/Cost
1	Node1	Node2	4	4
2	Node2	Node5	4	8
3	Node5	Node6	5	13
4	Node6	Node8	1	14
	From Node1	To Node8	=	14
	From Node1	To Node2	=	4
	From Node1	To Node3	=	6
	From Node1	To Node4	=	9
	From Node1	To Node5	=	8
	From Node1	To Node6	=	13
	From Node1	To Node7	=	13

图 6.22

从输出的结果中可以看出从起点 1 到终点 8 的最短路线为从节点 1 经节点 2、5、6 至节点 8，最短距离为 14，和手工计算的结果相同。

7. 在结果[Results]中选择图解[Graphic Solution]，得到图解结果，见图 6.23。

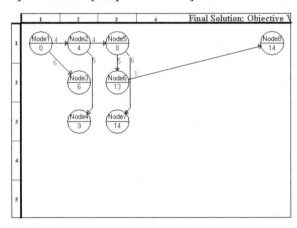

图 6.23

【例 6.9】 用 WinQSB 软件求解例 6.5 的最大流问题。

1. 问题描述

运行：程序→WinQSB→Network Modeling，点击 File→New Problem，出现对话框，

（1）在问题类型[Problem Type]中选择最大流[Maximal Flow Problem]；

（2）在目标准则[Objective Creterion]中选择最大[Maximization]；

（3）在数据输入形式[Data Entry Format]中选择表格矩阵形式[Spreadsheet Matrix Form]或图形模型形式[Graphic Model Form]；

（4）在问题标题[Problem Title]中输入问题名称；

（5）在节点数量[Number of nodes]中输入节点数量 6，得到图 6.24。

第 6 章 图与网络优化技术　　　　　　　　　　　　　　　　　　　　　　　　　　145

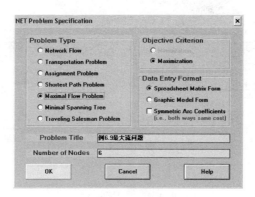

图 6.24

点击确定[ok]。

2．在出现的表单中输入各个节点之间的流量数值，没有连接的节点之间保持空白，如图 6.25。

From \ To	Node1	Node2	Node3	Node4	Node5	Node6
Node1		6	5	3		
Node2					4	
Node3				3	5	
Node4						7
Node5						2
Node6						

图 6.25

3．点击求解[Solve and Analyze]，从中选择求解问题[Solve the Problem]，出现选择起点和终点的对话框如图 6.26。

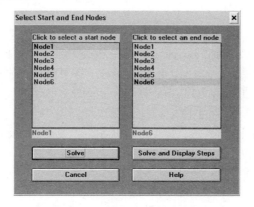

图 6.26

4. 点击求解[Solve]，得到如图 6.27 所示结果。

08-24-2007	From	To	Net Flow		From	To	Net Flow
1	Node1	Node2	2	5	Node3	Node4	3
2	Node1	Node3	3	6	Node4	Node6	6
3	Node1	Node4	3	7	Node5	Node6	2
4	Node2	Node5	2				
Total	Net Flow	From	Node1	To	Node6	=	8

图 6.27

从输出的结果中可以看出从起点 1 到终点 6 的最大流为 8，和手工计算的结果相同。

5. 在结果[Results]中选择图解[Graphic Solution]，得到图解结果，见图 6.28。

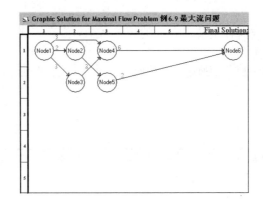

图 6.28

【小结】

本章的主要内容包括交通路线选择、最短路和最大流及选址问题。交通路线选择中介绍了交通路线成圈和不成圈两种情况下的处理方法，其中的重点是交通路线成圈的情况处理；关于最短路的求解，介绍了 Dijkstra 算法和逆序法；介绍了最大流的两种算法，一是根据最大流最小割定理，二是手工图上标注；在选址问题中介绍了单一地址选址方法和图上作业法，其中重点是图上作业法；本章的上机练习主要介绍了利用 WinQSB 软件求解最短路和最大流两类问题的方法步骤。

【习题】

1．某地 7 个村镇之间的现有交通道路如图 6.29 所示，边旁数字为各村镇之间道路的长度。求从①到⑦的最短距离是多少？

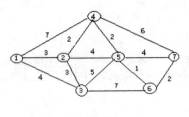

图 6.29

2. 求图 6.30 所示的网络的最大流。

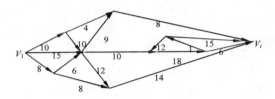

图 6.30

3. 求图 6.31 所示的 A 到 J 的最短路及最短路长，并对（a）和（b）的结果进行比较。

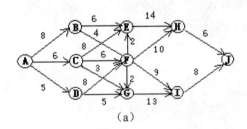 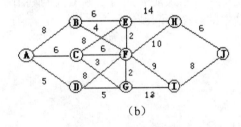

（a）　　　　　　　　　　　　　　（b）

图 6.31

4. 已知 A、B、C 三家工厂，每天的生产能力分别是 30、20、10 吨，D、E、F 是三个仓库。现在要把三个工厂的产品通过图 6.32 所示的运输网络运到仓库（图中数字为每条线路每天的通过能力），问现有运输网络能否全部承担下来？

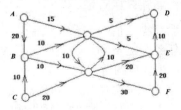

图 6.32

第 7 章 货物配载优化技术

本章提要
- 配载问题的基本含义;
- 线性规划模型
- 少量货物的手工配载
- 品种混装问题的解决

企业作为一个经营单位,最根本目的就是获取最大化的利润,开源、节流是企业获取利润两种主要方式。物流活动在企业的经营活动中所占的比重越来越大,物流成本的高低对于企业的经营成果的影响日益显著。在企业的经营规模既定的情况下,降低物流成本成为企业在激烈的市场竞争中生存和发展的一个重要途径。物流活动包括集货、存储、流通加工、拣货、分拣、配货、装卸、运输等环节。配载是配货环节的一个主要内容,其质量控制得当,不仅能够提高运输工具的利用率、降低成本,而且能够创造利润,是物流生产活动中的一个利润源。

7.1 配载问题的含义

7.1.1 基本概念

通常,运输工具的载货量是一定的,不是无限的,其载重量、可用体积都是有限值的。因此,对一个有限的运输工具如何装载、使其能够最大限度达到其限定的载重量,同时又能充分利用其体积容量,是物流活动中提高运输工具的利用率和经济效益的一个关键的重要的环节。配载运输是充分利用运输工具载重量和容积,合理安排装载的货物及载运方法以求得合理化的一种运输方式。配载运输是提高运输工具实载率的一种有效形式。

配载指运输部门根据车、船和物资情况,合理调配装载位置和重量的一项组织工作。

配载是为某一次具体运输任务选配货物,确定应装运货物的品种,数量,体积。配载相当于运筹学里的背包问题,即在既定的背包容积下,有不同价值,不同体积的货物若干,如何以最大价值或最低成本等为目标来选择装什么货物,装多少货物.

配载运输往往是轻重商品的混合配载,在以重质货物运输为主的情况下,同时搭载一些轻泡货物,如海运矿石、黄沙等重质货物,在仓面捎运木材、毛竹等,铁路运矿石、钢材等重物上面搭运轻泡农、副产品等,在基本不增加运力投入、基本不减少重质货物运输情况下,解决了轻泡货的搭运,因而效果显著。

7.1.2 配载的原则

一般来说,轻重搭配是配载的最简单的原则。也就是说用重货铺底,以充分利用运输工具的载重量,轻泡货搭配以充分利用其可用空间体积。最后的结果是,轻重货的总重量加起来能无限接近于限定载重量的最大值,轻重货的总体积加起来能无限接近限定体积数的最大值。但轻重货的搭配并不是随意的,而是要达到上面所说的目的,无论是重量还是体积都要无限接近最大化,同时还要产生最佳的经济效益。这就有一个科学的依据,有一个科学的比例才能保证上述目的的达成。那么一个什么样的比例才是最科学、最适当的呢?

长期以来,物流公司的员工都是凭经验来给运输工具进行配载的,也能获取一定的效益。但这只是凭经验而已,是否已经达到运输工具使用率的最大化、配载效益的最大化了,也从未有人去评估过,而这种经验对于新员工来说是不具备的。有没有公式化的计算办法来科学地配载运输工具呢?其实很简单,我们在集货时一般都是以重量或体积来计量货物的,这样我们就可以知道所集货物密度的近似值,从而推出轻重货的配载比例。

配载时应注意的几点原则:
(1)根据运输工具的内径尺寸,计算出其最大容积量;
(2)测量所载货物的尺寸重量,结合运输工具的尺寸,初步算出装载轻重货物的比例;
(3)装车时注意货物摆放顺序、堆码时的方向,是横摆还是竖放,要最大限度利用车厢的空间;
(4)配载时不仅要考虑最大限度地利用车载量,还要具体情况具体分析,根据货物的价值来进行价值的搭配;
(5)以单位运输工具能获取最大利润为配载总原则。

7.1.3 注意事项

在货物配载时应当注意以下问题。
(1)重货不能压轻货,大件货物不能压小件货物。
(2)注意运输工具的承重位置,不能偏重,或者重心偏向。
(3)注意附加值高的货物的装载位置,要保护起来。
(4)注意食品不能和有异味的、有毒的货物混装。
(5)液态物质要注意其包装的密封性并采取隔离措施。
(6)怕压、易碎、易变型的产品,在装载时要采取防护措施。

7.1.4 配载方法

货运配载是配送中心的一项主要工作。解决车辆配载问题的方法很多,一种方法是采用整数规划和多目标规划方法,描述交通条件约束、时间窗约束及车辆装载能力约束条件下配送车辆的配送、配载模型,并依据节省算法和贪婪算法的算法思想,以一步搜索方式设计一种启发式算法。此种方法的优点是既可以在保证客户需求动态变化的情况下实现配载方案和配送路径的实时更新,也可以保证交通条件约束的调整,精度较高,但该方法中所涉及的参数有时较难确定,且计算也较为复杂。

另外一种关于货物配载问题的解决方法是随机模拟方法(Probabilistic Simulation Method),此类方法主要是应用 Monte Carlo 方法在内的计算机模拟技术,产生既定线路下的满足要求的多个方案,然后通过特定的评价方法对随机产生的多个方案进行评价,从中选出最佳的方案。此类方法对定量的因素考虑较多,对定性的因素却难以量化处理,所得结果的可靠度并不高。

除上述方法外,还有其他的诸如决策支持系统法、专家系统法等配载方法。纵观这些方法,有的方法精度不高,有的方法参数较难确定且可操作性差。有没有一种及操作简单,其结果有较为满意的方法呢?下边将简单地介绍几种配载方式。

7.2 货物配载问题

车、船在确定载货时,应尽可能使车船载重量和载货容积能得到充分利用,并优先装运运费高的货物,从而达到提高车船的使用效率和经济效益的目的。

在货源、货类较多的情况下,如何对车船进行配载,做到既能充分利用运输工具的载重量和容积(即达到满舱满载),同时又能使每一行程(航次)收入最大,可以选择下列两种不同的定量技术配载方法。

7.2.1 线性规划数学模型求解的配载方法

首先对提出的问题作如下描述:假定车船的额定载货重量为 $D(t)$,载货容积为 $V(m^3)$,舱容系数为 $\omega(m^3/t)$,可供该运输工具选择的货物共有 n 种,这 n 种货物的运费率分别为 f_1, f_2, ……, f_n(元/吨),各种货物的积载因数分别为 u_1, u_2, ……, $u_n(m^3/t)$,各种货物可供装载的数量为 Q_1, Q_2, ……, $Q_n(t)$。求在充分利用载重量和容积的条件下,能使本次运输收入最大的配载方案。

对于这个问题,根据追求的目标及限制条件,可列出如下算式。

目标函数
$$\max F = \sum_{i=1}^{n} f_i \cdot x_i$$

约束条件
$$\begin{cases} 装载总重量约束 \quad \sum_{i=1}^{n} x_i \leqslant D \\ 容积约束 \quad \sum_{i=1}^{n} u_i \times x_i \leqslant V \\ x_i \geqslant 0 \quad i=1,2,\cdots,n \end{cases}$$

其中 F 表示本行程（航次）运费总收入，x_i 表示第 i 种货物的装载量。

以上是在货物数量大于车船载重量的条件下列出的线性规划模型，如果某些货物的数量小于车船的净载重量时，则只要在上边的约束方程中加上有关货物有限的约束条件：$x_i \leqslant Q_i$ 进行求解即可。

这是一个比较简单的线性规划模型，可以用单纯形法求解。

【例 7.1】 现有 A、B 两种货物，需要运输，每吨货物体积分别为 $6m^3$、$2m^3$，其中 B 有 3 吨，其运费分别为每吨 2 千元、1 千元，现有一辆轻型货车，其载重量为 5 吨，限制装货体积为 $24m^3$，现假设 A 类货物数量足够，问如何装车才能使运费收入最高？

解：假设 x_1、x_2 分别表示所载装的 A、B 两类货物的装载量（吨），Z 表示运费收入。

则其求解可表示为：

目标函数
$$\max Z = 2x_1 + x_2$$

约束条件
$$\begin{cases} x_2 \leqslant 3 \\ 6x_1 + 2x_2 \leqslant 24 \\ x_1 + x_2 \leqslant 5 \\ x_1, x_2 \geqslant 0 \end{cases}$$

将上述问题化成标准形式有：
$$\max Z = 2x_1 + 1x_2 + 0x_3 + 0x_4 + 0x_5$$
$$\begin{cases} x_2 + x_3 \leqslant 3 \\ 6x_1 + 2x_2 + x_4 = 24 \\ x_1 + x_2 + x_5 = 5 \\ x_1, x_2, x_3, x_4, x_5 \geqslant 0 \end{cases}$$

其约束条件系数矩阵的增广矩阵为：

$$\begin{bmatrix} p_1 & p_2 & p_3 & p_4 & p_5 & b \\ 0 & 1 & 1 & 0 & 0 & 3 \\ 6 & 2 & 0 & 1 & 0 & 24 \\ 1 & 1 & 0 & 0 & 1 & 5 \end{bmatrix}$$

p_3、p_4、p_5 是单位矩阵，构成一个基，对应变量 x_3，x_4，x_5 是基变量，令非基变量 x_1，x_2 等于零，即找到一个初始基可行解：

$$X = \begin{pmatrix} 0 & 0 & 3 & 24 & 5 \end{pmatrix}^T$$

以此列出初始单纯形表，见表 7-1。

表 7-1　初始单纯形表

C_B	基	b	2 X_1	1 X_2	0 X_3	0 X_4	0 X_5
0	X_3	3	0	1	1	0	0
0	X_4	24	6 →	2	0	1	0
0	X_5	5	1	1	0	0	1
	$C_j - z_j$		2	1	0	0	0

因表中有大于零的检验数，故表中基可行解不是最优解。因检验数 $a_1 > a_2$，故确定 x_1 为换入变量。将 b 列除以 p_1 的同行数字得：

$$\theta = \min\left(-, \frac{24}{6}, \frac{5}{1}\right) = \frac{24}{6} = 4$$

由此 6 为主元素，作为标志加上括号，主元素所在行基变量 x_4 为换出变量。用 x_1 替换基变量 x_4，得到一个新的基 p_3，p_1，p_5，得到表 7-2。

表 7-2

C_B	基	b	$c_j \longrightarrow$ 2 X_1	1 X_2	0 X_3	0 X_4	0 X_5
0	X_3	3	0	1	1	0	0
2	X_1	4	1	2/6	0	1/6	0
0	X_5	1	0	(4/6)	0	-1/6	1
	$C_j - z_j$		0	1/3	0	-1/3	0

由于表中还存在大于零的检验数，故重复上述步骤得表 7-3。

表 7-3

C_B	基	b	$c_j \longrightarrow$ 2 X_1	1 X_2	0 X_3	0 X_4	0 X_5
0	X_3	3/2	0	0	1	1/4	-3/2
2	X_1	7/2	1	0	0	1/4	-1/2
1	X_2	3/2	0	1	0	-1/4	3/2
	$C_j - z_j$		0	0	0	-1/4	-1/2

表 7-3 中所有检验数≤0，且基变量中不含人工变量，故表中的基可行解 $X = \begin{pmatrix} \dfrac{7}{2} & \dfrac{3}{2} & \dfrac{3}{2} & 0 & 0 \end{pmatrix}$ 为最优解，代入目标函数得 $Z = 8.5$ 千元。

7.2.2 列表手工计算方法进行的配载技术

运用手工方法进行配载时，根据可供装载的各种货物数量的多少、装货要求的不同，可以分以下两种情况进行配载。

1. 货载数量无限

所谓货载数量无限是指所供装载的各类货物数量 Q 都大于或等于车船的载重能力 D（或从容积角度讲，可供装载的各类货物体积都大于或等于车船允许的容积 V）。

其配载规则步骤如下。

（1）对各种货物按其每吨运价递减的次序由左向右排列并编序号：$f_1, f_2, \cdots, f_n$，并将每种货物的积载因数写在其运价 f_i 下面，见表 7-4。

（2）计算出各种货物以每立方米为单位的相应运价，其值为 f_i/u_i，写在 u_i 下边。

（3）以第一种货物的 f_i/u_i 为基础，由左至右找出 f_i/u_i 值递增的货类并依序重新编号，$F_1, F_2, \cdots, F_n$。

表 7-4

货种 $n=$	1	2	3	……	n
每吨运价（元/吨）	f_1	f_2	f_3	……	f_n
积载因数（m³/吨）	u_1	u_2	u_3	……	u_n
每 m³ 运价	f_1/u_1	f_2/u_2	f_3/u_3	……	f_n/u_n
P_i	……	……	……	$P_i = \dfrac{F_i - F_{i+1}}{u_i - u_{i+1}}$	

（4）对重新编号的货种从左至右计算 $P_i = \dfrac{F_i - F_{i+1}}{u_i - u_{i+1}}$，写在每立方米运价 f_i/u_i 下面。

（5）从计算 P_i 值的货物中选出其积载因数与舱容系数最接近的轻重两种货物 l, h（即 $u_l \geq \omega \geq u_h$）。然后观察 P_i 的大小，若 P_i 值随 i 的增加呈递增状态，则这两种货物便是能使航次收入最大的货物，其各自配载量按照步骤（6）进行计算。此时若有一种货物的积载因数正好等于舱容系数，则选此一种货物装载即完成配载任务。但是，若 P_i 值随 i 的增加不出现递增的规律（有时增加有时减少），则须从积载因数大于和小于舱容系数的两类货物中各任选一种货物按照步骤(6)的方式计算出当满舱满载时的运费收入值,待全部计算完后,运费收入最大的搭配即为配载货种。

(6) 计算两种货物的配载数量。

根据 $x_l + x_h = D$

$u_l \times x_l + u_h \times x_h = V$ 得

$$x_l = D \times \frac{\omega - u_h}{u_l - u_h} \qquad 公式(1)$$

$$x_h = D \times \frac{u_h - \omega}{u_l - u_h} \qquad 公式(2)$$

此时最大运费收入为 $F_{\max} = f_l \times x_l + f_h \times x_h$

2. 货载数量有限

所谓货载数量有限是指所供装载的各类货物数量 Q 小于或等于车船的载重能力 D(或从容积角度讲,可供装载的各类货物体积有一种或一种以上小于车船允许的容积 V)。

货载数量有限时的配载规则与货载数量无限时的配载规则基本相同,根据每类货的具体数量主要分为以下两种情况配载。

(1) 按照上述规则选出两种货物并求出其装载量后,若该装载量都小于各自的实际数量,则与货载数量无限时情况相同,根据计算值装货即可。

(2) 当计算出的两种货物的装载量有一种数量受限制,而另一种不受限制时,可先将受限货物(假设为 1)全部装载,然后将剩余装载空间重新计算其参数,并在新的参数基础上重复上述规则在剩余货类中选货;重复进行,直至装满。

$$D' = D - Q_l \text{ (t)} \qquad 公式(3)$$

$$V' = V - u_l \times Q_l \text{ (m}^2\text{)} \qquad 公式(4)$$

$$\omega' = V' / D' \text{ (m}^2\text{/t)} \qquad 公式(5)$$

(3) 当计算出的两种货物在数量上都受限制时,可先将任意一种货物纳入装载计划,然后根据公式(3)、(4)、(5)计算新的装载参数,以新的装载参数作为基础,在余下的货种中再按照配载规则进行最优选择。

重复上述过程,直到运输工具的载重能力或舱容全部用完为止。

注意事项:在进行配载计算之前,对于不同的运输工具,根据其额定载重量和限制容积,首先要计算出其舱容系数,其计算公式是:$\omega = V / D$ (m³/t)。

3. 实例

【例 7.2】 某货车额定载重量 D=40 吨,限制容积 V 为 60m³,各种货物的积载因数、每吨运价和货物数量见表 7-5,试运用上述方法进行配载。

表 7-5

货名	A	B	C	D
货物体积 V（m³）	63	52	40	20
运价 f（元/吨）	140	100	90	60
积载因数 u（m³/t）	7	6.5	1	0.5
货物数量 Q（吨）	9	8	40	40
每立方米运价 f_i/u_i（元/米³）	20	15.4	90	120
P_i	8.3		60	

配载步骤：

（1）首先计算该货车的舱容系数 $\omega = \dfrac{V}{D} = 1.5$（m³/t），将货物按每吨运价递减次序排列（表中已按顺序排列），并计算出每立方米运价数值 f_i/u_i。

（2）在表二中的每立方米运价中，先标出第一个数 20，再以递增的要求依次标出 C 和 D 两种货物的数值，这三种货物就是第一次可能被选中的货物，首先在其中选取货物装车。

（3）计算：$P_i = \dfrac{f_i - f_{i+1}}{u_i - u_{i+1}}$ 将数值填入表中。

可以看出其值随 i 的增加而递增，因此其积载因数与舱容系数最接近的轻重两种货物即为第一次配载货物，表中可以看出是 A、C 两种货物。

（4）根据公式（1）、（2）计算两种货物的装载量分别为：x_A=3.3 吨，x_B=36.7 吨。此时最大运费收入为：F_{max}=3.3×140＋90×36.7=3765（元）

（5）这样货物 A、C 装完一车后各自剩余量为 5.7 吨和 3.3 吨，重复上述步骤计算，可知第二车首选货物仍为 A、C 两种，此时货类 C 数量不足，可先将其全部装车，然后计算货车剩余空间的参数：

$$D' = D - Q_l = 40 - 3.3 = 36.7 \text{（t）}$$
$$V' = V - u_l \times Q_h = 60 - 1 \times 3.3 = 56.7 \text{（m}^3\text{）}$$
$$\omega' = V'/D' = 1.55 \text{（m}^3\text{/t）}$$

根据新的参数对剩余的三种货物按上述步骤继续进行计算可知装货为：A 货类为 5.9 吨，D 货类为 30.8 吨，加上已装 3.3 吨，共计 40 吨，体积 60 m³，达到满舱满载的要求，这时最大运费收入为 2943 元。

（6）通过以上步骤配完两车货后，D 类货剩余 9.8 吨，体积为 4.9 m³，B 类货有 8 吨，体积为 52 m³，只要一车即可装运完成。

从以上配载可以看出，运用定量方法配载，这四类货只要三个车次即可完成运输，如果分货类进行运输，则至少需要四个车次，因此节约了大量的成本，同时也提高了运输效率。

7.3 品种混装问题

储运仓库或货运车站要把各个客户所需要的零担货物组成整车,通过运输运往各地。这种整装零担车内装有多个客户的货物,要分别在一站或多站卸货。因而一些外观相近的货物很容易混淆,到站卸货时容易出现错卸现象。为了避免这种差错,可以将货物进行分类,按照品种、形状、颜色和规格把货物分成若干类,把容易混淆的货物分在同一类的不同的单件内。在装车时,同一货车内每一类货物至多装入一件,而把同一客户的多件同类货物记作一件。

假设有货车一辆,其额定载重量为 G_0;有 m 类不同的货物;在 1 类有 N_1 件,重量分别是 $G_{1,1}, G_{1,2}, \cdots, G_{1,N1}$;第二类有 N_2 件,重量分别是 $G_{2,1}, G_{2,2}, \cdots, G_{2,N2}$;…第 m 类有 N_m 件,重量分别是 $G_{m,1}, G_{m,2}, \cdots, G_{m,Nm}$。问:应该怎样装车,使得同一类货物至多装入一件,装车货物的总重量不超过 G_0,而又尽可能达到极大?这类问题就是品种混装问题。

下面我们用一个例子来说明品种混装问题的解决办法。

【例 7.3】 设有额定载重量为 50 吨的货车,运送四类不同的货物。第一类货物有两件,第一件重 20 吨,第二件重 11 吨;第二类货物有 1 件,重 13 吨;第三类货物有三件,第一件重 6 吨,第二件重 11 吨,第三件重 8 吨;第四类货物有两件,第一件重 19 吨,第二件重 17 吨,要求每一类货物至多有一件货物装入货车内,问:应该如何装车才能使车内所装货物总重量最大?

解:这个混装问题可以用图 7.1 形象的表示为:

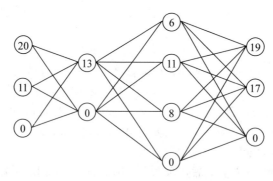

图 7.1 混装问题的图形表示

图 7.1 中代表顶点的圈内数字是相应的一件货物的重量(吨)。

我们分成四个阶段进行计算。

第四阶段装第四类货物:用 W_4 表示车内允许装入的四类货物的重量,用 G_4 表示第四类货物的单件重量，则 W_4-G_4 就表示允许装入的前四类货物的重量。如表 7-6 所示。

表 7-6　第四阶段计算表

W_4	50		
G_4	19	17	0
W_4-G_4	31	33	50

第三阶段装第三类货物：用 W_3 表示车内允许装入的前三类货物的重量，因而 $W_3=W_4-G_4$；用 G_3 表示第三类货物的单件重量，则 W_3-G_3 就表示允许装入的前二类货物的重量。如表 7-7 所示。

表 7-7　第三阶段计算表

$W_3=W_4-G_4$	31				33				50			
G_3	6	11	8	0	6	11	8	0	6	11	8	0
W_3-G_3	25	20	23	31	27	22	25	33	44	39	42	50

第二阶段装第二类货物：用 W_2 表示车内允许装入的前二类货物的重量，因而 $W_2=W_3-G_3$；用 G_2 表示第二类货物的单件重量，则 W_2-G_2 就表示允许装入的前一类货物（即第一类）的重量。如表 7-8 所示。

表 7-8　第二阶段计算表

W_2	25		20		23		31		27		22		33		44		39		42		50	
G_2	13	0	13	0	13	0	13	0	13	0	13	0	13	0	13	0	13	0	13	0	13	0
W_2-G_2	12	25	7	20	10	23	18	31	14	27	9	22	20	33	31	44	26	39	29	42	37	50

第一阶段装第一类货物：用 W_1 表示车内允许装入的第一类货物的重量，因而 $W_1=W_2-G_2$，用 G_1 表示第一类货物的单件重量，则 W_1-G_1 就表示装入四类货物之后货车内多余的载重量。同时考虑到第一类货物是最后一批装入货车的货物，在允许的情况下，总是装入最重的一类货物。如表 7-9 所示。

表 7-9　第一阶段计算表

W_1	12	25	7	20	10	23	18	31	14	27	9	22	33	44	26	39	29	42	37	50
G_1	11	20	0	20	0	20	11	20	0	20	0	20	20	20	20	20	20	20	20	20
W_1-G_1	1	5	7	0	10	3	7	11	3	7	9	2	13	24	6	19	9	22	17	30

寻求最优解的次序与计算顺序相反。要使装载量达到极大，对应的余量就要达到极小。在第一阶段计算表（表 7-6）中，余量 W_1-G_1 的最小值是零，对应的第一类货物的单位重

量为 $G_1=20$；对应的 $W_1=W_2-G_2=20$。而在第二阶段的计算表（表 7-5）中，对应 $W_2-G_2=20$ 有两项，他们对应的 G_2 分别为 $G_2=0$ 和 $G_2=13$；对应的 W_2 分别为 $W_2=20$ 及 $W_2=33$，即 $W_3-G_3=20$ 和 $W_3-G_3=33$。而在第三阶段的计算表（表 7-4）中，对应于 $W_3-G_3=20$ 的一项对应于 $G_3=11$ 及 $W_3=31$，对应于 $W_3-G_3=33$ 的一项对应于 $G_3=0$ 及 $W_3=33$，即 $W_4-G_4=31$ 和 $W_4-G_4=33$。而在第四阶段的计算表（表 7-3）中，余量 $W_4-G_4=31$ 对应的 $G_4=19$，余量 $W_4-G_4=33$ 对应于 $G_4=17$。这样我们得到两组最优解：

$G_1=20$，$G_2=0$，$G_3=11$，$G_4=19$；

$G_1=20$，$G_2=13$，$G_3=0$，$G_4=17$。

每组最优解的总装载量都是 50 吨，达到满载，充分利用了货车的装载能力。

【小结】

本章对于货物配载中的问题进行了阐述，为解决配载问题，提出了运用运筹学知识进行配载的基本方法，在当前竞争日益激烈的物流市场环境下，降低运输费用，增加运输收入，提高服务质量越来越受到物流企业的重视，运用科学的计算方法进行配载可以极大地提高运输工具的实载率，这种方法不但可以运用于各种船舶的配载，而且也可以运用于集装箱、货车、火车、托盘等具有载重量和容积限制的任何运输工具的配载中，特别是在货种较多时其优越性更加明显，因此科学配载具有十分重要的意义。

【习题】

1. 货物配载问题的基本含义？配载的基本原则是什么？

2. 一艘货轮分前、中、后三个舱位，它们的容积与最大载重量如表 7-10 所示。现有三种货物待运，有关数据列于表 7-11。

表 7-10

	前舱	中舱	后舱
最大允许载重量（t）	2000	3000	1500
容积（m³）	4000	5400	1500

表 7-11

商品	数量（件）	每件体积（m³/件）	每件重量（t/件）	运价（元/每件）
A	600	10	8	1000
B	1000	5	6	700
C	800	7	5	600

为了航运安全，前、中、后舱的实际载重量上大体保持各舱最大允许载重量的比例关系。具体要求：前、后舱分别与中舱之间载重量比例上偏差不超过 15%，前、后舱之间不

超过10%。问该货轮应装载 A、B、C 各多少件运费收入才最大？试建立这个问题的线性规划模型。

3. 现有一辆载重量为 17 吨的卡车，并有四种货物需要运输。已知这四种货物每一种的单件重量和装载收费如表 7-10 所示。

表 7-12

货物代号	1	2	3	4
单件重量（吨）	5	4	3	6
装载收费（百元/件）	7	5	3.5	8

在载重量许可的条件下，每车装载各种货物的件数不限。问：应如何搭配这四种货物，才能使该车一次运输的货物收费最多？

4. 有四件货物 A、B、C、D，其重量分别为 1、2、3、4 吨，价值分别为 5 千元、6 千元、7 千元、8 千元，现有额定载重量为 6 吨的卡车装运这四件货物。问：从这四件货物中挑选哪几件货物可使装运的总价值最大？

第 8 章 物流中心规划技术

本章提要
- 物流中心规模规划;
- 物流中心选址模型与方法;
- 物流中心设施布局规划。

8.1 物流中心规模规划

8.1.1 物流中心及其功能设定

物流中心是一种设施类型,在商品的实体分销过程中扮演集中与分配的角色,它具有订单处理、仓储管理、流通加工、拣货配送等功能,甚至扩大至兼具寻找客源、拥有最终渠道、采购、产品设计及开发自有品牌等功能。在产销垂直整合方面,物流中心具有缩短上、下游产业流通过程,减少产销差距的中介机能,也可进行水平关系的同业、异业交流整合支持,以合理降低流通成本。

物流中心是指处于枢纽或重要地位、具有较完善的物流环节,并能实现物流集散和控制一体化运作的物流据点,其主要功能应包括以下几种。

1. 物流中心的集约功能。主要表现在:量的集约;货物处理的集约;技术的集约;管理的集约。

2. 物流中心的衔接功能。主要表现在实现了公路、铁路等两种或以上不同运输形式的有效衔接。

3. 物流中心的支撑功能。主要表现在使已应用的集装、散装等联合运输形式获得更大的发展。

4. 物流中心的扩展功能。主要表现在通过物流中心之间的干线运输和与之衔接的配送、集货运输使联合运输的对象大为扩展。

5. 物流中心对提高物流水平的功能。主要表现在缩短了物流时间,提高了物流速度,减少了多次搬运、装卸、储存环节,提高了准时服务水平,减少了物流损失,降低了物流费用。

6. 物流中心对改善城市环境的功能。主要表现在减少了线路、货站、货场、相关设施在城市内的占地，减少车辆出行次数，集中车辆出行前的清洁处理，从而减少噪音、尾气、货物对城市环境的污染。

7. 物流中心对促进城市经济发展的功能。主要表现在降低物流成本和企业生产成本，促进经济发展，完善物流系统，保证供给，降低库存等。

8.1.2 物流中心规划设计的原则

1. 动态原则。在物流中心规划时，应在详细分析现状及对未来变化做出预期的基础上进行，而且要有相当的柔性，以在一定范围内能适应数量、用户、成本等多方面的变化。

2. 竞争原则。物流活动是服务性、竞争性非常强的活动，如果不考虑市场机制，而单纯从路线最短、成本最低、速度最快等角度考虑问题，一旦布局完成，便会导致垄断的形成和服务质量的下降，甚至由于服务性不够而在竞争中失败。因此，物流中心的布局应体现多家竞争。

3. 低运费原则。物流中心的规划设计要以降低客户的运费为重要目标，努力实现运费的最小化。

4. 交通原则。物流中心的运输配送活动领域在中心之外，这一活动需依赖于交通条件。交通原则的贯彻有两个方面：一方面是布局时要考虑现有交通条件；另一方面，布局物流中心时，交通做为同时布局的内容，只布局物流中心而不布局交通，有可能会使物流中心的布局失败。

5. 统筹原则。物流中心的层次、数量、布局是与生产力布局、与消费布局等密切相关的，互相促进且互相制约的。设定一个非常合理的物流中心布局，必须统筹兼顾，全面安排，既要做微观的考虑，又要做宏观的考虑。

8.1.3 物流中心的规模设计

根据市场总容量、发展趋势以及领域竞争对手的状况，决定物流中心的规模。规模设定应注意两方面的问题：第一是要充分了解社会经济发展的大趋势，地区、全国乃至世界经济发展的预测，预测范围包含中、长期内容。第二是要充分了解竞争对手的状况，如生产能力、市场占有份额、经营特点、发展规划等。因为市场总容量是相对固定的，不能正确地分析竞争形势就不能正确地估计出自身能占有的市场份额。如果预测发生大的偏差，将导致设计规模过大或过小。估计偏低，将失去市场机遇或不能产生规模效益；估计偏高，将造成多余投资，从而使企业效率低下，运营困难。

在规划物流中心规模时，我们可以选用停泊车位数量来表示其规模的大小。由于货运车辆到达物流中心有一定的随机性，物流中心的车辆数与泊车位数量正好相等的概率是很低的。在实际设计中，如果保证到达中心的每辆车都能有自己的泊车位，则会出现多数泊车位经常闲置的情况，给物流中心造成不必要的浪费；反之，如果泊车位过少，车辆需排队等待，给运输企业带来损失。

在确定物流中心的最佳泊车位数量时，可根据物流中心和运输方费用总和最小的原则来建立模型。数学模型如下。

$$\min C = C_b yT + C_t n \tag{8.1}$$

其中：C——物流中心发生的总费用（元）；

C_b——单位停车位费用（元/小时）；

C_t——车辆在单位时间内的运费（元/小时）；

T——周期（小时）；

y——泊车位数量；

n——物流中心在 T 周期内的平均车辆数。

对公式（8.1）进行转换，两边同除以 $C_t T$ 得

$$\min r = \frac{C}{C_t} = \frac{C_b}{C_t} y + n = r_{bt} y + n \tag{8.2}$$

其中：r——周期 T 内有 y 个泊车位的物流中心总费用与每辆货车发生的费用之比；

r_{bt}——泊位停泊费用与货车运输费用之比。

在公式（8.2）中，通过费用分析可得 r_{bt}，当目标泊位数已知时，式中 r 就由 n 决定，即物流中心在周期 T 内的平均车辆数。假设货车的到达服从泊松分布，服务时间服从指数分布，系统中的服务台有 S 个，则 n 就成为求解 M/M/S 排队模型中的平均顾客数，于是物流中心内的平均车辆数等于等待服务的车辆数与正在接受服务的车辆之和，即

$$n = n_w + a \tag{8.3}$$

$$a = \frac{\lambda}{\mu} \tag{8.4}$$

其中：a——运输强度；

n_w——等待服务的车数；

λ——货车到达率（车/小时）；

n——每个服务台（泊车位）的服务效率（车/小时）。

根据李特尔（Little）公式有：

$$n = \frac{\left(\frac{\lambda}{\mu}\right)^{s+1}}{(s-1)!\left(s-\frac{\lambda}{\mu}\right)^2} \left[\sum_{m=0}^{s-1} \frac{\left(\frac{\lambda}{\mu}\right)^m}{m!} + \frac{\left(\frac{\lambda}{\mu}\right)^s}{s!} + \frac{\left(\frac{\lambda}{\mu}\right)^{s-1}}{s!}\right]^{-1} + \frac{\lambda}{\mu} \tag{8.5}$$

令 $S=y$,则上式可转化为:

$$r = r_{bt} + \frac{a^{y+1}}{(y-t)!(y-a)^2}\left[\sum_{m=0}^{y-1}\frac{a^m}{m!} + \frac{a^y}{y!} - \frac{a^{y-1}}{(y-1)!}\right] + a \quad (8.6)$$

则当 r 最小时,y 的取值就是物流中心的最佳泊车位数量。

8.2 物流中心选址模型与方法

物流中心选址决策对于整个物流系统的功能有效发挥具有决定性作用。影响物流中心选址的因素很多,包括定性和定量等方面,定性方面主要包括所要选址的自然条件、交通条件、客户需求状况、竞争者状况、政策环境等方面内容,定量方法主要通过建立数学模型来选择适合的地址,在实际运作中我们可以采取定量和定性结合的方法,使选址决策更加科学、准确,并可普遍适用。本书主要介绍几种常见的定量选址模型和方法。

8.2.1 单一物流中心选址的模型与方法

单一物流中心选址包括备选地址已知和未知两种情况,下面分别说明。

1. 备选地址已知

(1) 理论求解与模型建立

建立一个新工厂(或仓库),应合理选择厂址(或库址)。假设厂址候选地点有 s 个,分别用 D_1, D_2, …, D_s 表示;原材料、燃料、零配件的供应地有 m 个,分别用 A_1, A_2, …, A_m 表示,其供应量分别用 P_1, P_2, …, P_m 表示;产品销售地有 n 个,分别用 B_1, B_2, …, B_n 表示,其销售量分别用 Q_1, Q_2, …, Q_n 表示,如图 8.1 所示。

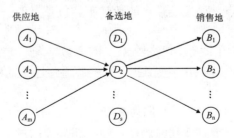

图 8.1 选址示意图

所谓工厂选址问题,就是从 s 个候选厂址中选取一个最优地址建厂,使物流费用达到最低。

设 c_{ij} 表示从 A_i 到 B_j 的每单位数量的运输成本；d_{jk} 表示从 D_j 到 B_k 的每单位数量的运输成本。引进变量：$x=(x_1, x_2, \cdots, x_s)$

其中：$x_j = \begin{cases} 1 \\ 0 \end{cases}$

$x_j=1$ 表示在 Dj 建厂； $x_j=0$ 表示不在 Dj 建厂

那么，选址问题表述为：

$$\min Z = \sum_{j=1}^{s}\left(\sum_{i=1}^{m}c_{ij}P_i + \sum_{k=1}^{n}d_{jk}Q_k\right)x_j$$

$$s.t. \quad \sum_{j=1}^{s}x_j = 1$$

这是一个线性规划问题。这个问题的求解方法比较简单，从目标函数表达式的右边可以看出，如果括号中的算式值能计算出来，问题就基本上解决了。事实上，如 s 个算式值的最小者对应的下标为 r，那么可取 $x_r=1$，其他 $x_j=0$，便是最优解，D_r 就是最优厂址。

然而，计算目标函数表达式右边括号中的算式并不是一件轻而易举的事情，因为模型中的的许多参数（包括原材料、燃料、半成品供应地及供应量，产品销售地点及销售量，运输条件及费用等）具有不确定性，需要采用统计和预测的方法进行分析确定。

当要选定的地址不是单一的，而是多个时，问题已不再属于线性规划问题，可以采取先求出初始解，然后迭代计算，逐次推近最优解的方法。这里不做具体介绍。

（2）特殊情况下的简单求解方法

对于运输路线不含回路的简单选址问题，可用图上作业法求解。

【例 8.1】 假定有六个矿井，产量分别为 5 千吨、6 千吨、7 千吨、2 千吨、4 千吨和 3 千吨，运输路线见图 8.2，要经过加工后才能转运到其他地方。这些矿井之间道路不含回路，欲选择一个矿井，在此矿井上建立一个加工厂，使各矿井到工厂的运输总费用最低。

解： 挑选方法是对运输路线上的各端点进行分析，如果某个端点的数量超过总量的一半，则此点就是最优地点。如果某端点的数量不超过总量的一半，则把此点数量合并到前一站去，继续分析。

为了便于分析，我们用图 8.3 代替图 8.2，圈内数字表示矿井编号，产量记在圈的旁边，道路交叉点看作产量为零的矿井，把那些只有一条道路连接的矿井称为端点，即图中的①、②、④、⑦诸矿井。

首先计算这些矿井的总产量，本例为 27 千吨，然后分析各端点，都没有超过总产量的一半，所以把各端点的数量合并到前一站，即①和②的数量合并到③；把④的数量合并到⑤；把⑦的数量合并到⑥，如图 8.4 所示。

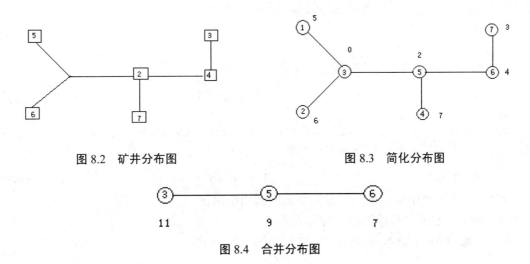

图 8.2 矿井分布图　　　　图 8.3 简化分布图

图 8.4 合并分布图

各端点都合并到前一站后，③和⑥变成了图中的端点。对它们进行分析，其数量都不超过总产量的一半，所以它们不是最佳点。把它们合并到前一站，即把③和⑥的数量合并到⑤，则⑤的数量为27千吨，超过总产量的一半，所以⑤是最佳点，加工厂应建在第5号矿井。

2. 备选地址未知

单一物流中心是最简单的物流中心，人们一般认为，对单一物流中心进行选址，重心法是典型方法之一，它适用于静态的、连续的、单个物流设施的选址决策，有助于寻找选址问题的最优解，并且使该模型能够真实地体现实际问题，问题的解对管理层有实际意义。重心法模型是一种连续性模型，迭代法计算也非常复杂。

重心法的应用对象是起点到终点的运输流量构成的物流网络规划问题。重心法进行决策的依据是产品运输成本的最小化，涉及如下假设。

（1）决策各点的需求量不是地理位置上实际发生的需求量，而是一个汇总量，这个量聚集了分散在一定区域内众多的需求量。

（2）运输费率的线性假设，也就是运输费用与运输距离成正比例关系。

（3）单个物流中心的选址模型不考虑物流中心所处地理位置不同所引起的成本差异，比如劳动力成本、库存成本、建设费等。

（4）静态选址假设，不考虑企业经营可能造成未来收益和成本的变化，保证决策环境的相对静止。

3. 重心模型的建立

（1）给定供给与需求点的坐标，以及节点之间的运输量，单个物流设施运输成本可以

通过如下方法计算。单个物流设施运输总成本可以表示为

$$TC = \sum_{i=1}^{n} w_i r_i d_i \tag{8.7}$$

对于单个物流设施应当使得运输总成本最小,即

$$\min TC = \sum_{i=1}^{n} w_i r_i d_i \tag{8.8}$$

式中,TC 为运输总成本;w_i 为拟建物流中心到节点 i 运输总量;r_i 为拟建物流中心导节点 i 的运输费率;d_i 为拟建物流中心到节点 i 的距离。

$$d_i = k\sqrt{(x_i - x_0)^2 + (y_i - y_0)^2} \tag{8.9}$$

式中,k 为模型中坐标单位与实际空间距离的比例。

(2) 物流中心的坐标通过以下方程表示。

从式 (8.7) 和 (8.8),可求出 TC 为最小的 (x_0, y_0)。

$$\frac{dTC}{dx_0} = 0 \tag{8.10}$$

$$\frac{dTC}{dy_0} = 0 \tag{8.11}$$

从式(8.10)和(8.11)中可分别求出最适合的 x_0^*,y_0^*,即

$$x_0^* = \frac{\sum_{i=1}^{n} w_i r_i x_i / d_i}{\sum_{i=1}^{n} w_i r_i / d_i} \tag{8.12}$$

$$y_0^* = \frac{\sum_{i=1}^{n} w_i r_i y_i / d_i}{\sum_{i=1}^{n} w_i r_i / d_i} \tag{8.13}$$

4. 迭代法的求解步骤

(1) 以所有节点的重心坐标为物流中心的初始地点 (x_0^0, y_0^0)。

(2) 利用 (8.7) 和 (8.9),计算与 (x_0^0, y_0^0) 相应的总运输费用 TC^0。

(3) 把 (x_0^0, y_0^0) 分别代入式 (8.9)、(8.12) 和 (8.13) 中,计算物流中心的改善地点 (x_0^1, y_0^1)。

(4) 利用 (8.7) 和 (8.9),计算与 (x_0^1, y_0^1) 相应的总运输费用 TC^1。

(5) 把 TC^0 与 TC^1 进行比较,如果 $TC^0 > TC^1$,则返回步骤(3)的计算;如果 $TC^0 < TC^1$,

则说明 (x_0^0, y_0^0) 是最优解。这样反复计算下去,直至 $TC^{n+1} > TC^n$,求出最优解 (x_0^n, y_0^n) 为止。

8.2.2 多物流中心选址的模型与方法

多物流中心选址通常采用离散型选址模型,本章主要介绍 CFLP 法模型。

CFLP(Capacitated Facility Location Problem)方法适用于需求点(包括用户的地址和需求量)、物流中心数目已定、备选地点已定的情况下,从物流中心的备选地点中选出总费用最小的由多个物流中心组成的物流系统。

设备选的物流中心有 k 个,即分别为 s_1,s_2,…,s_k;客户有 n 个,以运费 U 最低为目标,则可构成运输问题模型如下:

$$\min Z = \sum_{i=1}^{k}\sum_{j=1}^{n} c_{ij} x_{ij} \tag{8.14}$$

式(8.14)必须满足以下条件:

(1) $\sum_{i=1}^{k} x_{ij} \leqslant D_j, j=1,2,...,n$ (8.15)

(2) $\sum_{j=1}^{n} x_{ij} \leqslant M_i, i=1,2,...,k$ (8.16)

式中 Z——运输总费用;

K——物流中心备选地数目;

n——客户的数目;

c_{ij}——从物流中心 i 到用户 j 的单位运费;

x_{ij}——从物流中心 i 到用户 j 的运输量;

M_i——备选物流中心 i 的建设规模(或容量);

D_j——客户 j 的需求量。

在实际应用中,可以同时考虑备选物流中心的固定费用,包括固定经营费、基本投资费等。

CFLP 法的基本思想是在假定物流中心的地点是确定的,由此假定在保证总的运输费用最小的前提下,求出各备选物流中心的供应范围;然后在所求出的各供应范围内分别移动物流中心的地点以使各供应范围的总费用下降。如果移动每一个物流中心的地点都不能使本区域总费用下降,则计算结束;否则,按可使费用下降的新地点,再求个暂定物流中心的供应范围,重复以上过程,直到费用不再下降为止。

CFLP 法计算过程相当复杂,市场上已开发出了相应的软件来解决这个问题,借助计算机以大大减少计算量。

下面我们列举一个开设工厂选址的案例来理解 CFLP 法，可以应用到物流中心选址的实际案例中。

【例 8.2】 现准备从 A_1, A_2, A_3 3 个地点选择两处开设工厂，他们每月的产量 $a_i(i=1,2,3)$ 分别至多为 70，80，90 个单位，每月的经营费用 d_i（与产量无关）分别为 100，90，120，有 3 家客户 B_1, B_2, B_3，他们每月的需求量 $b_j(j=1,2,3)$ 分别为 40，60，45 个单位，A_i 至 B_j 的单位运价 C_{ij}（如表 8-1 所示）。问如何选址，使每月经营和运输费用最低？试建立模型。

表 8-1

C_{ij} A_i \ B_j	B_1	B_2	B_3
A_1	4	5	3
A_2	2	3	4
A_3	6	4	5

解：设 $y_i=1$ 时，在地点 A_i 处开设工厂，$y_i=0$ 时，不开设工厂；

又设 x_{ij} 为在地点 A_i 处开设工厂时从 A_i 至客户 B_j 的运量。

显然，有 $y_1+y_2+y_3=2$。

若在 A_i 处不开设工厂，从 A_i 至客户 B_j 的运量为 0；若在 A_i 处开设工厂，则每个月从 A_i 至客户 B_j 的运量之和不超过 A_i 处开设工厂的产量 a_i，写成约束条件就是

$$x_{i1}+x_{i2}+x_{i3} \leqslant a_i y_i, i=1,2,3。$$

又客户 B_j 的需求量必须得到满足，所以有

$$x_{1j}+x_{2j}+x_{3j}=b_j, j=1,2,3。$$

每月的费用 Z 为

$$Z = \sum_{i=1}^{3}\sum_{j=1}^{3} c_{ij}x_{ij} + \sum_{i=1}^{3} d_i y_i$$

则本问题的数学模型为

$\min Z = 4x_{11}+5x_{12}+3x_{13}+2x_{21}+3x_{22}+4x_{23}+6x_{31}+4x_{32}+5x_{33}+100y_1+90y_2+120y_3$

$$s.t. \begin{cases} x_{11} + x_{12} + x_{13} \leqslant 70y_1 \\ x_{21} + x_{22} + x_{23} \leqslant 80y_2 \\ x_{31} + x_{32} + x_{33} \leqslant 90y_3 \\ x_{11} + x_{21} + x_{31} = 40 \\ x_{12} + x_{22} + x_{32} = 60 \\ x_{13} + x_{23} + x_{33} = 45 \\ y_1 + y_2 + y_3 = 2 \\ x_{ij} \geqslant 0, i,j = 1,2,3 \\ y_i = 0,1, i = 1,2,3 \end{cases}$$

这是一个线性规划问题的模型，可以用前面学过的方法求解，在此不再赘述。

8.3 物流中心设施布局规划

近几年来，由于商业环境急剧变化，企业策略必须不断调整适应，促使物流中心系统作业时也时常跟随变动，今天最适合的物流系统，到了明天很可能就不适用了。因此，如何规划物流中心的硬件和软件设计，确保系统维持高效率和高弹性，在预定的区域内合理地布置好各功能块相对位置是非常重要的。

8.3.1 物流中心设施合理布局规划的目的

1. 有效地利用空间、设备、人员和能源。
2. 最大限度地减少物料搬运。
3. 简化作业流程。
4. 缩短生产周期。
5. 力求投资最低。
6. 为职工提供方便、舒适、安全和卫生的工作环境。

据资料介绍，在制造企业的总成本中用于物料搬运的占 20% 至 50%，如果合理地进行设施规划可以降低 10% 至 30%。物流中心是大批物资集散的场所，物料搬运是最中心的作业活动，合理设施规划的经济效果将更为显著。

8.3.2 物流中心设施布局规划的原则

1. 根据系统的概念、运用系统分析的方法求得整体优化。同时也要把定性分析、定量分析和个人经验结合起来。

2. 以流动的观点作为设施规划的出发点，并贯穿在设施规划的始终，因为企业的有效运行依赖于人流、物流、信息流的合理化。

3. 从宏观（总体方案）到微观（每个部门、库房、车间），又从微观到宏观的过程。例如布置设计、要先进行总体布置，再进行详细布置。而详细布置方案又要反馈到总体布置方案中去评价，再加以修正甚至从头做起。

4. 减少或消除不必要的作业流程，这是提高企业生产率和减少消耗最有效的方法之一。只有在时间上缩短作业周期，空间上少占有面积，物料上减少停留、搬运和库存，才能保证投入的资金最少、生产成本最低。

5. 重视人的因素。作业地点的设计，实际是人－机－环境的综合设计。要考虑创造一个良好、舒适的工作环境。

物流中心的主要活动是物资的集散和进出，在进行设施规划设计时，环境条件非常重要。相邻的道路交通、站点设置、港口和机场的位置等因素，如何与中心内的道路、物流路线相衔接，形成内外一体、圆滑通畅的物流通道，这一点至关重要。

8.3.3 物流中心设施设计

物流中心设施规划采用工程设计程序，其中包括下列六个步骤：定义问题、分析问题、发展可行设计方案、评估可行设计方案、选择合适设计方案、实行设计方案。而将工程设计程序应用在一般性设施规划的需求，可以发展出下列的一般性程序。

（1）定义设施目标。
（2）指定主要及支持性活动。
（3）决定设施活动的关联。
（4）决定各个活动的空间需求。
（5）发展可行的设施方案。
（6）评估可行的设施方案。
（7）选择最佳的设施方案。
（8）执行设施方案。
（9）调整设施方案。
（10）回到步骤1，形成一个回馈循环。

无论是规划一项新设施或是重建现有设施，设计者应先把企业必须生产的产品或提供的服务予以数量化，定义出作业的层次或数量，再通过所涉及的操作、设备、人员与物料流程来定义所要执行的主要作业与支持性作业，以及必须满足的需求；支持性作业的存在就是为了使主要作业可在最少干扰与延迟的情况下运作。而后建立作业之间的互动关系以及相互支持的运作方式，同时也应定义出作业间定性与定量的关系。当我们建立起各作业的先后顺序及动态规划后,即可配合所有设备、物料与人员的需要,计算每一项作业的空间需求,发展可行的设施设计方案,其中应包含结构设计、平面布局设计,与物料搬运系统设计等三项因素。而后根据企业的评估标准,将可行设计方案予以排序,以选择最能满足企业管理目标的设计方案。而一旦选定某一方案后,在设施规划的实施阶段,从布局的准备施行、施行中与改正错误等每个环节都要进行监督。如果在施行的过程中产生新的需求时,整个设施计划必须据以修正,产生一个调整后的设计计划,且对现有设施潜在的修正和扩充等因素,都应将其纳入布局计划中。

8.3.4 物流中心软硬件设备系统的规划与设计

一般来说,软硬件设备系统的水平常常被看成是物流中心先进性的标志,因而为了追求先进性就要配备高度机械化、自动化的设备,在投资方面带来很大的负担。但是,以欧洲物流界为代表,对先进性定义的理解有不同的侧重。他们认为"先进性"就是合理配备,能以较简单的设备、较少的投资,实现预定的功能就是先进。也就是强调先进的思想、先进的方法,从功能方面来看,设备的机械化、自动化程度不是衡量先进性的最主要因素。

根据我国的实际状况,对于物流中心的建设,比较一致的共识是贯彻软件先行、硬件适度的原则。也就是说,计算机管理信息系统、管理与控制软件的开发,要瞄准国际先进水平;而机械设备等硬件设施则要根据我国资金不足、人工费用便宜、空间利用要求不严格等特点,在满足作业要求的前提下,更多选用一般机械化、半机械化的装备。例如仓库机械化,可以使用叉车或者与货架相配合的高位叉车;在作业面积受到限制,一般仓库不能满足使用要求的情况下,也可以考虑建设高架自动仓库。

【小结】

本章主要针对物流中心规模规划、选址和设施布局规划等问题,运用运筹学的理论和方法进行研究,物流中心的选址问题作为本章的重点。对单一物流中心的选址本书主要介绍了重心法,对多物流中心的选址问题本书只介绍了 CFLP 法。还简要介绍了物流中心设施布局规划的原则和基本方法。

【习题】

1. 物流中心规划设计的原则有哪些?
2. 物流中心规模确定需要考虑哪些因素?
3. 物流中心选址需要考虑哪些因素?
4. 物流中心布局规划的原则有哪些?

第 9 章　物流决策技术

本章提要
- 决策分析；
- 确定型和非确定型决策；
- 风险型决策；
- 效用理论。

在人们的政治、经济、技术和日常生活中，为了达到一定的目的，经常需要从所有可供选择的方案中，找出最满意的的方案，这就是决策。著名的诺贝尔经济学奖获得者西蒙认为，管理就是决策，决策是对稀有资源备选分配方案进行选择排序的过程。

决策的重要性不言自明，轻则关系个人利益，重则牵动企业国家。无论是在日常生活，或是经营活动中，人们不可避免地随时都要做出决策。在企业的经营活动中，经营管理者的决策失误会给企业带来重大经济损失甚至导致企业破产，一着不慎，满盘皆输；正确的决策可以让濒临破产的企业转危为安，绝处逢生。

9.1　物流决策的基本问题

9.1.1　基本概念

（1）决策。国际上对决策有许多不同的定义，但基本上分为两派，即狭义决策和广义决策。狭义决策认为决策就是作决定，单纯强调最终结果；广义决策认为将管理过程的行为都纳入决策范畴，决策贯穿于整个管理过程中。

简单地说，决策是为了达到一定的目标，从两个或两个以上的可行方案中选择一个"最优"方案的分析判断过程。

（2）物流决策。所谓物流决策就是针对物流系统中与物流活动有关的问题的解决方案选择。如要对多个配送中心的物资进行调运，怎样调运才能使运输费用最低等等。

（3）决策目标。决策者希望达到的状态，工作努力的目的。一般而言，在管理决策中决策者追求的是利益最大化。

（4）决策准则。决策判断的标准，备选方案的有效性齐全。

(5) 决策属性。决策方案的性能、质量参数、特征和约束,如技术指标、重量、年龄、声誉等,用于评价其达到目标的程度和水平。

(6) 科学决策过程。任何科学决策的形成都必须执行科学的决策程序,如图 9.1 所示。决策最忌讳的就是决策者拍脑袋决策,只有经历过如图 9.1 所示的"预决策→决策→决策后"三个阶段的决策,才能称之为科学的决策。

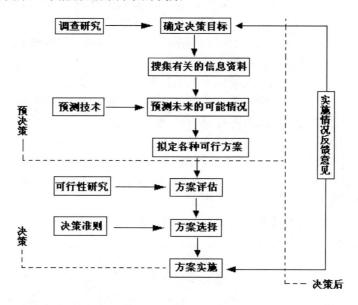

图 9.1 科学决策过程

9.1.2 决策分析的基本原则

(1) 最优化原则。在系统环境条件下,试图追寻最优解,寻找到实现目标的最优方案。在现实生活中,决策后往往因为客观条件的影响,使得人们无法得到最优解,只能退而求其次,找到次优解,即求得相对满意解,因此,这一原则亦可称为"满意"原则。

(2) 系统原则。由于将决策者、决策环境、状态看做一个系统,因此在决策分析时,应以系统的总体目标为核心,满足系统优化,从整体出发。

(3) 可行性原则。决策必须可行,决策必须通过可行性研究,因为只有通过可行性研究才能够保证决策目标的实现。

(4) 信息对称原则。由于信息不对称而产生的程度误差,将会在很大程度上影响到决策选择乃至系统目标的实现。在决策后阶段,及时的信息反馈沟通将是确保决策策略修正改进的重要保证。

9.1.3 决策分析的基本分类

（1）按决策的涉及和影响范围分。决策可分为战略决策、策略决策和执行决策；或者分为战略、战役（管理）和战术（业务）决策三种。

战略决策。在企业中属于最高层次的决策，是一类关系到全局性、方向性和根本性的决策。战略决策产生的影响是深远的，对决策系统的各个方面，都在较长时间范围内产生影响，如企业的长期发展规划、生产规模与市场开拓选择等问题。

战役决策。属于中层决策，是为保证战略决策目标的实现，各个管理方面进行的决策，如企业人力资源管理、物流配套系统的决策等。

战术决策。属于基层决策，主要根据策略决策的要求对实际日常生产中执行行为方案的选择，是局部性的、暂时性的决策，如企业为提高日常工作的效率，对流水线节拍的确定，对产品质检标准的确定，或对零件是否外包的决策。

（2）按状态空间分。决策可分为确定型、非确定型和风险决策三种。

确定型决策。是状态空间唯一确定的决策，即 $m=1$。在此种决策中，决策环境完全确定，问题的未来发展只有一种确定的结果，决策者分析各种可行方案所得的结果，从中选择一个最佳方案，如企业生产中的下料问题。通常此类总是可以用线性规划、网络图等求解。

非确定型决策。是指因其所处理事件的未来各种自然状态具有不确定性，即 $m \geq 2$，其未来的状态无法确定，如股市行情走势，股票看涨看跌是不确定的。在非确定型决策问题中又可以分为两类。

完全不确定型。决策者对将发生结果无法确定。

风险型决策。未来的状态无法确定，但是各种状态发生的概率是已知的，即状态 S_i 的概率分布已知，可以用概率来表示随机性状态。

（3）按决策的结构分。决策可以分为程序化、非程序化、半程序化决策三种，三者之间的区别如表 11-1 所示。

表 11-1 程序化、非程序化、半程序化决策

决策类型	传统方法	现代方法
程序化	现有的规章制度	运筹学、管理信息系统（MIS）
半程序化	经验、直觉	灰色系统、模糊数学等方法
非程序化	经验、应急创新能力	人工智能、风险应变能力培训

程序决策是反复出现，有章可循，有明确判别准则和目标，按一定制度可反复进行的决策。

非程序化决策是对偶然发生或初次发生的问题进行决策。没有固定的程序与方法，更多地需要决策者的创造力。

半程序化决策介于程序化决策与非程序化决策之间，用于解决一些灰色或模糊管理问

题。

(4) 按描述问题的方法分。决策可分为定性与定量的决策。

描述决策对象的指标均可量化，可用数学模型来表示的决策叫做定量决策，反之，为定性决策，两者均不可少，互为补充。在实际工作中，人们越来越倾向于将定性问题定量化描述求解问题。

定性决策方法有头脑风暴法、德尔菲法、哥顿法、淘汰法、环比法。

定量决策方法有确定型决策方法（盈亏平衡分析）、风险型决策方法（决策树）、不确定型决策方法。

(5) 按目标的数量分。决策可分为单目标决策和多目标决策。

单目标决策是决策目标仅有一个，如果目标不止一个，则称为多目标决策。在单目标决策中，目标唯一，求最优值；而在多目标决策中，有多个目标，可能各目标值之间存在冲突，不可能全部最优，必然要进行目标排序或赋权，求出满意或均衡解。

(6) 按决策过程的连续性分。决策可分为单级（静态）决策和序贯（动态）决策。

序贯决策处理多个连续时间的决策问题，前后时间段的决策相互影响，总体决策不是各时间段的简单叠加。动态规划、马尔可夫过程都属于动态决策分析方法。

(7) 按决策者数量分。决策可分为个人决策和群决策。

决策者为一个人时，称为个人决策或单一决策；当决策者由两个或两个以上的人组成时，所作决策称为群决策，群决策中出现的所有决策均需进行集结、整合。

将以上分类综合在表 9-2 中。

表 9-2 决策的分类

按影响范围	战略决策、策略（战役）决策、执行（战术）决策
按状态空间	确定型决策、非确定型决策（完全不确定型决策、风险型决策）
按决策结构	程序化决策、半程序化决策、非程序化决策
按描述方法	定性化决策、定量化决策
按目标数量	单目标决策，多目标决策
按连续性	单级（静态）决策、序贯（动态）决策
按决策者数量	个人决策，群决策
按问题大小	宏观决策，微观决策

9.1.4 物流决策的步骤

(1) 确定目标。决策目标要明确、具体，符合客观实际，应分清主次，首先保证主要目标的实现。

(2) 拟定备选方案。在分析和研究各种因素以及未来的发展趋势的基础上，将各种估计进行排列组合，拟定出适量的方案；将这些方案同目标要求进行粗略的分析对比，从中选择出若干个利多弊少的可行方案,供进一步评估和抉择。

(3) 评价被选方案。按方案在必须完成和希望完成的目标中进行评估的满意程序,对各方案进行全面权衡,从中选择出最满意的方案。

(4) 选择方案。选择方案就是对各种备选方案进行总体权衡后,由组织决策者挑选一个最好的方案。

9.2 确定型和非确定型决策

9.2.1 确定型决策

确定型决策的未来状态是已知的,只需从备选的决策方案中,挑选出最优方案即可。这种问题只需按照经济、技术的常规方法进行,线性规划、动态规划、网络模型都是求解该类问题的方法,在此不再赘述,仅举一例说明。

【例 9.1】 某企业的分拣中心根据市场需要,需添置一台分类输送机,可采用的方式有以下三种。

甲方案:引进外国进口设备,固定成本 1000 万元,产品每件可变成本为 12 元;
乙方案:用较高级的国产设备,固定成本 800 万元,产品每件可变成本为 15 元;
丙方案:用一般的国产设备,固定成本 600 万元,产品每件可变成本为 20 元。
试确定在不同生产规模情况下的购置设备的最优方案。

解:此题为确定型决策。利用经济学知识,选取最优决策。

图 9.2 最优决策也就是在不同生产规模条件下,选择总成本较低的方案。各方案的总成本线如图 9.2 所示。

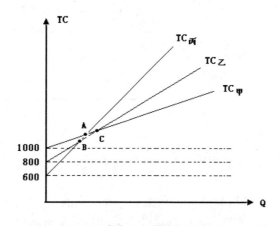

图 9.2 成本与产量之间的关系

$$TC_甲 = F_甲 + Cv_甲 Q = 1000 + 12Q$$
$$TC_乙 = F_乙 + Cv_乙 Q = 800 + 15Q$$
$$TC_丙 = F_丙 + Cv_丙 Q = 600 + 20Q$$

图中出现了 A, B, C 3 个交点,其中 A 点经济意义为在 A 点采用甲方案与丙方案成本相同,即

$$TC_甲 = TC_丙, \quad F_甲 + Cv_甲 Q_A = F_丙 + Cv_丙 Q_A$$

$$Q_A = \frac{F_甲 - F_丙}{Cv_丙 - Cv_甲} = \frac{1000 - 600}{20 - 12} = 50(万件)$$

即当生产规模为 50 万件时,采用甲方案与采用丙方案成本相同。

同理,可求得:

$$Q_B = 40(万件)$$

即当生产规模为 40 万件时,采用乙方案与采用丙方案成本相同。

$$Q_C = \frac{200}{3}(万件)$$

即当生产规模为 $\frac{200}{3}$ 万件时,采用甲方案与采用乙方案成本相同。

由图 9.2 可知,当生产规模≤Q_B 时,采用丙方案;当 Q_B<生产规模≤Q_C 时,采用乙方案;当 Q_C<生产规模时,采用甲方案。

则本例的最优方案为,当生产规模产量小于 40 万件时,采用丙方案;当生产规模产量大于 40 万件,小于 200/3 万件时,采用乙方案;当生产规模产量大于 200/3 万件时,采用甲方案。

9.2.2 非确定型决策

由于在非确定型决策中,各种决策环境是不确定的,所以对于同一个决策问题,用不同的方法求值,将会得到不同的结论。在现实生活中,同一个决策问题,决策者的偏好不同,也会使得处理相同问题的方法或准则不同。通过下面的例子,用不同的准则求解说明常用五种非确定型决策方法。

【例 9.2】 某冷库为经营业务的需要,决定在现有库存条件不变的情况下储存一种新的水产品,现可供选择的产品有 I、II、III、IV 四种不同产品,对应的方案为 A_1, A_2, A_3, A_4。由于缺乏相关资料背景,对产品的市场需求只能估计为大中小三种状态,而且对于每种状态出现的概率也无法预测。每种方案在各种自然状态下的效益值表如表 9-3 所示。(单位:万元)

表 9-3 效益值表

效益 a_{ij} \ 自然状态 \ 供选方案	需求量大 S_1	需求量中 S_2	需求量小 S_3
A_1: 产品 I	800	320	-250
A_2: 产品 II	600	300	-200
A_3: 产品 III	300	150	50
A_4: 产品 IV	400	250	100

1. 小中取大 {max min} 法（Wald 法），或称为悲观主义准则

该方法首先求出在各种情况下的目标最小值,再从这些决策的最小值中取一个最大值。这是由于决镜者认为自身实力有限,分析所有情况下的最坏结果,再选择其中最好者,以这种决策为最优策略。即先求出 $Z_i = \min_j \{a_{ij}\}$，再求出 $Z_l^* = \max_i \{Z_i\}$，则 Z_l 对应的 l 方案为所求决策方案。

解 1：由题意知

$$Z_i = \min_j \{a_{ij}\} = \begin{Bmatrix} -250 \\ -200 \\ 50 \\ 100 \end{Bmatrix}$$

$Z_l^* = \max_i \{Z_i\} = 100$，则对应的 A_4 方案为决策方案，即选择产品 IV。

2. 大中最大（max max）法，或称为乐观主义准则

该方法取各种情况的目标最大值中的最大值，即先求出 $Z_i = \max_j \{a_{ij}\}$，再求出 $Z_l^* = \max_i \{Z_i\}$ 则 Z_l^* 对应的 l 方案为所求决策方案。这是由于决策者可能为了取得最大收益，而宁愿冒风险。

解 2：由题意知

$$Z_i = \max_j \{a_{ij}\} = \begin{Bmatrix} 800 \\ 600 \\ 300 \\ 400 \end{Bmatrix}, \quad Z_l^* = \max_i \{Z_i\} = 800$$ 则对应的 A_1，方案为决策方案，即选择产品 I。

3. 最小机会损失法（savage 法），或称后悔值准则

该方法从机会损失值，即当某种情况发生，决策者所选方案的收益与因此放弃的可能最大收益之间的差额最小的角度考虑。

（1）首先找到 a_{ij} 在自然状态下的最大收益值 $\max_i \{a_{ij}\}$；

（2）分别求出在各种 S_i 条件下，各方案的机会损失 a'_{ij} 等于最大收益值减去本方案收益值，即 $a'_{ij} = \{\max_j (a_{ij}) - a_{ij}\}$；

（3）编制机会损失表，找出每个方案的最大机会损失 Z_i，$Z_i = \max_j \{a'_{ij}\}$；

（4）选择最小的机会损失值 $Z_l^* = \min_i \{Z_i\}$，对应的方案 l 即为所决策方案。

解3：由条件可知其机会损失值表为表 9-4。

表 9-4 机会损失值表

供选方案	机会损失值			最大机会损失 Z_i
	S_1	S_2	S_3	
A_1	0	0	350	350
A_2	200	20	300	300
A_3	500	170	50	500
A_4	400	70	0	400

$Z_l^* = \min_i \{Z_i\} = 300$，则应选对应的 A_2 方案为决策方案，即选择产品 II。

4. 等可能法（Laplace 法）

该方法认为每种情况发生概率相等，均为 $1/m$，取收益的期望值最大者为最优方案，即

$$E(A_i) = \sum_{j=1}^{m} \frac{1}{m} a_{ij} = \frac{1}{m} \sum_{j=1}^{m} a_{ij}$$

$$E(A_i^*) = \max \{E(A_i)\}$$

解4：由题意知，用等可能法求解

$$E(A_1) = 800 \times \frac{1}{3} + 320 \times \frac{1}{3} + (-250) \times \frac{1}{3} = 290$$

$$E(A_2) = 600 \times \frac{1}{3} + 320 \times \frac{1}{3} + (-200) \times \frac{1}{3} = \frac{700}{3}$$

$$E(A_3) = 300 \times \frac{1}{3} + 150 \times \frac{1}{3} + 50 \times \frac{1}{3} = \frac{500}{3}$$

$$E(A_4) = 400 \times \frac{1}{3} + 250 \times \frac{1}{3} + 100 \times \frac{1}{3} = 250$$

$E(A_l^*) = \max\{E(A_i)\} = 290$，则应选择对应的 A_1 方案为决策方案，即选择产品 I。

5. 折衷法

由于 max min 法和 max max 法过于极端，因此采用此种折衷的方法。

该方法给出乐观系数 α，$\alpha \in [0,1]$，$\alpha \to 0$ 说明决策者接近悲观；$\alpha \to 1$ 说明决策者接近乐观。

$$H(a_i) = \alpha \max_j \{a_{ij}\} + (1-\alpha) \min_j \{a_{ij}\}$$

$$\max_{a_j \in A} H(a_j) = H(a_l^*)$$

a_l^* 可为最佳方案。在这种方法中 α 的取值对最终决策选择影响颇大，需要结合实际情况给出。

max min 法是当 $\alpha = 0$ 时状态，max max 是 $\alpha = 1$ 时状态。

解 5：设 $\alpha = 0.3$，由表 9-3 知

$$H_1 = 0.3 \times 800 + (1-0.3) \times (-250) = 65$$
$$H_2 = 0.3 \times 600 + (1-0.3) \times (-200) = 40$$
$$H_3 = 0.3 \times 300 + (1-0.3) \times 50 = 125$$
$$H_4 = 0.3 \times 400 + (1-0.3) \times 100 = 190$$
$$H(a_4^*) = \max_i H(a_i) = 190$$

则应选择对应的人方案 A_4 为决策方案，即选择产品 IV。

9.3 风险型决策

风险型决策是指决策者在目标明确的前提下，对客观情况并不完全了解，存在着决策者无法控制的两种或两种以上的自然状态，但对于每种自然状态出现的概率大体可以估计，并可算出在不同状态下的效益值。主要应用于战略决策或非程序化决策，如投资方案决策、产品研发决策等。

9.3.1 期望值准则

期望值准则是通过比较和评价效益期望值，选择决策方案，而效益期望值因为各种自

然状态不同而有所不同。具体方法如下。

（1）根据不同自然状态下的效益值 v_{ij} 和各种自然状态 s_j 出现的概率 P_j，求效益期望值 EMV。效益期望值=Σ 条件效益值×概率，即 $EMV_i=\sum v_{ij}p_j$。

（2）比较效益期望值的大小，选择最大效益期望值所对应的方案为决策方案

$$EMV^*=\max\{EMV_i\}$$

【例 9.3】 某物流配送中心决定开发新产品，需要对产品品种做出决策。有三种产品 A_1，A_2，A_3 可供开发。未来市场对产品需求情况有三种，即较大、中等、较小，经估计各种方案在各种自然状态下的效益值及发生概率如表 9-5 所示。中心应选定哪种产品，才能使其收益最大。

表 9-5 效益值表（单位:万元）

方案 \ 自然状态及概率 效益	需求量大 p_1=0.3	需求量中 p_2=0.4	需求量小 p_3=0.3
A_1：产品 I	50	20	-20
A_2：产品 II	30	25	-10
A_3：产品 III	10	10	10

解：

（1）先求效益期望值

$$EMV_1=50\times 0.3+20\times 0.4+(-20)\times 0.3=17$$
$$EMV_2=30\times 0.3+25\times 0.4+(-10)\times 0.3=16$$
$$EMV_3=10\times 0.3+10\times 0.4+10\times 0.3=10$$

（2）$\max\{EMV_1, EMV_2, EMV_3\}=EMV_1=EMV^*$

即开发 A_1 产品。

9.3.2 决策树法

决策树是由决策点、事件点及结果构成的树形图，一般应用于序列决策中，以最大收益期望值或最低期望成本作为决策准则。决策树通过图解方式求解在不同条件下各方案的效益值，然后通过比较做出决策。

决策树基本模型如图 9.3 所示。

□：表示决策点，也称为树根，由它引发的分枝称为方案分枝，方案分枝称为树枝。n 条分枝表示有 n 种供选方案。

○：表示策略点，其上方数字表示该方案的最大收益期望值，由其引出的 m 条线称为概率枝，表示有 m 种自然状态，其发生的概率标明在分枝上。

△:表示每个方案在相应自然状态的效益值。
≠:表示经过比较选择此方案被否决,称之为剪枝。
决策方法:
(1)根据题意做出决策树图;

(2)从右向左计算各方案期望值,其中 $E(H_i) = \sum_{j=1}^{n} p_j V_{ij} (i=1,2,...n)$,并进行标注;

(3)对期望值进行比较,选≠删除。

【例 9.4】 某厂投入不同数额的资金对机器进行改造,改造有三种方法,分别为购新机器、大修和维护。根据经验,相关投入额及不同销路情况下的效益值如表 9-6 所示(单位:万元),请选择最佳方案。

解:(1)根据题意,做出决策树,见图 9.3。

表 9-6 效益值表

供选方案	投资额 T_i	销路好 p_j=0.6	销路差 p_j=0.4
A_1: 购新	12	25	-20
A_2: 大修	8	20	-12
A_3: 维护	5	15	-8

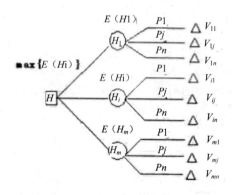

图 9.3 决策树

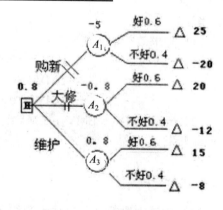

图 9.4 剪枝

(2)计算各方案的效益期望值,$E(A_i) = \sum_{j} p_j v_{ij} - T_i$

$$E(A_1) = 0.6 \times 25 + 0.4 \times (-20) - 12 = -5$$
$$E(A_2) = 0.6 \times 20 + 0.4 \times (-12) - 8 = -0.8$$
$$E(A_3) = 0.6 \times 15 + 0.4 \times (-8) - 5 = 0.8$$

(3)最大值为 $E(A_3)$,选对应方案 A_3,即维护机器,并将 A_1,A_2 剪枝。

例 9.4 这种类型称为单级决策问题。在序列决策中，常常需要根据阶段的不同做出不同的多次决策，包括两级或两级以上的决策称为多级决策问题。

【例 9.5】 某公司由于市场需求增加决定扩大公司规模，供选方案有三种：第一种方案，新建一个大工厂，需投资 250 万元；第二种方案，新建一个小工厂，需投资 150 万元；第三种方案，新建一个小工厂，2 年后若产品销路好再考虑扩建，扩建需追加 120 万元。后 3 年收益与新建大工厂相同。根据预测该产品前 3 年畅销和滞销的概率分别为 0.6，0.4，若前 2 年畅销，则后 3 年畅销后滞销的概率分别为 0.8，0.2；若前 2 年滞销，则后 3 年一定滞销。如表 9-7 所示，请对方案做出选择。（单位:万元）

表 9-7 效益值表

自然状态	概率		供选仿案与效益			
	前 2 年	后 3 年	大工厂	小工厂	先小后大	
					前 2 年	后 3 年
畅销	0.6	畅销 0.8 滞销 0.2	150	80	80	150
滞销	0.4	畅销 0 滞销 1	-50	20	20	-50

解：（1）决策树见图 9.5

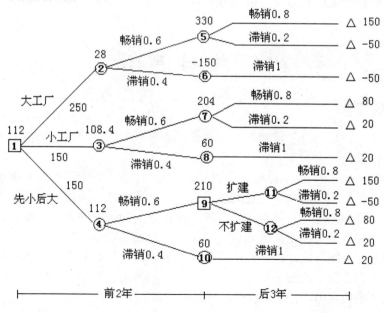

图 9.5 决策树

（2）计算节点 5、6、7、8、10 的期望值

$$E(5) = [150 \times 0.8 + (-50) \times 0.2] \times 3 = 330$$
$$E(6) = (-50) \times 1.0 \times 3 = -150$$
$$E(7) = (80 \times 0.8 + 20 \times 0.2) \times 3 = 204$$
$$E(8) = 20 \times 1.0 \times 3 = 60$$
$$E(10) = 20 \times 1.0 \times 3 = 60$$

由于存在二级决策，即口是决策点，则应该首先计算出结点 11、12 的效益期望值，决定是否扩建。

$$E(11) = [150 \times 0.8 + (-50) \times 0.2] \times 3 - 120 = 210$$
$$E(12) = (80 \times 0.8 + 20 \times 0.2) \times 3 = 204$$

由于 $E(11) > E(12)$，因此取最大值对应的方案，即在口决策点上，删去不扩建方案，选择扩建方案。

求结点 2、3、4 的效益期望值，分别为

$$E(2) = [150 \times 0.6 + (-50) \times 0.4] \times 2 + [330 \times 0.6 + (-150) \times 0.4] - 250 = 28$$
$$E(3) = (80 \times 0.6 + 20 \times 0.4) \times 2 + (204 \times 0.6 + 60 \times 0.4) - 150 = 108.4$$
$$E(4) = (80 \times 0.6 + 20 \times 0.4) \times 2 + (210 \times 0.6 + 60 \times 4) - 150 = 112$$

（3）比较方案，$E(4)$ 最大，则口取最大 112，对应的方案是先小后大作为选定方案，即先建小厂，后扩建大工厂的方案为最优方案。

9.4 效用理论

9.4.1 效用的概念

效用（Utility）：是指对于消费者通过消费或者享受闲暇等使自己的需求、欲望等得到的满足的一个度量。

贝努利（D.Berneulli）首次提出效用的概念，他用如图 9.6 所示曲线来表示人们对钱财的真实价值的考虑与其钱财拥有量之间有对数关系。效用是一种相对的指标值，它的大小表示决策者对风险的态度，对某事物的倾向、偏差等主观因素的强弱程度。

在不同程度的风险下，不同的效益值可能具有相同的价值；在相同程度的风险下，不同的决策者的态度可能不同，即相同的效益值在不同决策者心目中的价值也可能不同。而这个效益值在人们心目中的价值被称为这个效益值的效用，用于量度决策者对风险的态度。

一般来说效用值在[0，1]之间取值，凡是决策者最看好、最倾向、最愿意的事物（事件）的效用值可取 1；反之，效用值取 0。当各方案期望值相同时，一般用最大效用值决策

准则，选择效用值最大的方案。

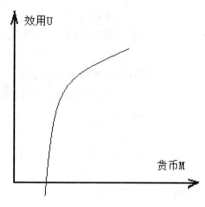

图 9.6　贝努利曲线

9.4.2　效用曲线的绘制

在直角坐标系内，以横坐标 x 表示决策方案的效益值，纵坐标 y 表示效用值，将某决策者对风险的态度的变化关系画成曲线，称为决策者的效用曲线。

确定效用曲线的基本方法有两种。一种是直接提问法，需要决策者回答提问，主观衡量，应用较少。第二种是对比提问法，此法使用较多。

设现有 A_0，A_1 两种方案供选。A_0 表示决策者不需要花费任何风险可获益 x_0，而 A_1 有两种自然状态，可以概率 P 获得收益 x_1，以概率 $(1-P)$ 获得收益 x_2，且 $x_1 > x_0 > x_2$。

令 y_i 表示效益 x_i 的效用值。则 x_1，x_0，x_2 的效用值分别表示为 y_1，y_0，y_2。若在某条件下，决策者认为 A_0、A_1 两方案等价，则有

$$Py_1+(1-P)y_2=y_0 \tag{9-3}$$

用对比提问法来测定决策者的风险效用曲线，可提问如下：

（1）x_0，x_1，x_2 不变，改变 P，问"当 P 为何值时，A_0，A_1 等价"；

（2）P，x_1，x_2 不变，改变 x_0，问"当 x_0 为何值时，A_0，A_1 等价"；

（3）P，x_0，x_1/x_2 不变，改变 x_2，问"当 x_2 为何值时，A_0，A_1 等价"。

一般采用改进 V-M（Von Neumann-Morgenstern）方法，固定 $P=0.5$，x_1 和 x_2，改变 x_0 三次，得出相应的 y 的值，确定三点，作效用曲线。

【例 9.6】　设 $x_1=-100$，$x_2=400$，取 $y(x_1)=0$，$y(x_2)=1$。绘制效用曲线。

解：由式（9-3）得：

$$0.5y(x_1)+0.5y(x_2)=y_0 \tag{9-4}$$

第一次提问："x_0 为何值时，式（9-4）成立？"答："0"。0 在 -100 与 400 的中间，由

式（9-4）得到

$$y(0)=0.5y(-100)+0.5y(400)=0.5\times 0+0.5\times 1=0.5$$

第二次提问："x_0 为何值时，式（9-4）成立？"答："200"。0 在 $x_1=0$ 与 $x_2=400$ 的中间，则式（9-4）变为

$$y(200)=0.5y(0)+0.5y(400) \tag{9-5}$$
$$=0.5\times 0.5+0.5\times 1=0.75$$

第三次提问："x_0 为何值时，式（9-4）成立？"答："100"。100 在 0 与 200 的中间，则式（9-4）变为

$$y(100)=0.5y(0)+0.5y(200) \tag{9-6}$$
$$=0.5\times 0.5+0.5\times 0.75=0.625$$

由点(-100，0)，(0，0.5)，(100，0.625)，(200，0.75)，(400，1)可绘制效用曲线图，如图 9.7 所示。

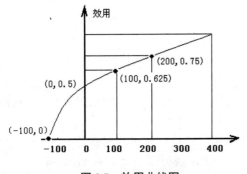

图 9.7 效用曲线图

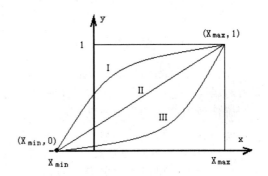

图 9.8 不同类型的效用曲线图

9.4.3 效用曲线的类型

不同决策者对待风险的态度不同，因而会得到不同形状的效用曲线。效用曲线一般可分为保守型、中间型、风险型，如图 9.8 所示。

图 9.8 中 I 为保守型，其特点为：当收益值较小时，效用值增加较快；随收益值增大时，效用值增加速度变慢。这表明决策者不求大利，谨慎小心，保守。

图 9.8 中 II 为中间型，其特点为：收益值和效用值成正比，表明决策者完全按机遇办事，心平气和。

图 9.8 中 III 为风险型，其特点为：当收益值较小时，效用值增加较慢；随收益值增大时，效用值增加速度变快。这表明决策者对增加收益反应敏感，愿冒较大风险，谋求大利，不怕冒险。

9.4.4 效用曲线的应用

【例 9.7】 若某决策问题的决策树如图 9.9 所示,其决策者的效用期望值同时附在效益期望值后,做出决策。

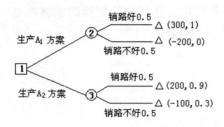

图 9.9 决策树

解:
(1) 计算效益期望值分别为

$$E(2)=0.5\times300+0.5\times(-200)=50$$
$$E(3)=0.5\times300+0.5\times(-200)=50$$

根据最大效益期望值准则,无法判断优劣。

(2) 计算效用值分别为

$$y_1=0.5\times1+0.5\times0=0.5$$
$$y_2=0.5\times0.9+0.5\times0.3=0.6$$

A_2 方案效用值>A_1 方案效用值,因此取 A_2 方案为决策方案。

绘制效用曲线图如图 9.10 所示,由此可知,该决策者偏向于保守型,不求大利,谨慎小心。

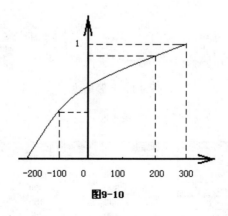

图 9.10 效用曲线

9.5 上机练习

WinQSB 软件用于决策分析的子程序是 Decision Analysis（DA）。主要功能包括贝叶斯分析、效益表分析、二人零和对策、决策树等问题的求解，见图 9.11。马尔可夫决策需另外调用子程序 MarKov Process（MKP）。

9.5.1 效益表分析

效益表分析是已知策略各状态的效益和概率，分析 7 种决策准则下的决策结果。

【例 9.8】 用 WinQSB 软件求解例 9.2。

（1）建立新问题后，系统显示如图 9.11 所示的对话框，选择 Payoff Table Analysis，输入标题、自然状态数 3 和供选方案数 4，将表 9-3 的数据输入到表 9-8 中，第一行是输入先验概率，本例没有先验概率。

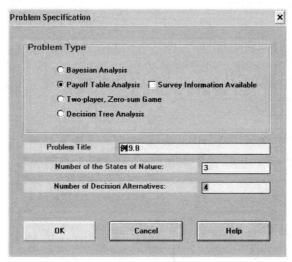

图 9.11 问题描述

表 9-8

Decision \ State	需求量大	需求量中	需求量小
Prior Probability			
Alternative1	800	320	-250
Alternative2	600	300	-200
Alternative3	300	150	50
Alternative4	400	250	100

（2）点击 Solve the Problem，系统显示如图 9.12 所示的界面，提示将用到的各种决策准则得到对应的决策结果，输入乐观系数 0.3。

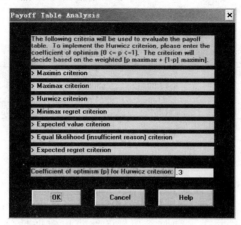

图 9.12

求解结果见表 9-9。点击 Results→Show Payoff Table Analysis，显示各决策准则的详细分析结果，见表 9-10。点击 Show Regret Table 显示后悔值表，点击 Show Decision Tree Gragh 显示决策树图。

表 9-9

02-03-2007 Criterion	Best Decision	Decision Value
Maximin	产品4	$100
Maximax	产品1	$800
Hurwicz (p=0.3)	产品4	$190
Minimax Regret	产品2	$300
Expected Value	产品1	$290
Equal Likelihood	产品1	￥290.00
Expected Regret	产品1	￥116.67
Expected Value	without any Information =	$290
Expected Value	with Perfect Information =	￥406.67
Expected Value	of Perfect Information =	￥116.67

表 9-10

02-03-2007 Alternative	Maximin Value	Maximax Value	Hurwicz (p=0.3) Value	Minimax Regret Value	Equal Likelihood Value	Expected Value	Expected Regret
产品1	($250)	$800**	￥65.00	$350	￥290.00	￥290**	￥116.67**
产品2	($200)	$600	￥40.00	$300**	￥233.33	￥233.33	￥173.33
产品3	$50	$300	$125	$500	￥166.67	￥166.67	￥240.00
产品4	$100**	$400	$190**	$400	￥250.00	$250	￥156.67

由于表 9-8 中没有输入状态发生的概率，表 9-9 和表 9-10 的期望收益（后悔）值按各状态发生的概率相等计算。如果在表 9-8 中第一行输入概率 0.35，0.4，0.25。结果见表 9-11。

表 9-11

02-03-2007 Alternative	Maximin Value	Maximax Value	Hurwicz (p=0.3) Value	Minimax Regret Value	Equal Likelihood Value	Expected Value	Expected Regret
产品1	($250)	$800**	¥65.00	$350	¥290.00**	¥345.50**	¥87.50**
产品2	($200)	$600	¥40.00	$300**	¥233.33	$280	$153
产品3	$50	$300	$125	$500	¥166.67	¥177.50	¥255.50
产品4	$100**	$400	$190**	$400	¥250.00	$265	$168

9.5.2 决策树

【例 9.9】 用 WinQSB 软件求解例 9.5。

解：例 9.5 是一个多级决策问题，在 WinQSB 中将节点分为决策点（Decision node）和分枝节点（Chance node）两类，同时将事件的终点也看做是分枝节点。

例 9.5 中共有节点数 23，其中决策点是节点 1 和节点 9，分枝节点有 21 个。方案的效益值见表 9-12。

建立新问题。在图 9.13 中选择 Decision Tree Analysis，输入标题和节点总数 23。

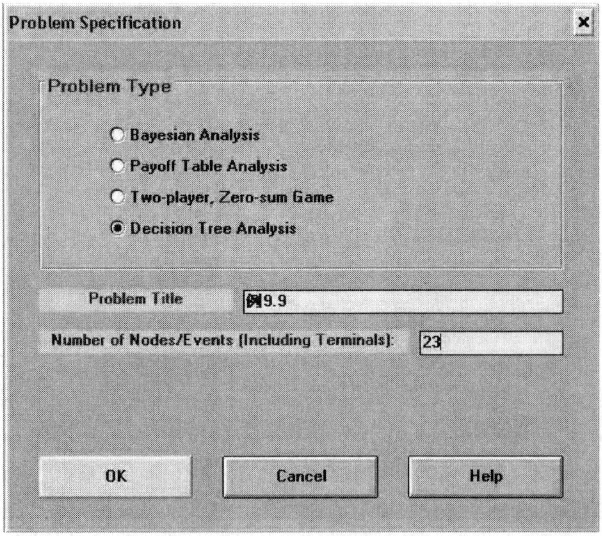

图 9.13 问题描述

（1）输入数据。输入表 9-7 中的数据，见表 9-12。

表 9-12

Node/Event Number	Node Name or Description	Node Type (enter D or C)	Immediate Following Node (numbers separated by ',')	Node Payoff (+ profit, - cost)	Probability (if available)
1	Event1	D	2,3,4		
2	Event2	C	5,6	-250	
3	Event3	C	7,8	-150	
4	Event4	C	9,10	-150	
5	Event5	C	13,14	300	0.6
6	Event6	C	15	-100	0.4
7	Event7	C	16,17	160	0.6
8	Event8	C	18	40	0.4
9	Event9	D	11,12	160	0.6
10	Event10	C	23	40	0.4
11	Event11	C	19,20	-120	
12	Event12	C	21,22		
13	Event13	C		450	0.8
14	Event14	C		-150	0.2
15	Event15	C		-150	1
16	Event16	C		240	0.8
17	Event17	C		60	0.2
18	Event18	C		60	1
19	Event19	C		450	0.8
20	Event20	C		-150	0.2
21	Event21	C		240	0.8
22	Event22	C		60	0.2
23	Event23	C		60	1

表 9-12 中第二列为节点类型，决策点输入字母"D"，分枝点（状态）输入字母"C"。节点 1 和节点 9 输入"D"，其他节点输入"C"。第三列输入紧后节点；第四列输入成本或效益，其中节点 2、3、4、11 输入成本，节点 5 到 10 的效益为 2 年的效益，将表 9-7 的效益乘以 2 后再输入。节点 13 到 23 为 3 年的效益，乘以 3 后再输入。

（2）求解问题。

① 点击 Solve and Analyze→Solve the Problem，显示如表 9-13 所示的计算结果。

表 9-13

02-03-2007	Node/Event	Type	Expected value	Decision
1	Event1	Decision node	$112	Event4
2	Event2	Chance node	$278	
3	Event3	Chance node	￥258.40	
4	Event4	Chance node	$262	
5	Event5	Chance node	$330	
6	Event6	Chance node	($150)	
7	Event7	Chance node	$204	
8	Event8	Chance node	$60	
9	Event9	Decision node	$210	Event11
10	Event10	Chance node	$60	
11	Event11	Chance node	$330	
12	Event12	Chance node	$204	
13	Event13	Chance node	0	
14	Event14	Chance node	0	
15	Event15	Chance node	0	
16	Event16	Chance node	0	
17	Event17	Chance node	0	
18	Event18	Chance node	0	
19	Event19	Chance node	0	
20	Event20	Chance node	0	
21	Event21	Chance node	0	
22	Event22	Chance node	0	
23	Event23	Chance node	0	
Overall	Expected	Value =	$112	

② 点击 Results→Show Decision Tree Graph，在弹出的对话框中选中使用"默认宽度和高度"[Use default width and hight]、"显示每个节点或事件的期望值"[Display the expected value for each node or event]、"节点用箭头连接"[Node connection with arrow head]、调整"节点大小"[Node size]、选择"节点描述"[Node Text]，如图 9.13 所示。

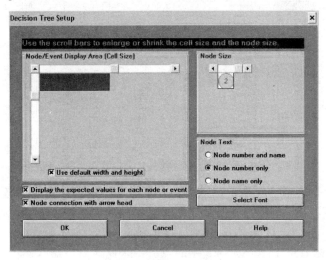

图 9.13　建立决策树

③ 点击"确定"，显示如图 9.14 所示的决策树。

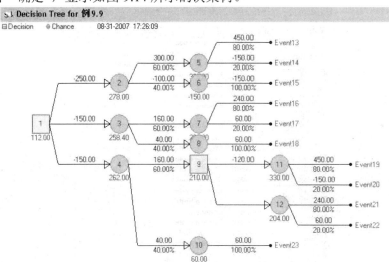

图 9.14　输出的决策树结果

【小结】

本章介绍了决策分析的相关概念、分类、步骤；重点介绍了确定型和非确定型决策以及利用决策树法求解风险型决策问题；效用理论在决策问题中的应用；最后详细介绍了利用 WinQSB 软件的子程序 Decision Analysis（DA）进行决策分析的方法步骤。

【习题】

1. 某制造商生产的零部件次品率为 P，该零部件每 150 件为一批次，以往的经验表明 $P=0.05$ 或 $P=0.25$，而且有 80%的批次 $P=0.05$（有 20%的批次 $P=0.25$），这些零部件被用来装配或整机，零部件的质量可在整机出厂前被检验出来，制造商可以在装配之前先对零部件进行检测，筛掉次品，这样每件要花费 10 元；也可以不检测而直接使用，但这样每个次品的重制成本需 100 元。上述成本数据计算如表 9-14。

表 9-14

	$P=0.05$	$P=0.25$
检测	1500	1500
不检测	750	3750

若决定进行检测，则要花 2 天时间准备检测仪器设备。但在决定是否检测之前，可以从一批中抽取一件去试验室做快速初检，可得知其是否次品，快速初检费是 85 元。

（1）若不考虑快速初检，制造商的最优决策是什么？

（2）制造商为"完全信息"所值得付费的上限是多少？

（3）是否应考虑做快速初检？若经快速初检结果是次品，制造商的最优决策为何？

2. A，B 两家厂商生产同一种日用品，B 生产该日用品的成本为 4 元件，考虑到竞争，B 预计自家产品在下一个月度的销售量为 $1000+250(p_2-p_1)$ 元，其中 p_1, p_2 分别为 A，B 两家的销售价格，现 B 考虑将产品的价格在 $p_2=6, 7, 8, 9$ 元选择，并预计对方的销售价格可能为 $p_1=6, 8, 10$ 元，在以下准则下，B 应如何决策？

（1）取乐观系数 $\alpha=0.7$ 的折中主义准则；

（2）取后悔值准则；

（3）若估计 A 取 $p_1=6, 8, 10$ 元的概率分别为 0.25，0.50 和 0.25，按最大期望值准则。

3. 某工厂决定购买某种设备，该设备有一个部件易于损坏，如果在购进设备的同时购进备件，每个 1000 元，如果以后单独购买，每个 3000 元，若在设备使用期内至多使用 3 个备件。

（1）按折中主义原则决策（取乐观系数 $\alpha=0.7$）；

（2）按最小后悔值准则决策；

(3) 为减少决策失误，向五位专家咨询后，得到如表 9-15，此时应如何决策，决策的依据是什么？

表 9-15

专家	概率 个数	0	1	2	3	专家权数
1		0.1	0.4	0.3	0.2	0.9
2		0.2	0.3	0.4	0.1	0.9
3		0.1	0.5	0.3	0.1	0.8
4		0.0	0.4	0.4	0.2	0.7
5		0.3	0.5	0.2	0.0	0.7

4. 某超市拟购进灯泡 24000 个，若从供应商 A 进货，批发价为每个 4 元，若从供应商 B 进货批发价为每个 4.15 元。灯泡在超市的零售价为每个 4.40 元，在超市销售中发现坏灯泡时必须免费更换，坏灯泡若从 A 进货，供应商经同意按批发价以一换一，但从 B 进货，供应商同意更换 1 个只付 1 元。不同供应商的灯泡损坏率的概率分布如表 9-16 所示。

表 9-16

损坏率	3%	4%	5%	6%
供应商 A	0.10	0.20	0.40	0.30
供应商 B	0.05	0.10	0.60	0.25

应从哪个供应商进货？

5. 某厂计划改造生产工艺，可选择自行研究或国外引进两种方式，预计成功率分别为 0.6 和 0.8。在工艺改造成功后，可选择生产规模 S_1，S_2。若改造失败，只能按原来方式和原规模生产。根据市场预测，该产品降价，保持原价和涨价的概率分别为 0.1，0.5 和 0.4。在各状态下净收益的预测值如表 9-17 所示。问：应当如何决策？

表 9-17

状态 价格 方案	引进			自行研制		
	S_1	S_2	原工艺	S_1	S_2	原工艺
降价	-300	-200	-250	-400	-300	-100
原价	250	150	-100	300	200	-50
涨价	400	350	50	600	400	100

6. 某非确定型决策问题的决策矩阵如表 9-18 所示。

(1) 若乐观系数 $\alpha=0.4$，矩阵中的数字是利润，请用非确定型决策的各种决策准分别确定出相应的最优方案。

(2) 若下表中的数字为成本，问对应于上述决策准则所选择的方案有何变化？

表 9-18

事件 方案	E_1	E_2	E_3	E_4
S_1	4	16	8	1
S_2	4	5	12	14
S_3	15	19	14	13
S_4	2	17	8	17

7．有一种游戏分两阶段进行。第一阶段，参加者需先付 10 元，然后从含 45%白球和 55%红球的罐中任摸一球，并决定是否继续第二阶段。如继续需再付 10 元，根据第一阶段摸到的球的颜色在相同颜色罐子中再摸一球。已知白色罐子中含 70%蓝球和 30%绿球，红色罐子中含 10%的蓝球和 90%的绿球。当第二阶段摸到为蓝色球时，参加者可得 50 元，如摸到绿球，或不参加第二阶段游戏均无所得。试用决策树法确定参加者的最优策略。

8．某投资商有一笔投资，如投资于 A 项目，一年后能肯定得到一笔收益 C；如投资于 B 项目，一年后或以概率 P 得到的收益 C_1，或以概率 $(1-P)$ 得到收益 C_2，已知 $C_1<C<C_2$。试依据期望值准则讨论 P 为何值时，投资商将分别投资于 A，B，或两者收益相等。

第 10 章 物流系统评价技术

本章提要
➢ 物流系统的评价；
➢ 物流系统的评价指标体系；
➢ 物流系统评价指标的标准化处理；
➢ 物流系统评价方法。

10.1 物流系统的评价概述

10.1.1 物流系统评价的对象

物流系统是指物资及商品从供应、生产、流通到消费以至废弃的一个范围很广的系统。在供应链管理时代，这个系统的范围扩大到一系列上下游企业所构成的整个供应链。由运输、仓储、装卸搬运、包装、流通加工、配送和物流信息等环节所组成的物流系统是多种不同功能要素的集合。各要素相互联系、相互作用，形成众多的功能模块和各级子系统，使整个系统呈现多层次结构，体现出固有的特征。对物流系统进行分析评价，可以了解物流系统各部分的内在联系，把握物流系统行为的内在规律性，进而可以对物流系统的设计、改善和优化作出正确决策。所以说，不论从系统的外部或内部，建造新系统或更新改造现有系统，对系统进行分析评价都是非常重要的。

物流系统不仅仅在选择实施之前对物流系统方案进行评价，而且还对实施过程中的方案进行跟踪评价、对实施完成后的物流系统进行回顾评价、对已投入运行的物流系统进行现状评价。在实施之前，对各物流方案进行评价就是要对物流系统方案实施后可能产生的后果和影响进行评价，对后果和影响产生的可能性进行评价以及对各方面后果和影响及其可能性进行综合评价。

物流系统方案付诸实施后，为了及时发现问题，必要时采取措施使物流系统方案进一步完善，进行调整和控制，还需要经常对实施过程和结果进行跟踪评价。另外，为了总结经验、吸取教训，发现新现象、新规律，改进以后新物流系统的规划、设计和实施，有必要在物流系统方案实施阶段结束后进行回顾评价。

对物流系统的运行现状的评价，其经常性和工作量规模不亚于对新物流系统的评价。

10.1.2 物流系统的评价因素和标准

物流系统评价标准要以评价指标作为基准，常用的指标有：投资、成本、收益、利润、投资回收期、资源消耗、产品或服务质量、效用、环境保护等。物流系统评价的因素很多，但在选择评价指标时，不一定要把所有的因素都考虑进去，而应该把主要的、能反映一个物流系统或一个物流方案优劣的因素作为评价因素，把那些无关紧要的因素舍弃掉。当然，主要与次要之分要因系统而异。某一评价因素对一个物流系统来说是主要的，而对另一个物流系统来说可能就是次要的。

物流系统评价因素确定之后，就要把这些因素量化成评价指标，并使用统一的尺度。但是，并不是所有的评价因素都容易量化。成本和利润容易量化，但是代价和收益并不总是能够量化的。物流系统的性能和质量常常也不易量化。

物流系统评价的对象常常是复杂社会、经济系统或处在社会经济环境之中的物流系统。这类系统大都包含这政治、经济、技术和生态环境等诸方面的因素，为了使评价过程条理化，必须建立一个评价指标体系。这个指标体系必须将物流系统内相互制约的复杂因素之间的关系层次化、条理化，并能够区分它们各自对评价结果的影响程度，以及对那些只能定性评价的因素进行恰当的、方便的量化处理。

10.2 物流系统的评价指标体系

物流系统的评价指标是指为了达到系统的目的，从众多的输出特性中选出的一整套衡量指标，实际上是对现实复杂系统的一种简化。对物流系统评价需要有一定的量化指标，这样才能衡量物流系统实际的运行状况。一般把衡量系统状态的技术经济指标称为特征值，它是系统规划与控制的信息基础。对物流系统的特征值进行研究，建立一套完整的特征值体系，有助于对物流系统进行合理的规划和有效的控制，有助于准确反映物流系统的合理化状况和评价改善的潜力与效果。

10.2.1 物流系统评价指标的制定原则

（1）稳定可查性。任何指标都应该是相对稳定的，可以通过一定的途径、一定的方法观察得到。物流系统是极其错综复杂的，并不是所有的现象都可以调查测量。任何易变、震荡、发散及无法把握的指标都不能列入评价指标体系。

（2）确定可比性。制定的每条指标都应该是确定的、可以比较的。所谓的比较，包括三方面的含义，即指标可以在不同的方案、不同的范围内、不同的时间点上进行比较。

（3）定量性。制定的每条指标都应该定量。客观现象十分复杂多变，只有加以定量才能才能有所把握,才能分析评价。定量性也是为了适应建立模型进行数学处理的需要。对于缺乏数据的指标,要么舍弃不用,改用其他相关指标,要么利用专家意见,进行软数据的硬化。

10.2.2 制订物流系统特征值(评价指标)的标准

(1) 与时间段有关的特征值,要尽可能缩短时间期限,因为旧数据对企业物流控制无意义。

(2) 应该选用少量的、有代表性的、能够反映实际物流系统物流状态的特性参数,并且这些参数与物流状态的关系是可认识的。

(3) 基本的特征值的定义必须准确无误。

(4) 动态的数据和特征值应给出它们的变化过程,把它们归纳成特征值序列,以便于统计分析,根据特征值的趋势进行评价。

(5) 呈现不同影响级的特征值序列应以相关关系来评价,以便得到物流系统影响因素的统一的等级。

(6) 根据规定的模式,特征值计算所用的全部数据应一次收集,并且从同样的起点进行处理。

10.2.3 常用的物流系统评价指标

根据不同的衡量目的,物流系统评价指标的衡量对象可以是整个物流系统,也可以是供应物流、生产物流、销售物流及回收、废弃物流子系统,还可以是运输、仓储、库存管理、生产计划与控制等物流职能,乃至各职能中具体的物流活动,由此形成不同的特征值体系。但不论是整个物流系统,还是子系统,最有代表性的特征值为物流生产率及物流质量。

1. 物流生产率

物流系统的行为过程,是以一定的劳动消耗和劳动占用(投入)完成某种预测的服务(产出)的过程。物流系统的投入包括人力资源、物质资源、能源和技术,各项投入在价值形态上统一表现为物流成本。物流系统的产出就是为生产系统和销售系统提供的服务,衡量物流系统投入产出转换效率的指标称作物流生产率,它是物流系统特征值体系的重要组成部分。物流生产率通常包括实际生产率、利用率、行为水平、成本和库存五个方面的指标。

(1) 实际生产率。实际生产率是指系统实际完成的产出与实际消耗的投入之比。如人均年仓储物品周转量,运输车辆每吨年货运量等。这里所讲的"实际"有两方面含义:一是投入值与产出量不受价格变化的影响;二是产出必须具有价值,而不仅仅是对付出努力的一种反映。例如，卡车可以整天空驶而产生大量的运行公里数（付出的努力），但这些公里数对物流系统没有什么价值。

（2）资源利用率。物流系统的资源利用率是系统需要的投入与实际的投入之比。如运输车辆的运力利用率、仓储设施的仓容利用率等。

（3）行为水平。物流系统的行为水平是系统实际的产出与期望的产出之比。

（4）成本。物流系统的各项投入，在价值形态上统一表现为物流成本，因而可以通过比较成本与产出的价值量或实物量，来衡量物流系统的实际生产率；或者通过实际成本与成本定额的比较，来衡量物流系统的行为水平。运用成本来衡量物流生产率有两个有利条件：一是成本忠实地反映了物流系统的运行状况；二是成本能成为评价物流过程各项活动的共同尺度，以利于通过对物流成本的统一管理，达到降低物流系统总成本的目的。

（5）库存。库存是物流系统劳动占用形式的投入，库存的数量大小与周转快慢，是物流系统投入产生转换效率高低的重要标志。这方面的指标有库存周转天数、库存结构合理性等。

2. 物流质量

物流质量是对物流系统产出质量的衡量，是物流系统特征值的重要组成部分。根据物流系统的产出，可将物流质量划分为物料流转质量和物流业务质量两个方面。

（1）物料流转质量。物料流转质量是对物流系统提供的物品在数量、质量、时间、地点上的正确性评价。

① 数量的正确性。数量的正确性指物流过程中物品的实际数量与要求数量的符合程度。常见的指标包括仓储物品盈亏率、错发率等。

② 质量的正确性。指物流过程中物品的实际质量与要求质量的符合程度。常见指标有仓储物品完好率、运输物品完好率、进货质量合格率等。

③ 时间的正确性。时间的正确性指物流过程中物品流动的实际时间与要求时间的符合程度。常见指标有及时进货率、及时供货率等。

④ 地点的正确性。地点的正确性指物流过程中物品流向的实际地点与要求地点的符合程度。常见指标有错误送货率等。

（2）物流业务质量。物流业务质量是对物流系统所进行的物流业务在时间、数量上的正确性及工作上的完善性的评价。

① 时间的正确性。时间的正确性指物流过程中物流业务在时间上实际与要求的符合程度。常见指标有采购周期、供货周期、发货故障平均处理时间等。

② 数量的正确性。数量的正确性指物流过程中物流业务在数量上实际与要求的符合程度。常见指标有采购计划完成率、供应计划完成率、供货率、订货率等。

③ 工作的完善性。工作的完善性指物流过程中物流业务工作的完善程度。常见指标有对用户问询的响应率、用户特殊送货要求的满足率、售后服务的完善性等。

10.2.4 物流子系统的评价指标

1. 运输

可将运输分为自备运输和外用运输,以衡量其生产率和质量指标。

(1) 自备运输常用的特征值指标

① 生产率指标:运费占产值的百分比;运费与预算之比;每吨公里运费;运力利用率;装载效率;时间利用率;运费占产值的百分比。

② 质量指标:物品损坏率即年货损总额与年货运总额之比;正点运输率即年正点运输次数与年运输总次数之比。

(2) 外用运输指标

① 生产率指标:运费与预算之比;每吨公里运费。

② 质量指标:物品损坏率即年货损总额与年货运总额之比;正点运输率即年正点运输次数与年运输总次数之比。

2. 仓储

可按大宗原料燃料库、辅助材料、中间在制品和成品仓库来分别衡量其生产率和质量。每种仓库可分为外用与自备两种。

(1) 外用仓库

① 生产率指标:年仓储费用与年物品周转量之比;年仓储费用与年储备资金总额之比;仓储费用与预算之比。

② 质量指标:物品盈亏率;物品完好率,物品错发率。

(2) 自备仓库

① 生产率指标:年仓储费用与年储备资金总额之比;仓储费用与预算之比;人均年物品周转量;设备时间利用率;仓库利用率;仓库面积利用率。

② 质量指标:物品盈亏率;物品完好率;物品错发率;仓容利用率。

3. 库存管理

库存管理可划分为原燃料、辅助材料、在制品和成品库存管理,分别衡量其生产率和质量。

(1) 原燃料、辅助材料库存管理

① 生产率指标:库存额与预算之比;库存周转天数;库存资金占产值百分比;库存结构合理性。

② 质量指标:供应计划实现率

(2) 在制品库存管理

① 生产率指标:在制品库存定额;在制品库存周转天数;在制品库存资金占成品库存

资金百分比;在制品库存结构的合理性。

② 质量指标:在制品物流中断率。

(3) 成品库存管理

① 生产率指标:成品库存额与预算之比;成品库存周转天数;成品库存在流动资金的百分比。

② 质量指标:销售合同未满足率。

4. 生产计划与控制

(1) 生产率指标:生产费用与预算之比;生产费用占产值的百分比;产能利用率;劳动生产率;在制品储备量与预算之比;在制品周转天数;流动资金占产值的百分比。

(2) 质量指标:生产计划完成率;生产均衡率。

10.3 物流系统的评价指标的标准化处理

在多指标评价体系中,由于各个评价指标的单位不同、量化不同和数量级不同,因此会影响到评价结果,甚至会觉得出现失误。为了统一标准,必须进行预处理,即对所有的指标进行标准化处理,把所有指标转化为无量化、无数量级差别的标准分,然后进行评价和决策。

所有的评价指标从经济上说可以分为两大类,一类是效益指标,如利润,产值,货物完好率,配送及时率等,这些指标越大越好;另外一类是成本指标,如物流成本、货损差率、客户抱怨等,这些指标越小越好。

一个指标评价决策问题往往由下面三个要素构成:

(1) 有 m 个不同系统方案,A_i($1 \leq i \leq m$);

(2) 有 n 个评价指标,f_j($1 \leq j \leq n$);

(3) 有一个评价决策矩阵,$A_i=(X_{ij})_{m \times n}$ ($1 \leq i \leq m$,$1 \leq j \leq n$),其中元素 $X_{i,j}$ 表示第 i 个方案 A_i 第 j 个指标 f_j 上的指标值。

由于评价决策矩阵中的各个指标量纲不同,给指标体系的综合评价带来了一定的难度。评价指标标准化的目标,就是将原来的决策矩阵 $A_i=(X_{ij})_{m \times n}$ 经过标准化处理后得到量纲相同的决策矩阵 $R=(r_{ij})_{m \times n}$ ($1 \leq i \leq m$,$1 \leq j \leq n$)。

10.3.1 定量指标的标准化处理

物流系统的定量指标的标准化处理有多种方法,我们主要介绍以下三种。

1. 向量归一化

$$r_{ij} = \frac{x_{ij}}{\sqrt{\sum_{i=1}^{m} x_{ij}^2}} \tag{10.1}$$

这种标准化处理方法的优点：
（1）$0 \leq r_{ij} \leq 1$（$1 \leq i \leq m$，$1 \leq j \leq n$）；
（2）因为 $\sum_{i=1}^{m} r_{ij}^2 = 1$（$1 \leq j \leq n$，一般情况 $m \leq n$），对于每一个指标 f_j，矩阵 R 中的列向量的模为 1。

2. 线性比例转换

令
$$f_j = \max x_{ij} > 0, \quad f_j' = \min x_{ij} > 0 \quad 1 \leq i \leq m, \ 1 \leq j \leq n \tag{10.2}$$

对于效益指标，定义：

$$r_{ij} = \frac{x_{ij}}{f_j} \tag{10.3}$$

对于成本指标，定义：

$$r_{ij} = \frac{f_j}{x_{ij}} \tag{10.4}$$

这种标准化处理方法的优点：
（1）计算方便；
（2）$0 \leq r_{ij} \leq 1$（$1 \leq i \leq m$，$1 \leq j \leq n$）；
（3）保留了相对排序关系。

3. 极差变换

对于效益指标，定义：

$$r_{ij} = \frac{x_{ij} - f_j'}{f_j - f_j'} \tag{10.5}$$

对于成本指标，定义：

$$r_{ij} = \frac{f_j - x_{ij}}{f_j - f_j'} \tag{10.6}$$

这种标准化方法的优点：

（1） $0 \leqslant r_{ij} \leqslant 1$（$1 \leqslant i \leqslant m$，$1 \leqslant j \leqslant n$）；

（2）对于每一个指标，总有一个最优值为 1 和最劣值为 0。

10.3.2 定性模糊指标的量化处理

在物流系统的多指标评价和决策中，许多评价指标是模糊指标，只能定性地描述，例如服务质量很好、物流设施的性能一般、可能性高等。对于这些定性模糊指标，必须赋值使其量化。一般来说，对于模糊指标的最优值可赋值为 10，而对于模糊指标的最劣值可赋值为 0。定性模糊指标也可以分为效益指标和成本指标两类。对于定性的效益和成本指标，使其模糊指标的量化可如表 10-1 所示。

表 10-1　定性模糊指标的量化得分

指标状况	最劣	很低	低	一般	高	很高	最优
效益指标	0	1	3	5	7	9	10
成本指标	10	9	7	5	3	1	0

以下以一个货主企业选择仓储服务供应商的问题进行研究。现有 4 家供应商，决策者根据自身的需要，考虑了 6 项指标，如表 10-2 所示。

表 10-2　选择仓储服务供应商的决策评价指标矩阵

候选供应商	决策评价指标					
	客户满意率（%）f_1	资产规模（万元）f_2	货物周转率（次/年）f_3	收费标准（%）f_4	人员素质 f_5	行业经验 f_6
A_1	80	1500	20	5.5	一般（5）	很高（9）
A_2	100	2700	18	6.5	低（3）	一般（5）
A_3	72	2000	21	4.5	高（7）	高（7）
A_4	88	1800	20	5.0	一般（5）	一般（5）

首先我们根据表 10-1 给出的定性模糊指标的量化得分，将人员素质和行业经验这两个效益指标进行定量处理，量化结果见表 10-2 所示。

下面用定量指标的标准化处理方法对上述决策评价指标矩阵进行标准化处理。

（1）采用向量归一化处理方法，得到标准化决策指标矩阵如下：

$$R = \begin{bmatrix} 0.4671 & 0.3662 & 0.5056 & 0.5053 & 0.4811 & 0.6708 \\ 0.5839 & 0.6591 & 0.4550 & 0.5983 & 0.2887 & 0.3727 \\ 0.4204 & 0.4882 & 0.5308 & 0.4143 & 0.6736 & 0.5217 \\ 0.5139 & 0.4392 & 0.5056 & 0.4603 & 0.4811 & 0.3727 \end{bmatrix}$$

（2）采用线性比例变换公式，可以得到标准决策指标矩阵如下：

$$R = \begin{bmatrix} 0.8000 & 0.5600 & 0.9500 & 0.8200 & 0.7200 & 1.0000 \\ 1.0000 & 1.0000 & 0.8600 & 0.6900 & 0.4300 & 0.5600 \\ 0.7200 & 0.7400 & 1.0000 & 1.0000 & 1.0000 & 0.7800 \\ 0.8800 & 0.6700 & 0.9500 & 0.9000 & 0.7100 & 0.5600 \end{bmatrix}$$

（3）采用级差变换方式，可以得到标准化决策指标矩阵如下：

$$R = \begin{bmatrix} 0.2860 & 0.0000 & 0.6700 & 0.5000 & 0.5000 & 1.0000 \\ 1.0000 & 1.0000 & 0.0000 & 0.0000 & 0.0000 & 0.0000 \\ 0.0000 & 0.4200 & 1.0000 & 1.0000 & 1.0000 & 0.5000 \\ 0.5710 & 0.2500 & 0.6700 & 0.7500 & 0.5000 & 0.0000 \end{bmatrix}$$

在上述标准化决策评价指标矩阵的基础上，就可以通过建立相应的数学模型，进行物流系统的整体量化评价了。

10.4 物流系统评价方法

由于系统结构不同，性能不同，评价因素不同，因此评价方法也有不同。系统评价方法的选用应根据物流系统的具体情况而定。目前国内外系统评价使用的方法很多，从总体上看，大致可以分为三类：定量分析评价法、定性分析评价法和两者相结合的评价方法。本节简单介绍国内外常用的两种评价方法：经济分析法、专家评价法。

10.4.1 物流系统经济分析法

物流系统的经济分析法主要用于评价物流系统各方案的财务和技术方面的评价，常用的方法有：成本效益分析法、追加投资回收法、价值分析法等。下面分别简要介绍。

1. 成本效益法

物流系统的各方案需要付出代价之后才能够带来效益，有的方案代价很高，但是给企业带来的效益亦相当显著；相反，代价不高的方案，给企业带来的效益相对也就较低。因此，要评价物流系统方案的优劣不能单看其中一个指标，要综合考虑成本和效益两个方面。比较通行的方法就是比较成本与效益的大小。

【例 10.1】 某配送中心项目有 3 个可行性建设方案，经计算，这 3 个方案的投资额分别为 147 万元、172 万元、118 万元，建成之后 5 年的累积盈利分别为 298 万元、386 万元、224 万元。试将这三个方案按照效益成本比排出优劣顺序。

解：用 E_i（$i=1, 2, 3$）分别表示这三个方案的效益成本比，计算如下：

$E_1=V_1/C_1=298/147=2.03$
$E_2=V_2/C_2=386/172=2.24$
$E_3=V_3/C_3=219/118=1.86$

由于 $E_2>E_1>E_3$，三个方案的优劣顺序为：方案 2、方案 1，方案 3。

【例 10.2】 某流通加工中心有三个可行性方案，建设周期分别为 2 年、3 年、4 年，其投资均为银行贷款，贷款利率为 15%。这三个方案各年度投资额及项目建成后 5 年内的盈利情况如表 10-3 所示。试用成本效益法比较评价这三个方案的优劣。

表 10-3　各方案年度投资收益情况表　　　　　　单位：万元

年度	方案 1 投资	方案 1 利润	方案 2 投资	方案 2 利润	方案 3 投资	方案 3 利润
1998	40		50		60	
1999	80		50		40	
2000		40	50		40	
2001		40		60	40	
2002		40		60		96
2003		54		60		75
2004		54		60		75
2005				60		75
2006						75

解题思路：

解这类题首先要把将来各年的投资额和利润换算成现值。

投资换算成现值的目的是比较各投资方案的资金成本。项目开始使从银行借入的资金投入项目中使用的时间越晚，归还的时间也越晚，从而付给银行的利息也越多，资金的成本以及项目的成本也越高。从上表中我们可以看出，这三个方案建设资金的使用时间分布是不同的，因此要比较它们的项目成本大小，必须都换算成现值才能有可比性。

投资额现值的计算公式如下：

$$C = \sum_{i=1}^{m} \frac{c_i}{(1+r_i)^{i-1}} \quad (10.7)$$

式中：m——项目投资期限，以年计；

c_i——在第 i 年年初投入的资金额；

r_i——第 i 年年底向银行归还贷款的利息率。

另外，第一年可不计利息。

利润要换算成现值是因为同样数额的利润若存入银行，存入银行时间越早的利润，从银行获得存款利息也越多。因此为了比较不同方案的收益大小，必须将利润也换成现值，才能有可比性。利润现值的计算公式如下：

$$B = \sum_{i=k}^{n} \frac{b_i}{(1+r_i)^i} \tag{10.8}$$

式中：n——各方案建成投入运行 5 年后的那一年年度编号；

　　　k——各方案建成投入运行第一年年度编号；

　　　b_i——第 i 年年底的利润额；

　　　r_i——第 i 年年底向银行归还贷款的利息率。

比较公式（10.7）和（10.8），可以发现求和符号（$\sum$）里面各项分母的幂次差 1，分别是 i 和 i-1，这是因为：解决此类问题时，通常规定投资发生在年初，收益发生在年末。

下面我们就可以根据投资和利润的现值换算公式，分别计算这三个方案的项目成本、运行五年的利润现值和效益成本比。

解：方案一

$$C_1 = 40 + \frac{80}{1+0.15} = 109.57 \text{（万元）}$$

$$B_1 = \left(\frac{40}{1.15^3} + \frac{40}{1.15^4} + \frac{40}{1.15^5}\right) + \left(\frac{54}{1.15^6} + \frac{54}{1.15^7}\right) = 112.71 \text{（万元）}$$

$$E_1 = \frac{B_1}{C_1} = \frac{112.71}{109.57} = 1.029$$

方案二

$$C_2 = 50 + \frac{50}{1+0.15} + \frac{50}{(1+0.15)^2} = 131.29 \text{（万元）}$$

$$B_2 = 60 \times \left(\frac{1}{1.15^4} + \frac{1}{1.15^5} + \frac{1}{1.15^6} + \frac{1}{1.15^7} + \frac{1}{1.15^8}\right) = 132.25 \text{（万元）}$$

$$E_2 = \frac{B_2}{C_2} = \frac{132.25}{131.29} = 1.007$$

方案三

$$C_3 = 60 + \left(\frac{40}{1.15} + \frac{40}{1.15^2} + \frac{40}{1.15^3}\right) = 151.33 \text{（万元）}$$

$$B_3 = 96 \times \frac{1}{1.15^5} + 75 \times \left(\frac{1}{1.15^6} + \frac{1}{1.15^7} + \frac{1}{1.15^8} + \frac{1}{1.15^9}\right) = 154.19 \text{（万元）}$$

$$E_3 = \frac{B_3}{C_3} = \frac{154.19}{151.33} = 1.019$$

通过比较，$E_1 > E_3 > E_2$，方案一的效益成本比最大，所以方案一为最优方案，方案三其次，方案二最差。

如果不考虑项目周期及资金的时间价值，三个方案的效益成本比分别为：

$$E_1 = \frac{40+40+40+54+54}{40+80} = 1.9$$

$$E_2 = \frac{300}{150} = 2$$

$$E_3 = \frac{396}{180} = 2.2$$

通过比较，$E_3 > E_2 > E_1$，方案三的效益成本比最大，方案二其次，方案一最差。

2. 追加投资回收期法

在比较同一物流系统的两个方案时，经常会遇到 A 方案投资虽然比 B 方案大，但是日常运营费用却比 B 方案少的情况。在这种情况下，就应该对两个方案的投资与运营费用进行比较，才能选择更加合适的方案。这种比较的主要指标就是追加投资回收期。它表明 A 方案比 B 方案多增加的投资能在多长的时间内通过甲方案比乙方案少付出的运营费用收回来。

以 T_A 表示同 B 方案相比，A 方案依靠节约运营费用追加投资回收期（年），用公式表示：

$$T_A = \frac{K_A - K_B}{C_A - C_B} \tag{10.9}$$

式中：K_A——A 方案的投资额；

K_B——B 方案的投资额；

C_A——A 方案每年的运营费用；

C_B——B 方案每年的运营费用。

我们设定 T_n 是事先规定的标准投资回收期。评价方案优劣的标准是，若 $T_A < T_n$，则投资大的 A 方案是可取的；反之，$T_A > T_n$，则应该选择投资小的 B 方案。

【例 10.3】 某大型零售集团公司因经营需要，想投资建设一配送中心，有 A、B 两个可行方案，标准回收期 T_n 为 6 年。详细数据见表 10-4。试用追加投资回收期法分析两个方案的优劣。（本题不考虑资金的时间价值）

表 10-4 配送中心方案对照表　　　　　　　　　　　　单位：百万元

项　目	方案 A	方案 B
年产值	$V_A = 36$	$V_B = 36$
投资	$K_A = 45$	$K_B = 22.5$
经营费用	$C_A = 22.5$	$C_B = 28.5$
利润	$V_A - C_A = 13.5$	$V_B - C_B = 7.5$
效益成本比	$E_A = (V_A - C_A)/K_A = 0.3$	$E_B = (V_B - C_B)/K_B = 0.33$

解：从上表可知，当 A、B 两方案产值相等时，A 方案比 B 方案多投资 2250 万元（K_A

$-K_B$),但是 A 方案比 B 方案少 600 万元（$C_B - C_A$）的运营费用。

根据公式（10.7）计算投资回收期，得：

$$T_A = \frac{K_A - K_B}{C_A - C_B} = \frac{2250}{600} = 3.75 \text{（年）}$$

因为 $T_A < T_n$，所以 A 方案优于 B 方案。

3. 价值分析法

设某物流系统共有 n 个方案，第 i 个方案的价值为 V_i（$1 \leq i \leq n$），则

$$V_i = \sum W_j S_{ji} \tag{10.10}$$

式中：n——物流系统性能或评价因素（指标）个数；

W_j——第 j 个评价因素的重要性权数；

S_{ji}——第 i 个方案对第 j 个评价因素（指标）的满足程度。

其中，W_j、S_{ji} 可用 5 分制、10 分制或环比评分制等多种方法确定。

在比较这 n 个方案时，最大的 V_i 对应的第 i 个方案是最优方案。

【例 10.5】 某物流企业要建立一个物流管理信息系统（LMIS），公司对该系统有五个方面的要求：安全可靠性高、功能全面性、易于操作性、便于维护性、运行高效性。现在市场上有 A、B、C 三种 LMIS 方案可供企业选择，试用价值分析法对这三种 LMIS 方案进行评价。

解题思路：

我们根据 LMIS 的评价 5 个因素或指标不能一下子对三个提供的 LMIS 评出优劣，但是我们可以做到两两对比，这就是环比评分法的思路。

第一步，计算重要性权数 W_i。

我们用环比评分法先把这 5 个评价因素列在表 10-5 中，并按以下步骤确定其重要性权数：

表 10-5 评价因素（指标）一览表

评价因素	暂定重要性系数	修正重要性系数	重要性权数 W_i
1. 安全可靠性	1.5	3.75	0.25
2. 功能全面性	0.5	2.5	0.17
3. 易于操作性	2.0	5.0	0.34
4. 便于维护性	2.5	2.5	0.17
5. 运行高效性	—	1.0	0.07
合计		1.75	1.00

（1）由上而下将相邻两个评价要素进行对比评判，将上面一个评价因素的对比评判结果作为暂定重要性系数填入第二列。例如评价因素 1 与 2 对比，1 的重要性是 2 的 1.5 倍，

将 1.5 作为 1 的暂定重要性系数填入第二列评价因素 1 对应的那一行上。依次类推，除了最后一个评价因素以外，其余各评价因素都能得到暂定重要性系数。见表 10-5 第二列暂定重要性系数。

（2）对暂定重要性系数进行修正。把最后一个评价因素的重要性系数定为 1，将其作为修正重要性系数填入第三列。由于评价因素 4 是 5 的重要性的 2.5 倍，故评价因素 4 的修正重要性系数为 1×2.5=2.5。同理，自下而上计算出所有评价要素的修正重要性系数。见表 10-5 第三列修正重要性系数。

（3）计算所有评价要素的修正重要性系数的总和。分别用各评价要素的修正重要性系数除以这个总和，即得到各因素的重要性权数。此例所有评价要素的修正重要性系数的总和为 14.75，得评价因素 1 的重要性权数为 $W_1 = \dfrac{3.75}{14.75} = 0.25$，可依次计算其它几个评价要素的重要性权数。见表 10-5 第四列重要性权数 W_i。

第二步，计算三个方案对各个评价要素的满足程度系数 S_{ji}。

同样我们可以用环比评分法确定三个方案对各个评价要素的满足程度系数 S_{ji}，见表 10-6。具体计算步骤可参照重要性权数的计算过程。

表 10-6 满足程度系数一览表

评价因素	LMIS 方案	暂定满足系数	修正满足系数	满足程度系数
1. 安全可靠性	A	2.5	3.75	0.60
	B	1.5	1.5	0.24
	C	—	1.0	0.16
	合计		6.25	1.00
2. 功能全面性	A	1.2	1.8	0.42
	B	1.5	1.5	0.35
	C	—	1.0	0.23
	合计		4.3	1.00
3. 易于操作性	A	3.0	4.5	0.64
	B	1.5	1.5	0.22
	C	—	1.0	0.14
	合计		7.0	1.00
4. 便于维护性	A	0.5	1.0	0.25
	B	2.0	2.0	0.50
	C	—	1.0	0.25
	合计		4.0	1.00
5. 运行高效性	A	1.5	0.75	0.33
	B	0.5	0.5	0.22
	C	—	1.0	0.45
	合计		2.25	1.00

第三步，利用第一步和第二步计算出的评价要素的重要性权数和满足程度系数，根据

方案评价值计算公式（10.10）计算各个对比方案的价值，计算过程和结果见表 10-7。

表 10-7 各方案评价值对比表

评价因素	重要性权数 W_j	LMIS 方案					
		A		B		C	
		S_{j1}	$W_j S_{j1}$	S_{j2}	$W_j S_{j2}$	S_{j3}	$W_j S_{j3}$
1	0.25	0.6	0.15	0.24	0.06	0.16	0.04
2	0.17	0.42	0.0714	0.35	0.0595	0.23	0.0391
3	0.34	0.64	0.2176	0.22	0.0748	0.14	0.0476
4	0.17	0.25	0.0425	0.50	0.085	0.25	0.0425
5	0.07	0.33	0.0231	0.22	0.0154	0.45	0.0315
评价值 V_i		0.5046		0.2947		0.2007	

比较计算结果 $V_A > V_B > V_C$，方案 A 的价值最大，是物流企业的最佳备选方案。

10.4.2 专家评价法

专家评价法就是由相关专家对物流系统或系统方案进行定性、定量或两者相结合的评价方法。通常以专家的主观判断为基础，对评价对象做出总的评价的方法。该方法也对评价对象评出分数，然后根据各方案得分多少，排出优劣顺序。本节介绍一种常用的方法——评分法，该方法也有多种计算方法，我们常用的有加和评分法、乘积评分法和加乘法。

1. 加和评分法

该方法就是把每个方案的所有评价因素的分值加起来计算该方案的评分总值，根据各个方案的评分总值大小排序，分出优劣。计算公式：

$$S_i = \sum_{j=1}^{n} f_{ij} (1 \leq i \leq m, 1 \leq j \leq n) \tag{10.11}$$

式中：S_i——第 i 个方案的评分总值；

f_{ij}——第 i 个方案的第 j 个评价因素的分值。

2. 乘积评分法

该方法就是把每个方案的所有评价因素的得分值连乘起来，算作方案的评分总值，根据各个方案的评分总值大小排序，分出优劣。计算公式：

$$S_i = \prod_{j=1}^{n} f_{ij} \tag{10.12}$$

式中：S_i——第 i 个方案的评分总值；

3. 加乘评分法

该方法将各评价要素分成若干组，首先计算各组的评价因素得分之和，然后再将各小组评分之和连乘，便得该方案的评分总值，根据各个方案的评分总值大小排序，分出优劣。计算公式：

$$S_i = \prod_{p=1}^{K} \sum_{j \in J_p} f_{ij} \tag{10.13}$$

式中：S_i——第 i 个方案的评分总值；

f_{ij}——第 i 个方案的第 j 个评价因素的分值；

K——评价因素组数；

m_p——第 p 组中评价因素个数；

J_p——所有属于第 p 组的评价因素的编号集。

下面我们举例来说明专家评分法在实践中的应用。

【例 10.6】 某大型连锁零售企业拟建立一配送中心，现有 4 个选址方案，为了从中选取一个最好的方案，企业组织专家制定了如下评选标准（5 分制）：土地价格要低、交通要便利、客户集中程度高、与竞争对手竞争要有利、公共设施便利、当地政府政策要好、自然条件要好。专家对 4 个方案的 7 个评价因素的评分值分别如下：

$$S_{ij} = \begin{bmatrix} 5 & 4 & 4 & 3 & 5 & 2 & 4 \\ 3 & 4 & 4 & 4 & 4 & 3 & 3 \\ 4 & 5 & 5 & 3 & 4 & 4 & 4 \\ 5 & 3 & 5 & 3 & 4 & 3 & 5 \end{bmatrix}$$

试采用评分法对 4 个方案进行评价，得出最优方案。

解：（1）第一种方法——加和评分法。

根据公式计算得各方案的总评分值如下：

$S_1 = 5+4+4+3+5+2+4 = 27$

$S_2 = 3+4+4+4+4+3+4 = 26$

$S_3 = 4+5+5+3+4+4+4 = 29$

$S_4 = 5+3+5+3+4+3+5 = 28$

通过比较，我们可以看出，第三种选址方案最优，第二个方案最差。

（2）第二种方法——乘积评分法。

根据公式计算得各方案的总评分值如下：

$$S_1 = 5 \times 4 \times 4 \times 3 \times 5 \times 2 \times 4 = 9600$$
$$S_2 = 3 \times 4 \times 4 \times 4 \times 4 \times 3 \times 4 = 9216$$
$$S_3 = 4 \times 5 \times 5 \times 3 \times 4 \times 4 \times 4 = 19200$$
$$S_4 = 5 \times 3 \times 5 \times 3 \times 4 \times 3 \times 5 = 13500$$

通过比较，我们可以看出，第三种选址方案最优，第二个方案最差。

（3）第三种方法——加乘评分法。

首先我们将前3个因素合为第一组，第四个因素单独为第二组，后三个为第三组，根据加乘评分法的计算公式得出各方案的评分值如下：

$$S_1 = (5+4+4) \times 3 \times (5+2+4) = 13 \times 3 \times 11 = 429$$
$$S_2 = (3+4+4) \times 4 \times (4+3+4) = 11 \times 4 \times 11 = 484$$
$$S_3 = (4+5+5) \times 3 \times (4+4+4) = 14 \times 3 \times 12 = 504$$
$$S_4 = (5+3+5) \times 3 \times (4+3+5) = 13 \times 3 \times 12 = 468$$

通过比较，我们可以看出，第三种选址方案最优，第一个方案最差。

通过对三种评价方法比较，我们看出，三种计算方法得出的最优方案都是第三种方案，但是最差方案是不同的。

【小结】

本章对物流系统的评价问题进行了深入研究，主要介绍了物流系统评价的概念、物流系统的评价指标体系、物流子系统的常用的一些特征值、物流系统评价指标体系的标准化处理和评价方法等内容。重点掌握物流系统的评价指标体系，向量归一化、线性比例变换、极差变化等定量指标的标准化处理方法，成本效益法、追加投资回收期法、价值分析法等物流系统的经济评价方法以及专家评价法等物流系统评价方法。本章同时结合实际案例对评价的具体过程进行了阐述。

【习题】

1. 常用的物流系统评价指标有哪些？
2. 运输、仓储、库存管理等物流子系统常用的评价指标有哪些？
3. 物流系统评价的主要方法有哪些？
4. 分析成本效益法的实施原理。
5. 结合教材案例，分析追加投资回收期法的具体应用方法。
6. 结合教材案例，分析价值分析法的具体操作步骤。
7. 什么是专家评价法？
8. 某仓储中心有三个可行性方案，建设周期分别为2年、3年、4年，其投资均为银行贷款，贷款利率为12%。这三个方案各年度投资额及项目建成后5年内的盈利情况如表

10-8（单位：万元）。试用成本效益法比较评价这三个方案的优劣。

表 10-8 各方案年度投资收益情况表

年度	方案 1		方案 2		方案 3	
	投资	利润	投资	利润	投资	利润
1	50		60		60	
2	80		70		70	
3		50	40		45	
4		60	50		40	
5		55		85		90
6		50		80		100
7		45		60		80
8				55		70
9						60

9．某生产企业要建立一条产品生产线，对该生产线有以下几个方面的要求：投资少、建设周期短、年产量高、使用年限长、正常运转率高、便于维护。现在市场上有三条生产线可供企业选择，试用价值分析法对这三条生产线进行评价。相关因素指标见表 10-9。（采用环比评分法）

表 10-9 各因素权重表

评价因素	暂定重要性系数
1．投资	1.4
2．建设周期	0.8
3．年产量	2.0
4．使用年限	1.2
5．正常运转效率	1.2
6．维护性	—

参 考 文 献

[1] 熊伟. 运筹学 [M]. 北京：机械工业出版社，2005.
[2] 丁立言等. 物流系统工程 [M]. 北京：清华大学出版社，2006.
[3] 韩大卫. 管理运筹学 [M]. 大连：大连理工大学出版社，1998.
[4] 胡运权. 运筹学 [M]. 哈尔滨：哈尔滨工业大学出版社，1990.
[5] 甘应爱等. 运筹学 [M]. 北京：清华大学出版社，1997.
[6] 胡列格. 物流运筹学 [M]. 北京：电子工业出版社，2005.
[7] 刘锋. 物流运筹学 [M]. 上海：上海交通大学出版社，2005.
[8] 张晋东. 运筹学全程导学及习题全解 [M]. 北京：中国时代经济出版社，2005.
[9] 周溪召. 物流与系统工程 [M]. 上海：上海财经大学出版社，2003.
[10] 郑玲. 配送中心管理与运作 [M]. 北京：机械工业出版社，2007.
[11] 林立千. 设施规划与物流中心设计 [M]. 北京：清华大学出版社，2003.
[12] 沈家骅. 现代物流运筹学 [M]. 北京：电子工业出版社，2007.
[13] 刘彦平. 仓储和配送管理 [M]. 北京：电子工业出版社，2006.
[14] 傅家良. 运筹学方法与模型 [M]. 上海：复旦大学出版社，2006.
[15] 魏荣桥. 运筹学 [M]. 北京：清华大学出版社，2001.
[16] 谢新连. 船舶运输管理与经营 [M]. 大连：大连海事大学出版社，2002.
[17] 谢如鹤，罗荣武，张得志等. 物流系统规划原理与方法 [M]. 北京：中国物资出版社，2004.
[18] 张文杰，李学伟. 管理运筹学 [M]. 北京：中国铁道出版社，2004.
[19] 谢如鹤. 物流系统规划原理与方法 [M]. 北京：中国物资出版社，2004.
[20] 孙焰. 现代物流管理技术 [M]. 上海：同济大学出版社，2004.
[21] 白世贞. 物流运筹学 [M]. 北京：中国物资出版社，2006.